森 林 人 家 理 论 与 实 践

森林人家
理论与实践

兰思仁 著

中国林业出版社
China Forestry Publishing House

图书在版编目（CIP）数据

森林人家理论与实践 / 兰思仁著. -- 北京 ：中国林业出版社，2024.8

ISBN 978-7-5219-2173-1

Ⅰ．①森… Ⅱ．①兰… Ⅲ．①森林旅游—旅游业发展—研究—中国 Ⅳ．①F592.3

中国国家版本馆CIP数据核字（2023）第060674号

策划编辑：康红梅
责任编辑：李春艳
封面设计：睿思视界视觉设计

出版发行：中国林业出版社
　　　　　（100009，北京市西城区刘海胡同7号，电话010-83143579）
电子邮箱：30348863@qq.com
网址：https://www.cfph.net
印刷：北京博海升彩色印刷有限公司
版次：2024年8月第1版
印次：2024年8月第1次
开本：787mm×1092mm　1 / 16
印张：26
字数：520千字
定价：208.00元

2007年7月11日首届森林人家管理培训班（黄海 摄）

2008年9月20日福建省森林人家现场推动会（黄海 摄）

2009年4月23日全国森林人家现场会（武夷山）（黄海 摄）

福建省武夷山葫瓜森林人家（黄海 摄）

福建省龙岩市武平县梁野山森林人家（黄海 摄）

福建省三明市泰宁县金湖森林人家（黄海 摄）

福建省漳平市九鹏溪森林人家（黄海 摄）

森 林 人 家 理 论 与 实 践

作为森林旅游的一种新模式，森林人家发轫于福建，并在国家行业主管部门的大力支持下，逐步上升为全国性的森林旅游品牌。随着森林人家的不断发展，相关研究工作也引起了林业、旅游及有关学科领域专家、学者的关注，研究成果不断出现。但总体而言，目前该领域研究还缺乏系统的理论体系和深入的案例分析，特别是森林人家建设发展中存在的诸多问题，迫切需要建立系统的理论体系，提供实践案例，为当前的森林人家的建设与管理提供指导和借鉴。

兰思仁同志长期从事我国森林公园和森林旅游研究，也是森林人家的主要创立者，对森林人家发展怀有深厚感情。他在系统深入研究的基础上精心编著的《森林人家理论与实践》，很有现实意义和理论意义。作者从选题到书稿写作一直追求这样一个基本立意，即致力于建立森林人家的基础理论与知识体系，对各地在森林人家建设发展中的实践经验、具体做法、发展模式进行研究和总结，力求做到理论上有深度，方法上有可操作性，案例分析有代表性，全面、系统回答了森林人家的起源、历程、趋势、运作、管理等一系列有关问题，以给森林人家建设与发展提供科学指导、理论支持和经验借鉴。概括此书具有三个显著特点：

一是基础理论与知识体系研究有新突破。本书把生态伦理学、生态经济学、景观生态学、森林美学、社区参与理论、休闲经济学、可持续发展等理论应用于森林人家建设与发展中，并提出了这些基础理论指导森林人家建设与发展的原则和方法，初步构建了森林人家建设与发展的理论与知识体系。

二是对森林人家进行较为全面系统的研究。从森林人家概述、规划设计、旅游产品开发、景观营建技术、品牌建设、营销管理、经营管理等角度较系统、全面地进行了研究。

三是选取的案例具有代表性。本书每个章节都配有与该章节理论讲述相配套的典型案例，同时，本书还从森林人家建设促进产业转型、推动扶贫脱贫、助力乡村振兴等角度，列举了一些典型案例，涵盖了森林人家的各个环节和基本要素，有很强的代表性、针对性和可操作性。

本书是近年来有关森林人家理论与实践方面难得的书籍，我认为必将对我国森林人家建设和发展具有积极的理论指导意义和实践工作的推动作用。此书可供广大林业部门管理者、森林人家经营者、相关学者、专家参考、借鉴。

中国工程院院士
北京林业大学教授
2024 年 3 月 21 日 于北京

森林人家理论与实践

　　兰思仁同志精心撰著的《森林人家理论与实践》一书即将面世，我愿借作此序的机会表示我真诚的祝贺。森林人家由福建省2006年首创并全国推广，经过18年的发展，森林人家建设取得了良好的成效。2018年2月4日发布的中央一号文件《中共中央 国务院关于实施乡村振兴战略的意见》中，对实施乡村振兴战略进行了全面部署，强调要实施休闲农业和乡村旅游精品工程，建设一批设施完备、功能多样的休闲观光园区、森林人家、康养基地等。2018年3月，国务院办公厅下发了《关于促进全域旅游发展的指导意见》（国办发〔2018〕15号），要求各地积极发展森林人家、森林小镇。这标志着森林人家创建工作已经上升到国家战略，已经成为各级地方党委和政府实施乡村振兴战略的重要抓手。

　　兰思仁同志长期在林草部门工作，先后担任福建省武夷山国家级自然保护区管理局、福州国家森林公园、福建省林业厅产业发展处主要负责人。2005年年底担任省林业厅党组成员、副厅长。森林人家就是由时任福建省林业厅厅长黄建兴同志与兰思仁同志共同发起并推动的，在他们的大力推动下，福建省成为全国最早开展森林人家建设的省份，也是最早成功注册森林人家商标的省份，最早制定《森林人家等级划分与评定》标准的省份等。全国第一个森林人家就诞生在福建。

在福建省的带动和影响下，目前，全国各省（自治区、直辖市）都根据自身实际积极探索，打造森林人家品牌。据不完全统计，全国现有黑龙江、浙江、安徽、福建、江西、湖南、广西、重庆、四川、贵州10省（自治区、直辖市）开展了森林人家建设，总数超万户，从业人员10万余人。

实践证明，森林人家是充分利用森林游憩功能，促进林农增收、实现旅游扶贫、增加生态产品有效供给的重要载体，是践行习近平总书记"绿水青山就是金山银山"的有效实现形式。但从整体上看，当前，我国森林人家的建设发展仍处于局部区域推进阶段，还存在不少问题，这些问题涉及森林人家规划、建设、开发、运营、管理等方方面面，现实迫切需要建立系统的理论体系、鲜活的实践案例，为森林人家建设与发展提供理论指导和实践借鉴。

2010年12月，兰思仁同志调任福建农林大学工作，任福建农林大学校长。在校期间，他充分发挥学校的科技、人才优势，大力开展森林人家有关理论与实践的研究，取得了一系列相关研究成果，逐步完成了《森林人家理论与实践》。该书对森林人家理论与实践进行全面、系统研究，梳理和提炼了森林人家运用的基础理论知识，研究和总结了各地在森林人家建设发展中的实践经验、具体做法、发展模式，书中的很多观点都非常有借鉴意义，例如，规范森林人家的经营与管理、强化森林人家的品牌建设、实施多样化的产品开发策略、创新森林人家景观规划与设计、推动森林人家示范建设等，这些内容已经并将进一步融入今后有关政策制定的过程中，也将作为林草部门今后开展森林人家建设的重要参考。

总体来说，该书是一本有研究发现和知识创新的著作，相信该书的出版定能让所有致力于森林人家理论与实践研究的专家、学者以及行业管理人员、森林人家经营者等受益匪浅。

杨超

国家林业和草原局总经济师

2024 年 1 月 21 日 于北京

福建省三明市境元森林康养基地
(黄海 摄)

森 林 人 家 理 论 与 实 践

    福建省位于祖国东南沿海，是南方重点林区，森林覆盖率居全国首位。自开展集体林权制度改革后，全省有近300万公顷的生态公益林需要进行利用和保护，同时，超2600万农村人口大部分位于林区，如何合理利用森林资源，增加林农收入，成为迫切需要破解的难题。

    2002年至2008年，我在福建省林业厅工作，时任厅长，期间我一直在思考如何解决保护与利用之间的矛盾，创新森林资源利用方式，探寻森林旅游发展新模式，开展森林非木质化利用，解决发展民生林业，造福林农的问题。这期间，兰思仁同志也在福建省林业厅工作，我和他经常一起交流、探讨这个问题。2006年，厅里安排时任福建省林业厅副厅长的兰思仁同志先后组织福建省旅游局、福建农林大学等有关单位负责人和专家考察了四川、重庆、浙江等地的乡村旅游开展情况，并对省内的乡村旅游资源进行实地调研。根据考察、调研的情况，我们提出了开发建设森林人家休闲健康游的工作思路。

    兰思仁同志一直负责推动森林人家休闲健康游开发建设工作，对森林人家品牌建设与发展有重要贡献。经过多年积极运作和精心打造，森林人家逐渐成为一张靓丽的生态旅游名片和乡村旅游的亮点，得到了当时福建省委省政府的高度重视和社会各界的一致好评。一是开创森林旅游产品的品牌化运作先河。在明确森林人家定义的基础上，开展森林人家商标征集活动，注册森林人家商标，建立森林人家网站，专门设计定制了印有森林人家标志的餐具、幌旗、太阳伞和工作人员服装等，建设了一套完善的森林人家品牌形象识别系统，同时大力开展主题宣传和营销推广，通过多种宣传工具，展示福建省森林人家日新月异的建设风貌。二是坚持科学规划下的统筹发展。组织制定森林人家发展总体规划，遵循高起点、有特色的原则，与当时全省"海峡西岸乡村游""5155计划"相对接，规划通过专家评审后用于指导森林人家建设。同时，管理部门通过高位推动和政策扶持实现森林人家的统筹发展。2007年4月，时任分管旅游的副省长王美香出席在旗山国家森林公园举行的福建省森林人家启动仪式，引发全省森林人家建设热潮。在政策上，省林业厅对列入授牌点的单位和经营户进行资金补助，各级林业主管部门也给予相应的支持。近年来各级政府筹集3000多万元资金运作森林人家品牌，并协调有关部门在小额贴息贷款、道路建设等方面予以优惠。三是凸显特色下的规范管理。通过制定《森林人家规划技术规程》福建省地方标准，对森林人家建设的经营服务进行了指导性规范。制定《森林人家基本条件》给森林人家下一个明确、标准定义，同时对森林人家经营户进行资格审核，实行授牌经营，并进行动态跟踪管理，把准森林人家品质关。出台《森林人家等级划分与评定》规范森林人家等级。评定后统一制作和发放森林人家等级标志和证书，通过等级评定，进一步提升了福建省森林人家品质和经营水平。四是坚持林农主体下的协同发展。坚持林农是森林人家建设的主体，发挥林农的主体作用，构建森林人家休闲健康游平台，整合相关产业资源，实现协同发展、辐射带动发展，提升林区百姓收入增长，为发展民生林业作出积极贡献。

从 2006 年至今，经过近 18 年的发展，森林人家从无到有，出现了稳步发展的好势头，影响力不断扩大。2009 年，国家林业局在福建省武夷山召开森林人家现场会，向全国推广森林人家。2011 年 5 月，国家林业局和国家旅游局共同签署了《关于推进森林旅游发展的合作框架协议》，协议中第二项合作内容是规范和提升森林人家旅游品牌，培育和发展一批森林人家专业村（基地），同时开始启动森林人家等级评定工作。2018 年的中央一号文件《中共中央 国务院关于实施乡村振兴战略的意见》中，强调要实施休闲农业和乡村旅游精品工程，建设一批设施完备、功能多样的休闲观光园区、森林人家等。同年，国务院办公厅下发了《关于促进全域旅游发展的指导意见》，也要求各地积极发展森林人家、森林小镇。目前，据不完全统计，全国现有黑龙江、浙江等 10 个省（自治区、直辖市）开展了森林人家建设，总数超万户，从业人员 10 万余人。

当然，看到森林人家发展成就的同时，也应该看到森林人家建设与发展中存在的一些问题。特别是，随着社会经济的发展和人们生活水平的提升，对于森林人家的发展也提出了新要求。森林人家在新的历史时期要如何进一步发展，值得研究和探讨。《森林人家理论与实践》一书是兰思仁同志长期理论研究和实践探索的成果，该书对森林人家理论与实践进行了全面、系统研究，梳理和提炼了森林人家运用的基础理论知识，研究和总结了各地在森林人家建设发展中的实践经验和做法，对进一步推进森林人家建设与发展具有重要的指导意义，建议森林人家行业管理部门、经营者、相关学者、专家认真研读此书，相信一定会有所收获。

原国家林业局集体林权制度改革领导小组副组长
原福建省林业厅厅长
2024 年 2 月 6 日 于福州

森 林 人 家 理 论 与 实 践

20世纪80年代，为满足人们回归自然和保护环境的需要产生了森林旅游这种新的旅游形式。此后，森林旅游得到世界各国的重视并在世界范围内迅速发展。以我国为例，我国森林旅游人数从2009年的7.66亿人次增长到2019年的18亿人次，增长了1.35倍，森林旅游收入从2009年的965.23亿元增长到2019年的1.75万亿元，增长了17.13倍。2019年，森林旅游人数占国内旅游总人数从2009年的17%增长到30%，占比增加了76个百分点。森林旅游已经发展成为我国林草业最具影响力和最具发展潜力的支柱产业，更是我国旅游业最为重要的组成部分。

森林人家是以良好的森林资源环境作为背景，以具有游憩价值的景观、景点为依托，以林农和大户为经营主体，充分利用林区动植物资源和乡土特色产品，融森林文化与民族风情于一体，为旅游者提供物美价廉的吃、住、游、娱、购等旅游要素服务的生态良好型森林旅游业态。2006年，福建省林业厅在借鉴农家乐旅游成功经验的基础上，结合福建省丰富的森林旅游资源率先在全国提出了森林人家休闲健康游的发展思路。2007年，福建省森林人家休闲健康游启动仪式在福州旗山国家森林公园顺利举行。2010年，福建省林业厅向有关部门注册了森林人家商标，之后又分别制定了《森林人家基本条件》《森林人家等级划分与评定》与《森林人家规划技术规程》三个地方标准。通过统一管理、系列宣传，逐步打造出一个全国森林旅游行业的全新品牌。2011年5月，国家林业局与国家旅游局签订了《关于推进森林旅游发展的合作框架协议》，同年11月，在海南海口联合举办了2011年森林旅游博览会和全国森林旅游工作会议。2012年3月，应国家林业局森林公园管理办公室要求，福建省林业厅同意授权国家林业局森林公园管理办公室在全国范围内统一并规范使用该专用标志，至此福建森林人家走向全国。2018年2月4日发布的中央一号文件《中共中央 国务院关于实施乡村振兴战略的意见》中指出，建设一批设施完备、功能多样的休闲观光园区、森林人家、康养基地等。2018年3月，国务院办公厅下发了《关于促进全域旅游发展的指导意见》（国办发〔2018〕15号），要求各地积极发展森林人家、森林小镇，森林人家创建工作已经上升到国家战略层面，成为各级地方政府实施乡村振兴战略的重要抓手。当前，国内一些地方在开展森林人家品牌创建上做了很多有益的探索，如浙江、安徽、广西、湖南、江西、四川、重庆、贵州、内蒙古等地结合当地的实际，大力推动森林人家建设，取得了一定的成效，积累了一些经验。但是，从整体上看，森林人家建设发展仍处于局部区域推进阶段，还存在不少问题，如规模化、产业化程度低，经营管理粗放，产品单一，特色不鲜明，品牌效应不明显，组织管理不够规范等问题，对森林人家的发展形成阻碍。如何解决这些问题，进而推动森林人家的进一步发展，值得认真研究和思考。

本人长期在林业部门任职，有幸全程参与策划、推动福建省森林人家创建工作，见证了福建森林人家从无到有、从区域走向全国的发展历程，如今森林人家不仅是福建省特色乡村旅游知名品牌，也是国内林业行业的知名森林旅游品牌。2010年年底，本人调任福建农林大学担任校长，虽然离开了森林人家行业管理部门，但仍然十分关注森林人家。近年来，本人充分发挥学校的学科、人才资源优势，组建专家团队，对森林人家有关理论与方法体系开展研究，结合本人在福建省林业厅推动森林人家管理工作的实践，于2020年7月开展本书的编撰工作，历时4年，数易其稿。全书较为系统地梳理了森林人家建设理论与实践的研究成果，对各地在森林人家建设发展中实践经验、具体做法、发展模式进行了较为系统的研究和总结，力求做到理论上有深度，方法上有可操作性，案例分析有代表性，以给森林人家建设提供科学指导、理论支持与经验借鉴。

全书共分八章，主要包括以下内容：

——概述了森林人家的有关概念、主要功能、建设意义、发展历程和发展趋势。

——阐述了森林人家建设与发展的理论基础，包括生态伦理学、生态经济学、景观生态学、森林美学、社区参与理论、休闲经济学、可持续发展等理论，初步构建了森林人家的理论框架。

——总结了森林人家景观规划与设计的基本原则、可行性论证、总体规划编制、景观详细设计等内容。

——提出了森林人家的旅游产品开发概念、原则、类型和策略。

——阐述了森林人家经营与管理思路、策略、管理要求等。

——论述了森林人家品牌建设的基本要求、管理思路、促销策略等。

——阐述了森林人家准入与申请条件、标准与评定、示范与成效等。

——提供了9个案例,有较强的代表性和可借鉴性。

感谢福建农林大学董建文教授、修新田副教授、陈贵松副教授、李霄鹤副教授、朱里莹副教授、王敏华副教授、阙晨曦老师、池梦薇老师、马良老师、范少贞老师、洪昕晨博士、黄思颖博士、朱晓玥博士及博士生潘明慧、周卫、许新宇与硕士张雪、戴忠炜、袁轶男、邱容永、吴姝婷、冯玉超、王亚蕾、王碧云、郑艺琦、姜禹、吴涌平、聂晓嘉、兰雪静、吴苇杭、汪新宇、鞠颂、付浩、关昶翔、杨梦琪、林瀚及硕士生刘悦;此外,感谢福建省林业局黄海同志在本书撰写过程中的图文资料收集、整理、文字校对等方面做了大量工作。

本书得以出版,要感谢国家林业和草原局森林旅游管理办公室、国家林业和草原局改革发展司、福建省林业局国有林场管理发展中心、浙江省林业局产业办公室、安徽省林业局森林公园管理办公室、江西省林业局森林公园管理办公室、广西壮族自治区林业局产业处、重庆市林业局对外合作产业处、龙岩市林业局的领导和同事们的关心与大力支持;感谢国家林业和草原局森林旅游管理办公室处长陈鑫峰同志、李奎同志、李盼盼同志的关心和支持;感谢福建省林业局庄晨辉同志、林彬同志、林贵民同志、蔡武华同志、梁文英同志、陈静同志以及龙岩市林业局局长张田华同志的鼎力支持!在此,特别感谢尹伟伦院士、国家林业和草原局总经济师杨超同志、原福建省林业厅厅长黄建兴同志的悉心指导并为此书写序;感谢中国林业出

版社康红梅编审、李春艳编辑对本书给予的热情支持和辛勤劳动；感谢福建师范大学祁新华教授、福建农林大学刘森茂老师、沈必胜老师、曹辉教授及福建省源野景观规划设计有限公司许春如同志、福州植物园叶茸同志、福州番薯乐园文化传播有限公司/福建地衣森邻教育科技有限公司徐霖椿同志的大力支持。此外，本书写作过程中参考和引用了国内外不少学者在这一领域的文献与研究成果，如中国科学院地理科学与资源研究所研究员钟林生所著的《生态旅游规划原理与方法》、福建农林大学范水生教授等编著的《休闲农业理论与实践》、商丘师范学院史本林教授所著的《生态旅游发展研究》等，在此，谨表谢忱。本书的出版还得到了福建农林大学风景园林与艺术学院、国家林业草原森林公园工程技术研究中心的大力支持，在此一并表示衷心感谢。

　　由于作者水平有限，书中难免存在许多不当之处，敬请广大读者批评指正。

福建农林大学校长、教授、博士生导师
中国林学会森林公园与森林旅游分会理事长
2024 年 3 月 21 日 于福州

森 林 人 家 理 论 与 实 践

序 一
序 二
序 三
前 言

第一章　森林人家概述

第一节　森林人家的概念 …………………………………………… 2
第二节　我国森林人家的发展历程 ………………………………… 10
第三节　森林人家的建设意义与功能 ……………………………… 20
第四节　森林人家与其他旅游区（点）的关系 …………………… 29
第五节　森林人家发展中存在的问题与趋势 ……………………… 35

第二章　森林人家的理论基础

第一节　可持续发展理论 …………………………………………… 46
第二节　生态伦理学 ………………………………………………… 56
第三节　生态经济学 ………………………………………………… 66
第四节　景观生态学 ………………………………………………… 78
第五节　休闲经济学 ………………………………………………… 90
第六节　森林美学 …………………………………………………… 98

第三章　森林人家的规划与设计

第一节　森林人家的现状分析 …… 108
第二节　森林人家的总体规划 …… 113
第三节　森林人家的详细设计 …… 133

第四章　森林人家的旅游产品开发

第一节　森林人家旅游产品开发原则 …… 150
第二节　森林人家旅游产品设计 …… 154
第三节　森林人家旅游产品开发类型 …… 159
第四节　森林人家旅游产品开发策略 …… 179

第五章　森林人家的经营与管理

第一节　森林人家的经营 …… 188
第二节　森林人家的管理 …… 202

第六章　森林人家的品牌建设

第一节　旅游品牌与森林人家品牌 …… 226
第二节　森林人家品牌形象管理 …… 233
第三节　森林人家的品牌宣传 …… 239

第七章　森林人家的示范与建设

第一节　部分省份森林人家的基本条件 …… 254
第二节　森林人家的评定与管理 …… 259
第三节　森林人家的示范与成效 …… 267

第八章　森林人家建设与发展的示例

第一节　森林人家建设促进产业转型 …… 272
第二节　森林人家建设推动扶贫脱贫 …… 280
第三节　森林人家建设助力乡村振兴 …… 293

参考文献 …… 305

附录　森林人家申请、等级评定、管理办法

- 附录一　森林人家等级划分与评定 …………………… 316
- 附录二　"中国最美森林人家"遴选办法 ……………… 350
- 附录三　福建省森林人家管理办法 ……………………… 351
- 附录四　广西壮族自治区星级森林人家评定办法（试行）………… 357
- 附录五　广西森林人家旅游品牌建设指导意见 ……………… 361
- 附录六　广西森林人家旅游品牌建设试点实施方案 …………… 368
- 附录七　贵州省森林人家建设标准 ……………………… 372
- 附录八　贵州省森林村寨建设标准 ……………………… 376
- 附录九　重庆市森林人家申报管理办法 ………………… 381
- 附录十　国家林业局　国家旅游局关于推进森林旅游发展的合作框架协议 ……………………………………… 385

福建省三明市常口村(黄海 摄)

第一章
森林人家概述

　　森林人家发展的十多年来，众多学者从不同视角对森林人家进行了定义，福建、安徽等省（市）林业主管部门基于各地实际对森林人家进行界定与推广，创新与发展了多种类型森林人家。森林人家的发展经历了初创期和发展期，发挥了生态、经济、社会和文化等多方面的功能，在推动林区改革、助力脱贫攻坚和乡村振兴等方面起着重要作用。森林人家的发展与农家乐、风景名胜区、度假区、森林公园、自然保护区、田园综合体、森林乡村、森林小镇等经营单位有一定的关联性，但作为一种新业态，又具备自身特色。森林人家发展面临着新的挑战，也面临新的发展机遇。

第一节
森林人家的概念

一、森林人家的定义

(一) 学术界对森林人家的界定

兰思仁(2006)首次提出森林人家的定义——"以森林景观为依托,以生态旅游为主要方式,突出乡村野趣特色的休闲度假健康旅游形态",并指出森林人家既是一个品牌,也是一个产品创新,拥有广阔的客源市场(表1.1)。2009年再版的《国家森林公园理论与实践》一书中,兰思仁进一步完

表1.1 森林人家定义

作者	定义
吴景 (2009)	森林人家是以舒适、温馨的森林旅游接待为中心,以森林公园、自然保护区、国有林场、国有苗圃、乡村林场或具有良好生态环境的景区为依托,以林农为经营主体,充分利用森林生态资源和乡土特色的森林旅游产品
刘枭等 (2016)	森林人家源于农家乐,是利用当地森林生态资源和自然景观环境开发出的新型生态旅游方式和特色乡村旅游模式
金攀等 (2020)	森林人家是指以具备良好森林生态环境的村庄为依托,以森林生态产业为基础,结合地方特色的传统产业,以农户与工商业主为经营主体,建设融森林生态文化与民俗风情于一体,提供食、宿、游、购等服务要素的生态友好型的乡村观光休闲旅游形式

善了森林人家的概念——"森林人家是以良好的森林生态资源环境为背景,以有游憩价值的景观、景点为依托,以林农和大户为经营主体,充分利用林区动植物资源和乡土特色产品,融森林文化与民俗风情为一体的,为城市游客提供价廉物美的吃、住、游、娱、购等旅游要素服务的生态友好型旅游产品"(兰思仁,2009)(图1.1)。

(二)行业主管部门对森林人家的界定

随着经济社会发展、消费需求变化以及供给调整和研究的深入,森林人家的概念在不断拓展与充实完善,产生了更多的定义和内涵。由于不同区域与行业所考虑的视角有所差异,对森林人家定义的着重点也有所不同,但在以下四个方面达成了共识:①以森林资源为主要吸引物,包括与森林环境相关联的民俗风情。②主要为森林旅游接待,为游客提供吃、住、游、娱、购等旅游要素服务。③必须依托森林区或者旅游景区。④提倡可持续利用,重视经济、生态以及社会三大效益(吴景,2009)。各省森林人家的定义见表1.2所列。

图1.1 福建省德化市九仙山村落景观(黄海 摄)

表1.2 各省森林人家的定义

时间	省份	文件	定义
2007年	福建省	《森林人家基本条件》（DB35/T 730—2007）	森林人家是以良好的森林环境为背景，以有较高游憩价值的景观为依托，充分利用森林生态资源和乡土特色产品，融森林文化与民俗风情于一体的，为旅游者提供吃、住、娱等服务的健康休闲型品牌旅游产品
2007年	安徽省	《"森林旅游人家"基本条件》	森林人家是以良好的森林环境为背景，以具有较高游憩价值的森林景观为依托，充分利用森林生态资源和乡土特色产品，融森林文化与民俗风情为一体，为游客提供吃、住、游、购、娱等服务的健康休闲型旅游产品，是乡村旅游的重要组成部分，具有巨大的市场潜力和广阔的发展前景
2013年	国家林业局	《森林人家等级划分与评定》林业行业标准（LY/T 2086—2013）	森林人家是以良好的森林环境与游憩景观为依托，能够为游客提供有森林特色的吃、住、娱等服务的场所
2015年	浙江省	《浙江森林休闲养生区建设指导意见》	森林人家是以良好的森林生态环境为基础，以林特业生产基地为依托，融森林文化与民俗风情于一体，以大户、家庭林场、工商业主等为经营主体，为城市游客提供吃、住、游、购等服务要素的生态友好型观光休闲经营体。以良好的森林生态环境和森林村庄、古村落、自然生态村落等为依托，以林特业生产基地为基础，结合具有地方特色的历史经典产业，以农户、家庭林场、工商业主等为经营主体，建设融森林文化与民俗风情为一体，提供吃、住、游、购等服务要素的生态友好型观光休闲森林人家聚集区
2017年	四川省	《四川省森林康养人家评定办法（试行）》（川林发〔2017〕30号）	森林人家是依托森林康养基地、康养林、自然保护区、风景名胜区、森林公园、湿地公园、田园林旁、四旁绿化带和园林植物群落等各类良好的森林植被环境，以生态、养生、养老等文化为根基，融合民俗文化，提供宿、餐、行、健、养、疗、购等康养服务要素，由林业行政主管部门评定的生态友好型森林康养经营主体

(续)

时间	省份	文件	定义
2018年	广西壮族自治区	《广西壮族自治区星级森林人家评定办法（试行）》	森林人家是指以良好的森林环境与游憩景观为依托，能够为游客提供森林特色的吃、住、娱等服务的场所
2018年	湖南省	《森林人家建设与评定规范（DB43/T 1425—2018）》	森林人家是以良好的森林环境、森林文化与生态景观为依托，为顾客提供具有森林特色餐饮、住宿以及森林体验、休闲娱乐、科普教育等服务的场所
2018年	黑龙江省	《黑龙江森林人家旅游服务质量规范（DB23/T 2221—2018）》	森林人家是以良好的森林环境与游憩景观为依托，能够为游客提供森林植物的辨识、讲解服务以及林下种植体验和提供有森林特色的吃、住、娱、森林养生等服务的场所
2019年	贵州省	《贵州省森林人家建设标准（DB52/T 1458—2019）》	森林人家是指以优良的森林环境与游憩景观为依托，能够为游客提供有森林特色的吃、住、娱等服务的场所
2020年	广东省	《关于开展南粤森林人家推选认定工作的通知》	森林人家是指经营者以良好的森林环境与游憩景观为依托，融森林文化、民俗风情和乡土特色产品于一体，为旅游者提供具有林区特色餐饮、住宿以及林事体验、休闲娱乐、观光度假等服务的小规模经营实体

基于对现有森林人家概念的梳理和总结，作者将其进一步完善，定义为：森林人家是以良好的森林环境为背景，以具有较高游憩价值的景观为依托，充分利用森林生态资源和乡土特色产品，融森林文化与民俗风情于一体，为游客提供吃、住、娱等服务的健康休闲型品牌旅游产品。它可以是森林旅游中一种特别的住宿类型和民宿种类；也可以是以具有较高游憩价值的森林景观为依托，以良好的生态环境为前提，以土特产为特色，融淳朴乡风乡土和特色地方文化于一体，为游客提供吃、住、娱等服务的不同规模的旅游综合体。

二、森林人家的类型

森林人家存在多种类型。为了因地制宜地开发森林旅游产品和开展森林旅游活动，充分发挥森林人家的作用，提供满意的森林旅游服务，必须对森林人家的类型进行科学合理的归类。依照不同的划分标准可以将森林人家归纳为以下不同的类型。

（一）按所属星级分类

2013年国家林业局制定了《森林人家等级划分与评定》（LY/T 2086—2013）行业标准，对森林人家实行等级划分和评定。该标准从等级划分、等级划分指标、等级评定、等级管理等方面规范了森林人家等级评定相关内容。森林人家采用星级方式进行等级划分，星级标志为绿色五角星，共有五个等级，即从低到高依次为：一星级、二星级、三星级、四星级和五星级。指标内容分为五大主类目，即经营服务场地、接待服务设施、环境保护、服务质量要求、服务项目。等级评定中，营业一年以上的森林人家经营单位或经营者可以申请等级评定。申请者应向林业行政主管部门或受其委托的组织提交森林人家星级评定申请书和经营单位或经营者基本情况等有关材料。对符合条件的申请者，相关林业行政主管部门或受其委托的组织应组织3位以上专家进行现场核查，依照《森林人家等级划分和评定标准》（LY/T 2086—2013）的指标要求，逐项评分，对各个森林人家所属级别进行判定。星级分类有利于进一步加强对森林人家的规范管理，提升森林人家旅游的接待服务质量，推动森林人家持续稳定健康发展。

（二）按运营模式分类

根据森林人家的主体运营模式来进行划分，可以将其分为自主经营型、公司主导型及综合开发型。

1. 自主经营型

自主经营型森林人家，通常为林农自主建设、经营，经营

者和服务人员大多就是本地林农，在政府的引导下，依托具有较丰富森林旅游资源、便利交通和一定经济发展基础的地区，按照相关标准配套旅游接待设施和服务，以集资入股、村落为单位进行整体的规划开发。

自主经营型森林人家所提供的旅游产品多为地方饮食和特产，可满足游客基本需求。其建筑强调实用性和经济性，样式多为普通民居建筑，占地不大，内部装饰简单，以卫生、干净为标准，主要借助所依托的景区或地理位置优势吸引游客。自主经营型森林人家投资相对较少、灵活性高，虽然通常级别较低（一、二星级），但可以起到改善农村环境和基础设施，转移富余劳动力，增加农民收入的作用。

2. 公司主导型

发展森林人家可以引入多元的开发模式，形成以森林人家品牌为中心的多层次休闲旅游产品，满足市场需求。对具有旅游开发价值的森林人家，地方可通过引进有经济实力和市场经营能力的企业，进行公共基础设施建设和环境改善，并开发用于住宿、餐饮的森林人家，组织村民开展民族风情、文化展示等活动，形成具有浓郁特色和吸引力的旅游产品（李明泉，2016）。公司主导型森林人家可以有效解决乡村开发建设资金不足的问题，同时由于市场化程度较高，森林人家的管理服务水平也较高，建筑体量较大，特色鲜明，以中高星级为主。

3. 综合开发型

地方拥有优质的森林旅游资源，可由政府主导或提供优惠政策引导开发商进行总体规划与设计，投入资金建设和改善公共基础设施，开发核心景区景点，而后吸引社会资金投入建设旅游接待服务设施，引导居民参与旅游接待服务，促进森林旅游的快速发展。政府通过合作经营，先行投入再溢价退出，将开发的项目承包或转让给公司。此类森林人家的起点高，有科学合理的规划和设计，项目丰富、主题突出、善于营销和宣传，并对森林人家周边环境进行合理的改造和完善，属于高星级的森林人家。综合开发型森林人家也可以是政府通过各种手段进行扶持，以林农为主体进行经营，有利于解决林农在技术、资金、管理等方面的瓶颈，通过政府的统一管理引导森林人家更好更快发展（田川，2009）。

（三）按区位关系分类

森林人家所处区位不同，面对的客源不同，所提供的旅游产品亦不相同，在建设标准和景观营建上也有各自的标准。森林人家按所处区位关系可划分为以下几种：

1. 城市依托型森林人家

城市依托型森林人家设于城市郊区及其周边1~2小时车程、50千米范围内，主要以改造型和新建型的森林人家为主，依托方便快捷的交通优势和城市紧密联系。即使此类森林人家的自然资源等级和文化特色与其他类型相比或稍显逊色，但城市丰富的客源、便利的交通条件以及对城市居民需求的敏锐把握是

图1.2 福建省漳州市东山国家森林公园（黄海 摄）

其先天优势。此类森林人家主要提供地道的农家饭菜并展示乡土特色，住宿条件相对简单，借助与现代化城市截然迥异的田园风光、特色村落、民族风情，以采摘、垂钓、品尝、观光等活动吸引都市居民前来度假、休闲。此类森林人家利用郊区相对良好的自然生态环境及独特的人文环境、地缘优势和便利的交通条件迅速发展，是都市居民休闲游憩的"后花园"（杨炯鑫 等，2007）。

2. 景区带动型森林人家

大多数森林人家属于景区带动型，以森林公园、风景区优美的自然环境为依托（图1.2）。由于森林公园尤其是国家级的森林公园或风景区硬件设施配套已经十分成熟，交通便利，而且在一定区域，甚至全国范围内拥有较高的知名度，吸引着全国各地的大量游客。良好的基础与充沛的客源给森林人家的发展带来了极为便利的条件。此类森林人家成为某些景区、景点的伴生物，依托一些著名的风景名胜区发展起来。除了有优美的景色以及良好的户外条件外，往往还包含有特色资源，如温泉、特殊地貌等。与此同时，这类森林人家对资金技术的要求也更高，游客对其建设的档次、住宿条件、服务质量以及周边环境也会有更高的要求。典型的代表有福建泰宁县水际村的森林人家，它以大金湖景区为背景，是景区重要的配套接待设施；以福建天宝岩国家级自然保护区为依托，以非物质文化遗产畲族大腔戏为特色的福建永安市清水乡龙头村森林人家等。

3. 特色村寨型森林人家

各地都具有鲜明的地方文化特色，在各种文化的渗透下形成各具特色的民俗村寨。乡村特色村寨是不同地域乡村建设的历史缩影，也是传统文化的凝固和遗迹。位于这些区域的森林人家，其主要特色在于异域的民俗风情、民俗文化。此类森林人家充分利用山、水、林等资源，以当地乡风乡俗吸引游客。往往规模较小，投资较少，经营方式比较灵活，比较受游客喜爱。如福建省武平县云礤森林人家、浙江省桐庐县新丰民族村森林人家等。

第二节
我国森林人家的发展历程

自2006年年底福建省首次提出森林人家建设以来,森林人家已历经16年的发展,从地方品牌逐步走向全国。从森林人家的发展进程来看,大致可分为两个发展阶段。

一、森林人家初创期(2006—2010年)

2006—2010年这一初创时期,福建省、安徽省和湖南省的森林人家建设处于起步与探索阶段。

福建省森林人家建设走在全国前列。福建省实行林改后,林农对生态公益林的利用更加迫切,如何在发挥生态公益林内的经济效益的同时防止乱砍滥伐,是福建省一直在探索的问题。2006年12月,福建省林业厅组织专家对重庆、四川、浙江、云南等地的农家乐旅游的经营及发展情况进行调研。在借鉴各地农家乐旅游的成功经验之后,基于福建省良好的森林旅游资源优势,福建省林业厅和福建省旅游局率先提出建设和发展森林人家休闲健康游的设想。

2007年1月18日,福建省林业厅出台《关于推进森林人家休闲健康游的实施意见》,为了确保森林人家试点工作顺利推进,提出了系列举措:第一,建立联席会议制度。为加强对森林人家休闲健康游的领导与指导，深化密切部门的联系与沟通，搭建共同推进的平台，福建省林业厅与福建省旅游局建立了森林人家休闲健康游联席会议制度，联席会议下设办公室，挂靠省国有林场管理局的省森林公园和森林旅游管理办公室，同时成立森林人家休闲健康游专家咨询组（林彬 等，2007）。各区市要加强与旅游等有关部门沟通与协作，并成立相应的联席会议机构和森林人家休闲健康游管理机构，及时协调解决工作中出现的新情况新问题。第二，注册森林人家商标及域名。向工商局申请注册森林人家商标，注册www.森林人家.com和www.森林人家休闲健康游.cn域名，并链接了中国林业网、福建林业网、福建森林旅游网、福建旅游网等（成捷，2012）。第三，加大扶持力度。确定20个首批省级示范点，省厅对每个示范点补助10万元人民币。对列入示范点的单位和经营户，各级林业部门给予相应的支持，并协调有关部门在林业小额贴息贷款、工商管理费、税收、证照办理费用等方面予以优惠和减免（陈登丰，2008）。

为了实现福建省森林人家规范化管理，明确森林人家的基本条件，促进森林人家的健康发展，福建省制定了《森林人家基本条件》（DB35/T 730—2007），并于2007年4月27日正式由福建省质量技术监督局颁布，2007年5月1日起正式实施。该标准对森林人家的术语和定义进行了明确的规定，并对森林人家的准入要求进行设定，包括从业资格、经营服务场地、接待服务设施、经营管理和从业人员五个方面，使得森林人家的设立及经营逐渐规范化（中国生态学会旅游生态专业委员会，2010）。由森林人家各级管理部门根据实施标准及实际情况对森林人家的建设及经营进行资格审核、准入许可，将符合准入要求的经营场所纳入森林人家管理范畴，实行授权经营。在森林人家品牌授权后对经营主体实施动态的跟踪管理，不定期进行考察和复核，对于不符合准入要求的经营场所实行摘牌处理。在满足森林人家基本条件的基础上，对森林人家的等级进行评定，逐步增强森林人家的品牌效应（福建省林业厅，2007）。

福建省林业旅游部门联手 力推森林人家休闲健康游

2007年12月11日,福建省林业厅和省旅游局联合在福州国家森林公园假日宾馆召开福建省森林人家休闲健康游联席会议。省林业厅黄建兴厅长、兰思仁副厅长、省旅游局陈扬标副局长以及双方有关部门、单位负责人出席了会议。

会上,有关同志介绍了浙江"农家乐"旅游活动以及福建省森林人家品牌设计的初步构想;福州、泉州、漳州三市还介绍了工作设想。

会议认为,森林人家是乡村旅游的重要组成部分,是推动福建省从旅游大省向旅游强省过渡的新生力量,是发展生态经济的重要形式,它以森林生态环境为背景,以森林、乡土文化与"绿色"农林产品为资源,以林区生境为特色,充分盘活林农闲置资产,为城市游客提供健身、休闲、度假、科普、观光、参与为主要内容的环境友好型旅游产品,是将第一产业与第三产业有机结合的新型旅游形式。

森林人家休闲健康旅游业的推进是林业产业结构调整的需要,是农村就业结构调整的需要,是城市消费结构调整的需要,也是社会结构调整的需要,更是广大林农增收致富的需要。森林人家建设要以中共中央《关于推进社会主义新农村建设的若干意见》和省委、省政府《关于深化集体林权制度改革的意见》为指导,遵循政府引导、市场运作、企业(大户)投资、职工参与、农户联动的原则,发动企业等社会力量参与新农村建设,坚持试点先行,示范与创建相结合,全面推进。

会议明确,福建省发展森林人家休闲健康游的目标任务:以森林公园为依托,以福州、泉州、漳州三地试点为突破,发展重点区域放在设区市所在地周边。五一黄金周前,在上述三地建成森林人家示范点,并选择一个试点举行现场启动仪式;十一黄金周前9个设区市都建成一个示范点,至少建成森林人家300户以上,并召开一次现场推动会,从而推动全省林区森林人家休闲健康游的普遍开展。

——摘抄自森林公园信息报(2007年1月1日)

为了推动森林人家健康持续发展,进一步科学规范福建省森林人家等级划分和评定,福建省同时制定了《森林人家等级划分与评定》(DB35/T 731—2007)标准。该标准对森林人家等级划分和评定的内容进行规范和细化,包括等级划分、等级划分指标、等级评定等方面的内容,使得森林人家等级评定工作的开展有据可依(福建省林业厅,2007)。

2007年4月30日,在福州旗山国家森林公园举行森林人家休闲健康游启动仪式,森林人家建设正式启动(图1.3)。由农户或林业转岗职工依托森林资源景观开展森林休闲健康游,为林农搭建致富平台,使他们从被动保护生态林转为主动保护。森林人家作为福建首创的森林旅游品牌备受重视,同年设计了森林人家标识并在全省推广使用。标识以简洁明了的图案和绿色环保的内涵,受到广大游客及业主的好评,产生了良好的宣传效果。

安徽省紧跟发展,安徽省林业厅和省旅游局在全省森林公园、自然保护区、乡村林场等具有良好生态环境的林区建设"森林旅游人家",利用森林生态资源和乡土特色,融森林文化与民俗风情于一体,为游客提供价廉物美的吃、住、游、购、娱等

图1.3 2007年4月30日福建省森林人家休闲健康游启动仪式(陈静 摄)

服务。对"森林旅游人家"经营点的位置选择、卫生状况、治安管理和从业人员等方面作了明确规定，要求原则上独立经营户达5户以上或一次可接待20人以上的独立经营户作为一个经营点。经营点不仅要有良好的森林生态环境，还要求其所在地交通便捷，有一定的旅游市场和客流量，以及具有一定的接待规模和提供住宿、餐饮、娱乐的接待能力。

2007年，安徽省林业厅与安徽省旅游局携手开展"森林旅游人家"创建工作。2008年，经市、县（市、区）林业、旅游部门审查上报，安徽省林业厅、省旅游局根据申报材料和对部分经营点实地核查，决定将肥东春博山庄等205家经营点命名为全省首批"森林旅游人家"，并对其中18家森林环境优美、经营规模较大、经济效益较好的经营点授予星级单位。同年，安徽省旅游局还对命名单位实行动态管理，对森林旅游人家进行不定期检查，对存在严重问题又不及时纠正、不符合建设标准的经营点取消其称号，让"森林旅游人家"创建活动步入快速、规范的良性发展轨道（刘世勤 等，2016）。

2009年4月25日，"2009年全国森林公园工作座谈会暨森林人家现场会"在武夷山召开（图1.4）。国家林业局森林公园管理办公室、福建省林业厅以及全国各省（自治区、直辖市）森林公园主管部门的领导参加了会议。期间，与会代表现场参观了武夷源、乡巴佬、葫瓜等森林人家示范点。会上，国家林业局森林公园管理办公室充分肯定了福建省森林人家建设取得的成绩。福建省林业厅森林公园和森林旅游管理办公室领导汇报了福建省森林人家的建设意义、主要做法、工作经验及下阶段工作打算，推动了森林人家的经验推广。

同年，湖南省林业厅起草了湖南省地方标准《森林人家建设规范》，出台了《森林人家基本条件（试行）》《森林人家等级划分与评定（试行）》《森林人家管理办法（试行）》，进一步推动湖南省森林人家的建设和发展。

这一阶段已有相关学者陆续关注森林人家的提出与初期发展，相关的学术研究主要围绕森林人家的概念（卢素兰，2007）、

图 1.4 2009年全国森林公园工作座谈会暨森林人家现场会（陈静 摄）

品牌发展及建设（李丹 等，2008）、森林人家优势及意义（陈登丰，2008）等方面开展。研究方法上主要为文献分析法、实地调研法（曾行汇，2008）等。这一时期国内不同高校对森林人家的研究也陆续展开，并取得了一定的进展。其中福建农林大学重点围绕森林人家环境景观及其规划设计方面展开研究，提出了森林人家环境景观营建技术基础及其各景观组成要素的营建方法（田川，2009）；福建师范大学重点关注森林人家的认证指标体系构建，创新性地引入资源依托度系数，构建福建省森林人家认证指标体系及模型，并进行可持续性评价（吴景，2009）。上述研究成果一定程度上也加速了森林人家走向成熟。

二、森林人家发展期（2010年至今）

自2010年以来，森林人家从地方走向全国，在全国多个省份铺开，林业与旅游等部门协同推进。

2011年5月11日，国家旅游局与国家林业局在京举行《关于推进森林旅游发展的合作框架协议》签字仪式，协议的签署标志着两部门在合作发展森林旅游、共同推动生态文明建设方面迈出了重要步伐，对于促进森林资源保护和科学利用，加快林业产业与旅游业的融合发展，培育精品森林旅游产品，满足人民群众日益增长的旅游休闲消费需求，切实促进林业转型和旅游业升级的战略性对接，实现兴林富民和旅游惠民等具有十分重要的作用。

根据协议，双方接下来在九个方面加强合作，共同促进森林旅游业的发展：一是把发展森林旅游作为长期的共同任务，鼓励和支持各地林业、旅游主管部门加强合作，共同把推进森林旅游发展作为"十二五"期间乃至今后更长时期的工作重点，汇集各方力量，调动相关资源，合力推进森林旅游发展。二是共同设立"全国森林旅游工作领导小组"及其办公室。领导小组组长由双方局领导担任，根据工作需要，及时进行工作磋商。三是共同组织调研，尽快出台加快发展森林旅游的指导性意见，同时编制《全国森林旅游发展规划》，明确工作思路和方向，提出推进政策和保障措施。四是开展森林旅游示范县、示范村（镇）、示范景区的创建工作，适时推出一批全国森林旅游示范县、示范村（镇）和示范景区。五是大力推广森林旅游品牌，对林农和林区职工发展森林旅游产业，给予服务设施、人员培训、宣传促销等方面的政策与资金支持。六是鼓励和支持各地开展森林旅游主题宣传活动。设立专项研究课题，发布《中国森林旅游发展报告》，搭建学术和经验交流平台。七是积极鼓励和引导社会投资森林旅游，把示范村（镇）、示范景区作为重点支持对象。八是总结推广森林生态旅游的理念，确立科学发展模式，倡导绿色低碳消费行为，努力实现森林旅游资源保护与利用的协调发展，促进生态文明建设。九是加快森林旅游标准化体系建设，组建森林旅游协会或森林旅游协作组织，加强对森林旅游一线从业人员的培训，不断提高森林旅游的管理和服务水平（迟紫镜，2011）。

2011年11月18日，国家林业局、国家旅游局在海南海口联合召开了全国森林旅游工作会议，对森林人家建设与发展提出了要求，并在森林旅游博览会上展示了各地森林人家发展成果。

2012年3月，福建省林业厅同意授权国家林业局森林公园管理办公室在全国范围内统一并规范使用森林人家专用标志，至此森林人家走向全国。福建森林人家品牌影响力走出发源地，成为全国森林生态旅游的重要产品形态，全国各省（自治区、直辖市）都根据自身情况发展森林人家品牌。广西自2012年起在全区范围内开展森林人家旅游品牌建设试点工作，广西壮族自治区林业厅和旅游局联合印发了《关于开展森林人家旅游品牌建设试点工作的通知》，制定了《广西森林人家旅游品牌建设指导意见》。在2012—2014年3年间开展了3批森林人家旅游品牌建设试点，共设立35家试点单位。江西省也于2012年开始森林人家的发展。

国家林业局于2013年3月15日发布，2013年7月1日实施了《森林人家等级划分及评定标准》（LY/T 2086—2013）。该标准从根本制度上规定了森林人家所应该具备的基本条件、规格和要求，这一标准的制定为不同地区森林人家品牌的创立提供了参考，并且将森林人家产业正式化和制度化，为相关部门的管理，相关从业人员的运行提供了科学化和可行化依据。

安徽省林业厅、省旅游局先后于2013年、2016年联合印发开展"森林旅游人家"创建工作的通知，开展了两批"森林旅游人家"创建工作，并全部予以授牌和颁发证书。截至2016年，安徽省"森林旅游人家"经营户总数已达593家。

2015年，重庆市林业局印发《重庆市森林人家申报管理办法》，2015—2017年，重庆市财政每年拨付1000万元支持森林人家建设，每个森林人家享受5万元财政补贴，部分区县如城口对森林人家按星级给予3万~20万元不等的财政补助。

2015年，四川省政府出台《关于加快转变农业发展方式的实施意见》，明确提出"到2020年，全省累计建成森林人家2000个"。四川省林业厅出台了《森林人家管理规程（试行）》，加强森林人家的规范管理。四川省在2017年12月公布首批269家"森林康养人家"，且首次明确前述荣誉的收回机制，省级荣誉有效期3年，3年后审核不过关，荣誉将被收回。

2015年，浙江省林业厅出台了《关于推进森林特色小镇和森林人家建设的指导意见》《浙江森林休闲养生区建设指导意见》《关于加快森林休闲养生业发展的意见》。对森林小镇和森林人家以项目形式予以扶持，成功申报省级森林休闲养生项目的，省财政对每个森林小镇给予500万元补助、对每个森林人家特色村给予200万元补助。到2017年，浙江省财政已累计拨付项目资金5800万元。2018年，浙江省组织评审和公布了三批森林特色小镇创建单位共73个、森林人家158个，力争到2020年，全省新建成300个森林人家。

贵州起步相对较晚，但发展迅速。贵州省制定了《贵州省森林人家创建标准（试行）》，2015年仅有3处森林人家试点，但到2019年12月已有森林人家2800户，覆盖全省9个市州，然而，其总体发展水平仍处于起步阶段，存在普遍个体规模偏小，缺少差异性，乡土和民俗文化挖掘不够充分等问题。2019年发布了《贵州省森林人家建设标准》（DB52/T 1458—2019）。《贵州省森林城市建设发展规划（2018—2025年）》提出，到2025年，贵州将建成2万户森林人家（贵州省林业标准化技术委员会，2019）。

2018年中央一号文件提出："实施休闲农业和乡村旅游精品工程，建设一批设施完备、功能多样的休闲观光园区、森林人家、康养基地、乡村民宿、特色小镇"，这也为森林人家的推广和发展注入了强大动力。2018年3月，国务院办公厅下发了《关于促进全域旅游发展的指导意见》（国办发〔2018〕15号），要求各地积极发展森林人家、森林小镇。这标志着森林人家创建工作已经上升到国家战略层面，森林人家的创建也已不再仅仅是林业部门的工作职责，而是各级地方政府实施乡村振兴战略的主要抓手（图1.5）。

这一阶段，伴随森林人家的迅速、成熟发展，国内外相关专家的研究重点开始向森林人家的发展现状、存在问题与对策（刘枭 等，2016），景观设计的思路与方法（王建文，2014），

健康养生的内容（冯玉超 等，2018）、形式的多样化发展等方面展开。研究方法也逐渐以定量的方法为主，包括实地调研法、文献分析法、案例分析法及数学模型分析法等。聚焦研究成果的产出方面，国内福建农林大学、福建师范大学、闽江学院等高校对于森林人家的研究贡献较大。其中福建农林大学重点围绕森林人家体验设计（荆书芳，2010）、旅游品牌（兰思仁，2011）、景观构建（廖颜姣，2014）、旅游意愿（邹芳芳 等，2020）等方面展开研究，并取得了丰硕成果，还创新性地将畲族文化与森林人家发展进行融合（刘保，2013），丰富了森林人家的文化内涵；福建师范大学则重点围绕游憩体验（苏亚云，2014）、游客忠诚度（杨建明 等，2016）、森林保护与林农生计协调发展（程菲 等，2016）等方面展开研究，充分利用定性和定量相结合的分析方法，增强了森林人家研究的科学性；闽江学院则主要以森林人家的生态旅游为研究重点，为森林人家的转型升级提供了科学的论证（吴金林，2017）。上述研究成果巩固了森林人家在进一步发展中的理论体系和方法论证。

图1.5 福建省三明市龙栖山森林康养小镇（黄海 摄）

第三节
森林人家的建设意义与功能

一、森林人家的建设意义

（一）森林人家推动了林区改革和发展

森林人家合理利用森林资源，丰富林下经济的模式，将旅游业融合进林区改革并让林农参与森林人家的管理，拓宽林农就业，实现林农经济效益提高，把砍树人变为看树人，变被动保护为主动保护（柴萌，2021）。以森林人家模式进一步深化林权制度改革，推动林区改革和发展，实现"资源增长、农民增收、生态良好、林区和谐"的目标。

（二）森林人家助力脱贫攻坚

在森林旅游发展落后的林区，通过充分挖掘开发贫困乡村的森林资源和完善林区旅游服务基础设施建设，从而发展森林人家，是实现脱贫致富的有效途径之一。森林人家将农村劳动力从第一产业向第二、第三产业转移，同时也将第一产业与第三产业有机结合，可从事民宿、餐饮、导游、旅游纪念品等相关服务行业。森林人家创造了新的经济增长点，增加林农收入，延伸林业产业链，助力脱贫攻坚实施。

福建省九鹏溪森林人家旅游扶贫案例

一、森林人家概况

九鹏溪森林人家是漳平市最早独资创建的一家民营旅游企业,先后荣获国家AAAA级旅游景区、国家水利风景区、全国休闲农业与乡村旅游四星级景区、全国休闲渔业示范基地、福建省生态文化示范企业、福建省四星级森林人家、福建省四星级"乡村旅游经营单位"、福建省"水乡渔村"、福建省科普教育基地、福建省"文明风景旅游区"等殊荣。

九鹏溪森林人家(图1.6)位于漳平市南洋乡,距漳平市区28千米,省道208线永(安)漳(平)公路纵贯其间,交通十分便利;占地面积12平方千米,其中,建筑接待面积18600平方米,森林面积1200余公顷,水域面积140余公顷,竹林100余公顷,茶园70余公顷,果园7公顷。

图1.6 九鹏溪森林人家景观(黄海 摄)

二、主要成效

1、周边经济得到有力带动

九鹏溪森林人家累计投资5000余万元，不断开发旅游活动项目，旅游产品日新月异，游客年年递增，旅游收入年年增长。景区生态旅游的创建行动与发展促进了资源的高效利用与生态环境的改善，助推周边乡镇农业结构的调整，帮助了当地村民的增收，引导了农产品市场的生产方向，带动了地方农业和农村经济的发展，极大地缓解了当地与周边地区劳动力市场的就业压力，提高了劳动力的参与率和劳动者的素养；带动了周边居民产业和地方水仙茶业的发展与土特产品的开发，为当地土特产品打开了广阔的客源市场，为漳平水仙茶提高知名度发挥了巨大的作用。同时九鹏溪森林人家的建设与发展，促进了资源的高效利用与生态环境的改善，引导了周边乡镇农产品市场的生产方向与农业结构的调整，推进了当地第三产业的发展，增加了社会就业机会，缓解了当地与周边地区劳动力市场的就业压力，提高了劳动力的参与率和劳动者的素养。

2、生态环境得到良好保护

九鹏溪森林人家清新指数高。繁茂的原始阔叶树木，原生态的森林环境，幽爽清新的空气，负氧离子含量每立方厘米高达9800~13000个，是一处难得的天然氧吧。景区自然生态良好，森林覆盖率达90%以上，植被覆盖率超过95%，是许多野生动植物的聚集地。这里生长着奇花异草，生活着珍禽走兽，动植物资源与生物多样性十分丰富，珍稀度高。繁茂常绿的原始阔叶林、亚热带的针叶林、竹林保存十分完好，有国家珍稀濒危保护植物桫椤、水松、银杏、红豆杉、毛红椿、伯乐树、金毛狗等20多种。

3、自然资源得到较好挖掘

九鹏溪森林人家通过开展生态旅游活动，增长了人们的生态环境保护知识，增进了人们亲近自然、爱护自然的情感，提高了人们的自然生态保护意识。景区在做好生态旅游的同时，充分发挥所在地中国水仙茶之乡——南洋乡的优势，依托旅游客源市场，利用茶乡品牌，大力开展"茶乡农家乐"等乡村特色生态休闲游，带动了漳平水仙茶业与地方餐饮业的发展，提升了当地水仙茶的知名度与当地土特产品的价值，激励了当地农副产品的开发，为当地土特产品打开了广阔的客源市场，使当地的农副产品产生直接的经济效益，增加了当地村民的收益，带动了地方经济的快速发展，为漳平水仙茶提高知名度发挥了巨大的作用。景区是福建省生态文化旅游示范区，在环境保护教育、生态资源科学开发利用与生态旅游结合和带动景区周边村民发展环保经济、丰富人们的生活等方面具有较高的示范价值。

4、城市名片得到进一步提升

九鹏溪森林人家是龙岩市绿色生态旅游的重点线路，是漳平的一张城市名片。景区的建设融合景观生态休闲、文化民俗休闲、农家乐休闲、农业体验休闲、森林生态休闲、渔业休闲、科技教育休闲、养老养生休闲等特色休闲旅游，与环境和谐相融，充分体现了木质建筑的魅力与茶山水景特色，不仅为人们提供了一个格调高雅的生态环境和休闲游览场所，还为漳平增添了一处科学研究、科普宣传、教育学习和参观考察的基地。

（三）森林人家打造乡村振兴样板

森林人家的建设，是乡村产业建设重要的方向，以现有的森林资源打造新的森林旅游体验，是农村一二三产业融合发展体系的重要产业形式，且提升了乡村旅游的品质，带动了地方经济效益和社会效益，促进了乡村振兴。

浙江森林人家助力乡村振兴经验

一、一村一品模式，发展乡村特色产业

浙江森林人家村落大致可分4种类型：①森林养生型，指利用森林的生态环境和绿色林产品等优势，满足各类人群度假养生需求，如刘家塘村富硒食材养生。②森林体验型，指通过引导都市人群进入森林、认识森林、感受森林，满足体验需求，如大溪村森林观景、古道登山。③森林文化型，指以森林文化旅游为主题，满足不同年龄段多样化的文化需求，如余村的"两山"文化、古树文化。④农林游憩型，指以农业和林业观光、采摘等为特色,满足都市亲子游人群需求,如鲁家村田园小火车、竹林观光等。

以天台县为例,天台县12个乡镇中,已有街头、泳溪、雷峰、南屏、石梁5个以森林休闲养生或森林旅游为主导的乡镇入围浙江省森林特色小镇;11个村入围浙江省森林人家,其中迹溪和湖井两个村已获得森林人家建设项目。街头镇通过森林特色小镇创建,着力建设以天台黄茶为主题的"十里黄茶谷"茶文化旅游休闲项目,努力打造中国黄茶第一镇。同时,发掘100余千米的寒山古道群,串联起十里铁甲龙、九遮秀谷、麒麟峰等森林休闲旅游区,贯通黄茶、水果等林业产业基地以及重点公益林区、森林公园,与森林人家、美丽乡村等串点成线,打造慢生活体验区(浙江林业编辑部,2018)。

二、林旅深度融合,推动生态产业升级

通过森林旅游的深度融合,加快生态精品规模化、标准化、品牌化发展,推进绿色发展、生态惠民、三美融合。

以遂昌县为例,着力培育农产品旅游地商品生产经营主体,培育了9个农产品旅游地商品生产经营主体,完成2亿多元销售额,新增"三品一标"农产品6个,新增参与"丽水山耕"母子品牌运作商标6个,成功把生态优势转化为富民优势、产业优势。

三、盘活闲置资源,突破建设要素制约

积极盘活村内老房子、土地、林地等闲置资源,以"空心村二次创业"作为突破口,通过土地流转、房屋租赁、资源入股的形式,引进高端民宿。以桐庐县为例,邀请专家根据当地良好的生态环境,巧妙利用当地传统畲族民居作为主体建筑进行改造扩建,建成民宿并已投入运营。引进资金的同时也引进了具有当代气息的文化产业,例如"先锋书店"等。

四、发掘民族传统,丰富森林文化内涵

作为浙江省少数民族畲族聚集地之一,桐庐县充分利用这一优势,对畲族文化进行了深入的挖掘与发展并运用到森林人家项目的建设之中,最终带给了游客独具特色的休闲文化体验。以畲族民俗文化为特色,以森林资源、古村落保护为依托,借助森林人家项目建设,以生态森林文化为主线,生态森林休闲养生为重点,将自然风光与传统村落和美丽乡村进行有机结合。同时,在发展过程中融合了现代社会的发展理

念，迎合了现代人的精神追求，创建了许多具有人文情怀以及人情味的旅游项目。充分挖掘畲族传统节日（三月三）、服饰（凤凰装）、习俗（婚嫁）、美食（乌米饭、红曲酒）等畲族文化，并予以丰富和传承。在一年一度的"开笋节"上，游客们提着工具上山，体验亲自挖笋的乐趣，品尝畲民特意烹制的全笋宴，游览位于海拔500多米高山上的高节竹观光园，漫步百年畲族古道，欣赏畲乡秘境山林，参加具有畲族特色的民俗活动。

五、示范以点带面，全域编织森旅网络

以森林旅游为形、生态文化为魂、林业产业为基，打造全域旅游网络。以天台县为例，全方位保障、全景化打造、全产业融合、全领域覆盖、全社会参与，建设森林特色小镇和森林人家。形成了始丰溯源、寻佛问道、寒山神隐、绿色农耕、古道果香、霞客寻踪6条美丽乡村森林休闲旅游精品线。以旅游城镇、森林特色小镇、森林人家、美丽村庄为点，以美丽公路、森林古道和旅游绿道为线，全面推动全域乡村森林旅游。

（四）森林人家推进生态文明建设

森林人家使传统生产型、木质化型的粗放林业转化为低耗、低碳、环保、绿色的集约型新产业，为推进生态文明建设提供了绿水青山就是金山银山的实践案例，把绿水青山护得更美，把金山银山做得更大，努力扩大生态和自然资源优势。通过发展森林人家转变林农的思维，从原来的砍山变为护山，同时吸引更多民众了解自然、热爱自然，推进生态文明建设。

二、森林人家的功能

（一）经济功能

森林人家是利用当地森林生态资源和自然景观环境而开发

出的旅游经营方式,在保护青山绿水的条件下,合理开发利用相关资源,形成以经营农户、家庭林场、工商业主为基础,涉及餐饮、酒店、景区、交通运输部门、旅行社、购物场所、休闲娱乐等乡村旅游核心组织,通过对客源流、资金流、信息流、物资流的整合链接,提供满足游客在"吃、住、行、娱、游、购、养、闲、奇"方面旅游需求的横向拓展、纵向关联的产品和服务,形成上游(航空公司、酒店、景区、汽车租赁、导游、保险公司、旅行社、在线代理商等旅游产品供应商)、中游(平面媒体和网络新媒体的营销推广平台)及下游(游客)之间相互依赖和相互制约的产业共生系统的一种森林人家产业链(刘枭,2016)。

图1.7 武夷山国家公园景观(黄海 摄)

（二）生态功能

习近平总书记在党的十九大报告中指出，坚持人与自然和谐共生，必须树立和践行绿水青山就是金山银山的理念，坚持节约资源和保护环境的基本国策。为促进绿水青山资源的可持续发展，现阶段森林经营重在保护森林环境，提升森林质量和各种功能效益，对森林采伐量进行合理的控制，青山常在，永续利用。基于此，森林人家的建设是森林经营的新方向，前期的投入将农户生活与森林结合起来，将森林砍伐转变为森林旅游经营。森林人家更好地发挥了保护森林资源的作用，合理组织、利用森林资源，减少森林资源消耗，达到了良好的生态功能（图1.7）。

（三）文化功能

森林人家建设以森林文化为导向，弘扬和传播生态文化。森林人家建设凸显森林文化，并与当地的民俗风情相融合，共同打造一种生态休闲型的健康旅游产品。人们通过森林人家走进大自然，享受森林之美，感受大自然的神奇，从而最大限度地满足人们生理、心理、保健和精神等方面的需求（张弦，2005）。人们可以在森林人家的场所内开展丰富多样的旅游活动，如森林探险、森林康养、森林科普等，在休闲的同时又能够丰富森林生态文化体验，还能强身健体、汲取知识、陶冶情操等。因此，森林人家具有很强的生态功能，是促进生态文明建设的有效途径。

（四）社会功能

中国现阶段社会主要矛盾已经转化为人民日益增长的美好生活需要和不平衡不充分的发展之间的矛盾。改革开放以来，城乡居民收入显著增长，人民对于生活品质提出了更高的要求，森林游憩成为新的旅游热点。森林人家集康养、休闲、旅游等功能于一体，以享受文化、生活为目的，以获得现实生活中个人的心理满足、精神愉悦、身体健康为目标，受到了大众的喜爱（张顺，2007）。

森林人家将自然、人文的各类资源进行整合，为人们提供轻松、休闲的社交场所，创造交流机会；同时森林人家通过表达人与自然和谐相处的方式，结合自然教育引导人们的思想、行为导向，潜移默化影响着社会中的人们，为和谐、美好的社会做出贡献。

第四节
森林人家与
其他旅游区（点）的关系

一、森林人家与农家乐的关系

农家乐是以农民家庭为接待单位，利用田园景观、自然生态及农民生活等资源吸引游客，以农业体验为特色的乡村旅游活动。成都市旅游局将农家乐定义为：利用庭院、堰塘、果园、花圃、农场等农、林、牧、渔业的资源优势，吸引旅游者，为旅游者提供观光、娱乐运动、住宿、餐饮、购物等服务的经营实体（重庆市商务委员会，2022；苏州质量技术监督局 等，2006）。

2006年年底，经过组织有关部门和人员赴浙江、江苏、四川以及重庆考察"农家乐"项目后，福建省林业厅经过认真研究认为：今后要在"农家乐"的基础上，依托福建省丰富的森林旅游资源，创新出一种有别于"农家乐"的生态旅游产品，既促进林农增收，又弘扬生态文明，由此在全国范围内首次提出森林人家的发展思路。不同的是，森林人家是具有森林特色的乡村旅游形式。森林人家的经营主体是广大林农，注重的是良好的森林生态环境，提倡的是一种生态旅游形式，这种旅游形式融入了森林文化与乡风民俗，引导游客用生态的态度走进自然，亲近自然，与自然交流，实现城乡互动、人与自然和谐相处。可以说，森林人家源于农家乐，但超越了农家乐，是农家乐的创新版（中国生态学会旅游生态专业委员会，2010）。

二、森林人家与风景名胜区的关系

风景名胜区，是指具有观赏、文化或者科学价值，自然景观、人文景观比较集中，环境优美，可供人们游览或者进行科学、文化活动的区域（建设部城市建设司，1999）。风景名胜区常常拥有独特的、不可替代的景观资源，是大自然鬼斧神工所形成的自然遗产，而且是世代不断增值的遗产。风景名胜区是我国旅游景区的主体，管理规范、严格，对当地旅游业的发展起着不可替代的辐射和带动作用。森林人家是一种规模相对较小，对旅游目的地地域范围、乡村旅游资源特点及构成、目标市场都有限定，相对风景名胜区而言具有地域服务性、休闲常态性及季节波动性的特点，是一种经营模式灵活的休闲健康旅游产品，是风景名胜区有益和必要的补充。人们在观赏风景名胜区极具震撼的优美风景后，走进森林人家，品农家风味、乡野风情，使旅程更加轻松、健康、休闲。二者的关系也是相互促进的。

三、森林人家与度假区的关系

度假区是旅游中一种高端产品，经常建设在风景优美的海滨或风景秀丽的旅游区，服务设施装修高档，主要客户是高端收入人群，代表着高层次消费。森林人家作为一种大众化、平民化的健康休闲旅游产品，注重环境优美、健康体验、卫生合格及规范管理，迎合的是普通大众的消费，两者并不矛盾，而是相辅相成（中国生态学会旅游生态专业委员会，2010）。

四、森林人家与森林公园的关系

森林公园是以森林景观为主体，融自然、人文景观于一体，具有良好的生态环境及地形、地貌特征，具有较高的观赏、游览、文化、科学价值，经科学的保护管理及合理的规划设计，可为人们提供一系列森林游憩活动及科学文化、考察研究活动的良好场所（苏馨花 等，2008）。森林人家建设是以森林公园为依托，可以建设在森林公园的服务区，从而成为森林公园接待游客的重要组成部分，也可以建设在公园周边，成为森林公园旅游线路上的一个节点。森林人家自主经营，特点鲜明，内容新颖，是森林公园有益的补充和亮点，两者关系是紧密联系的（中国生态学会旅游生态专业委员会，2010）。

五、森林人家与自然保护区的关系

自然保护区的实验区允许进行旅游开发，森林人家也可以依托自然保护区开展休闲健康游产品开发，作为自然保护区开展生态旅游开发的一种有益尝试。

六、森林人家与观光农业的关系

观光农业是以农业活动为基础，农业和旅游业相结合的一种新型的交叉型产业，是以农业生产为依托，与现代旅游业相结合的一种高效农业。观光农业的基本属性是：以充分开发具有观光、旅游价值的农业资源和农业产品为前提，把农业生产、科技应用、艺术加工和游客体验等融为一体，供游客领略在其他风景名胜地欣赏不到的大自然浓厚意趣和现代化的新兴农业艺术的一种农业旅游活动。观光农业是一种新型的"农业＋旅游业"性质的农业生产经营形态，既可发展农业生产、维护生态环境、扩大游乐功能，又可达到提高农业效益与繁荣区域经济的目的，属于生态旅游的范畴（郭焕成 等，2003）。

森林人家与观光农业存在很多相似之处，如农业资源，农事活动都是二者的重要旅游资源，二者均属于生态旅游范畴。但二者并不等同，首先，观光农业是以农业文化景观、农业生态环境、农事生产活动为资源开展的旅游活动，既可以在农村展开，也可以在城市展开，如城市里开展的农业观光园、农业工厂、民俗文化村等，而这些不属于森林人家的范围；其次，森林人家开展的民俗文化和森林文化旅游是森林人家旅游的重要形式之一（刘红艳，2005）。

七、森林人家与田园综合体的关系

田园综合体是集现代农业、休闲旅游、田园社区为一体的乡村综合发展模式，目的是通过旅游助力农业发展、促进三产融合的一种可持续性模式。田园综合体从概念上来说，就是跨产业、多功能的综合规划；从具体项目来说，就是多功能、多业态搭建业务结构的综合运营。

田园综合体是森林人家的发展方向，现有的绝大多数森林人家是狭义的森林人家，今后田园综合体模式的森林人家是广义的森林人家（盛蕾，2018）。

八、森林人家与森林乡村的关系

森林乡村是指乡村自然生态风貌保存完好、乡土田园特色突出，森林氛围浓郁，森林功能效益显著，涉林产业发展良好，人居环境整洁，保护管理有效的生态宜居乡村。为积极推进乡村绿化美化，以改善农村人居环境和促进农民增收致富为目标，紧紧围绕严格保护乡村自然生态系统的原真性、大幅增加乡村生态资源总量、提升乡村生态资源质量，持续加大乡村绿化美化力度，努力打造生态宜居的魅力乡村。国家森林乡村是指国家林业和草原局组织指导，运用一定的评价办法、量化指标和评价标准，通过综合评价，将乡村绿化美化达到评价标准的乡村认定为国家森林乡村。各省（自治区、直辖市）也开展了省级森林村庄的认定，森林人家融入并促进了森林乡村的发展。

九、森林人家与森林特色小镇的关系

森林特色小镇是指在森林资源丰富、生态环境良好的国有林场和国有林区林业局的场部、局址、工区等适宜地点，重点利用老旧场址工区、厂房民居，通过科学规划设计、合理布局，建设接待设施齐全、基础设施完备、服务功能完善，以提供森林观光游览、休闲度假、运动养生等生态产品与生态服务为主要特色的，融合产业、文化、旅游、社区功能的创新发展平台。开展森林特色小镇建设，有利于提高国有林场和国有林区吸引和配置林业特色产业要素的能力，推动资源整合、产业融合，促进产业集聚、创新和转型升级；有利于深化国有林场和国有林区改革，助推林场林区转型发展，改善国有林场和国有林区生产生活条件、增加职工收入，增强发展后劲；有利于促进林业供给侧结构性改革，提高生态产品和服务供给能力和质量，不断满足广大人民群众日益增长的生态福祉需求；有利于保护生态和改善民生，促进国有林场和国有林区经济发展、林农增收，助推脱贫攻坚，着力践行习近平总书记提出的"绿水青山就是金山银山"的新发展理念。

概括起来说，森林人家与其他旅游区（点）的不同在于：一是依托的载体不同；二是旅游的方式不同；三是投入的机制不同；四是品牌的特色不同；五是市场的客源不同。具体异同内容见表1.3所列。

表1.3 森林人家与其他经营单位的异同

比较项目	森林人家	农家乐	风景名胜区	度假区	森林公园	自然保护区
经营秩序	统筹规划，有序竞争	规划不够规范，存在无序竞争	统筹规划，管理规范	高级规划，管理规范	统筹规划，规范经营	严格规划，限制开发
品牌效应	较好	一般	很好	很好	较好	较好
关注效应	生态效益、经济、社会、环境效益相结合，重视林区居民经济利益	经济效益	生态效益、经济、社会、环境效益相结合，生态保护利益优先	经济效益	生态效益与经济、社会、环境效益相结合，生态保护利益优先	生态保护利益优先，核心区禁止开发，不以经济利益为主
社区利益	增收易，保证生态情况下实现收益	增收易，社区带动一般	社区带动效应不明显	社区带动效应不明显	保证生态情况下实现收益	严格保护生态情况下实现收益
农产品转化	环节少，直接	环节少，直接	环节多	环节多	环节少，直接	环节少，直接
总体效益	农民增收，环境美化，实现环境与经济的可持续发展，促进社会主义新农村建设	农民增收，环境退化，资源优势逐渐消失	促进社会经济发展，农民增收有限	促进社会经济发展，农民没有增收	农民增收，环境美化，实现环境与经济的可持续发展，促进社会主义新农村建设	农民增收，环境美化，实现环境与经济的可持续发展

第五节
森林人家发展中存在的问题与趋势

从 2006 年至今，经过 18 年的发展，市场需要森林人家这一旅游品牌，森林人家也得到了大众的普遍认可和欢迎。但随着社会经济的发展和人们生活水平的提升，对于森林人家的发展也提出了新的要求。森林人家要如何进一步发展，也是本书关注的重要问题。

一、森林人家发展中存在的问题

回顾和分析森林人家的当前状况，森林人家发展中存在的困难和不足主要有以下几个方面。

（一）用地瓶颈突出

森林人家建设用地审批非常困难。目前绝大部分森林人家的房屋属性都不是经营性用房。使用房屋有以下几类：农民自建住宅房、农业设施建设管理用房、临时建筑，按目前政策无法办理餐饮、住宿、娱乐项目、农产品销售等相关证照。也有很大一部分是以租借、改造既有建筑的形式满足部分配套设施，但都难以办出产权证。根据《土地管理法》和《关于完善设施农用地管理有关问题的通知》相关规定，森林人家项目用地应按照建设用地

图 1.8　福建省宁德市渡头村榕树古树群（黄海 摄）

进行严格管理。森林人家发展的用地需求与林地保护相矛盾,土地已成为制约森林人家旅游发展的最大困境(图1.8)。

(二)经营管理人才短缺

森林人家投资少、规模小、门槛低,使得森林人家旅游的开发和研究均处于较低层次上。目前,森林人家的从业人员大多数未接受过专业的系统培训,不具备专业服务水平,业务熟练程度不高,服务水平质量偏低。森林人家的经营主体主要以农户为主,经营者在专业知识、业务技能及管理运营方面没有进行系统培训学习,多是以经营者的个人经验为导向或经营者相互之间的非专业化的交流模仿进行经营和管理。由于缺乏科学合理的市场调研和系统的专业技能培训,经营者很难对森林人家的市场需求及发展方向做到准确把握和科学预测,经营往往无法满足当下及未来的发展需要,不能把握全局和谋求长远的发展(牟秋菊,2008)。因此,一旦出现新的需求,没有进行科学专业的引导,很容易导致部分森林人家被市场舍弃,难以实现健康可持续发展。

(三)基础设施比较薄弱

森林人家的经营主体大多数是当地农民,开发的地点多处于近郊或山区,基础设施相对薄弱,配套设施不完善。旅游住宿、餐饮、购物等接待服务设施以及游览步道、观赏休憩、旅游厕所、消防、垃圾收集等设施的建设存在明显不足。具体体现:第一,交通问题。抵达森林人家的道路状况不佳,交通工具选择上不太方便,缺乏相应的指示牌,容易导致游客不便找寻目的地。此外,停车场或停车位等配套设施缺乏。第二,休闲设施不足。大多数森林人家缺乏可供人们休憩娱乐的设施,如休憩廊架、遮阴凉亭、休憩座椅、茶室等设施。第三,配套设施不齐全。必要配套设施如超市、医疗站、药店诊所等不够健全,无法满足游客常住需求。第四,卫生状况不理想。一些森林人家接待点厨房设备简陋,基本消毒设施缺乏,没有水厕,排污排水通道不畅等(吴倩妮,2006)。

（四）缺少科学规划

森林人家经营多属本地村民自行开发，总体上缺乏统一规划，开发中存在盲目性和无序性。突出体现在：有些森林人家由于环境条件的特殊性使得本身游客容量有一定的限制，但在盲目开发建设后容易造成超容量的车辆及人流进入该区域，导致环境污染，在一定程度上会对原有的生态环境产生一定的破坏，包括对当地的空气、水源、水土保持、动植物等产生一系列不良影响。同时，从调查情况看，相当部分森林人家经营者环保意识不足，偏重眼前利益，无视社会效益和生态效益，盲目扩大投资规模，同时又缺乏相应的排污配套措施，带来了严重的环境问题。

（五）卫生质量难以保障

尽管近几年来森林人家发展迅速，但目前还处于规模小、管理散乱的自由发展状态，经营管理机制还需要进一步完善。很多森林人家的经营往往是自发性的，开张或停止经营往往没有向相关部门进行报备，没有缴纳相应的税款，也未归入旅游或工商部门的有效管理范围内。森林人家推崇的是无污染的食品，尽管是农户自种自养，但是据不完全统计，目前大部分的森林人家未申请卫生许可证和营业执照，从业人员也没有健康证。在服务定价以及价格涨幅上也具有很大的自主性和随意性，没有相应的规范和标准来进行约束，容易给游客带来较差的体验感。从宏观上讲，森林人家旅游发展缺乏全局和长远的考虑，没有统一的管理规范，没有形成一套有效的经营管理模式。有些省份虽然也根据本地情况制定过一些管理规范和标准，但都未能全面推广，不利于森林人家长远发展。不少森林人家经营点出现生活垃圾随意丢弃，污水和废弃烟尘随意排放，水质不达标等问题，这些最终都将很大程度上破坏森林人家原本绿色生态的环境。

（六）产品雷同现象严重

森林人家对旅游产品的定位不够清晰，盲目跟风，一哄而上，现已出现了严重的雷同现象。森林人家的服务基本为家庭接待服务，经营者之间多相互效仿，产品内容雷同且单一，缺乏对经营产品的科学定位及特色化开发，应充分挖掘场地所具有的资源潜力。多数经营者对于现有场地的资源，如树木、果园、养殖园只是进行十分简单的整理，所提供的旅游活动也往往局限于吃农家菜、观赏自然景观等一般性的服务，而对个性化和地域性的开发较少，应加强对森林文化、民俗风情、古迹遗址等资源内涵的深度挖掘、解读和利用，开发具有地域特色的森林人家旅游产品，以满足游客个性化的需求。

（七）营销能力不足

森林人家作为新生品牌，在一些省份林业主管部门的重视下，这几年有一定的品牌影响力。但从目前来看，森林人家旅游品牌还没有完全建立，品牌效应还有待提高。目前森林人家品牌宣传没有针对目标群体进行市场细分，只开展面上宣传，应该根据具体的森林人家产品特色锁定目标客户群体和辐射区域范围，进行更加直接有效的宣传。目前大多数经营者对于森林人家的品牌意识不强，也没有足够资金投入品牌宣传当中，导致公众对森林人家的品牌认可度还不够高。

（八）扶持力度不够

目前森林人家扶持政策主要是林业部门制定。由于部门的局限性，只能针对自己所辖范围内制定相应的扶持政策。首先，森林人家经营管理涵盖范围广泛，若按部门划分，涉及的部门很多，现出台的扶持政策显然无法涵盖森林人家经营管理所包含的范围。其次，目前出台的森林人家扶持内容比较单一，内容主要以奖励引导为主，而对森林人家开办优惠、宣传促销、人员培训、资金筹集等方面扶持政策涉及很少。最后，森林人家出台的扶持政策执行力度不大，无论是总的扶持资金规模还是单个扶持额度都偏小。

二、森林人家的发展趋势

森林人家其发展趋势主要为以下几点。

（一）规模向区域化和集中化发展

随着森林人家的推广，森林人家在全国各省（自治区、直辖市）形成了各具特色的新格局。例如，浙江的森林人家与森林特色小镇，四川的森林康养人家，黑龙江的北方森林人家等。森林人家会逐步向区域化发展，形成地区网络，成为区域森林旅游网络中的一个重要组成部分。

（二）功能向多元化和综合性发展

目前大部分的森林人家还是以提供餐饮服务为主。但是也可以看到越来越多的森林人家除了提供吃住以外，还提供休闲观光、旅游度假、自然体验、科普教育、康体健身等多种活动，满足不同游客多样化的需求。

（三）产品向特色化和品牌化发展

传统的旅游产品推广主要通过旅行社进行线路组织，森林人家主打休闲健康旅游，从以往单一提供吃住的森林人家转变为不同形式的旅游综合体，注重追求休闲体验。产品特色上有以森林+田园、森林+民俗、森林+文化、森林+康养、森林+度假等多种形式（图1.9），增加了更多休闲和体验的旅游产品，也逐渐发展出面向不同消费人群的中高端森林人家。通过营造特色，来提升森林人家的品牌知名度。

（四）经营向合作化和多样化发展

森林人家经营主体在政府支持下，以个人、集体、企业等不同形式形成合作社，依照《森林人家基本条件》等相关标准进行建设和对外营销，不断推进森林人家规模化发展。经营主体的多样化形成了个人、集体、投资商与相关部门等相互合作

图1.9 森林人家田园生活(黄海 摄)

第一章

Forest Home

森林人家概述

并存的格局，经营的范围也开始不断拓展，由最初的独立林农院落向森林村庄聚集区、森林旅游区发展。

（五）管理向规范化和市场化发展

相关部门专门组织所有森林人家经营者和从业人员进行餐饮住宿、服务礼仪、食品安全和卫生等方面的培训，系统地提高整体森林人家从业人员和从业环境的质量。在开发建设森林人家之初，福建省林业厅就提出了"政府引导、市场运作、企业（大户）投资、职工参与、农户联动"的原则，在森林人家建设上形式可以多样，可以大户投资，也可以个体混合经营。进一步明确政府角色定位是引导者、服务者、监督者和协调者，政府引导要遵循生态规律、市场规律与社会发展规律，主要制定政策和标准、规范市场、监督质量、宣传推介、协调关系等，主要通过市场机制来推进森林人家的开发建设，但是不参与具体经营活动，重点当好"裁判员"和"服务员"（中国生态学会旅游生态专业委员会，2010）。

森林人家的发展符合市场发展的趋势。作为一个经济迅猛发展的大国，中国旅游业的国际影响力持续提升。国人公共假期每年已有115天，《国民旅游休闲纲要》带薪休假制度落实，更会激发潜在庞大休闲度假市场。游客构成从团队出游向散客出游转变，产品需求从观光游览向休闲度假转变，消费需求从门票消费向综合消费转变。旅游购物、养生度假、体育旅游、户外探险等深度旅游、体验旅游消费逐步成为新常态。我国已经步入大众旅游时代。森林人家作为一个森林旅游的载体，也需要适应市场的趋势，进行升级和综合化。随着森林人家逐渐涵盖旅游的六要素，开展森林人家对于就地转移富余农村劳动力有重大意义，一业兴百业兴，发展森林人家也带来了更大的乘数效益和辐射带动作用。

第二章
森林人家的理论基础

　　森林人家的实践是建立在诸多理论基础之上的。本部分阐述了森林人家理论与实践的几个重要理论基础,其中:可持续发展理论指明了森林人家发展的目标,明确规划建设的原则与工作准则;生态伦理学为森林人家规划发展提供价值观与伦理思考;景观生态学为森林人家规划建设提供新思路;生态经济学强调从旅游生态系统的角度发展森林人家;休闲经济学为森林人家有机融入休闲经济活动提供科学的理论和方法;森林美学则将森林人家的发展提升到美学层面。

第一节
可持续发展理论

一、可持续发展理论的产生背景

可持续发展是一种既满足当代人的需要，又不会对子孙后代的需求造成危害的发展。从20世纪50年代开始，随着经济的不断发展，城市化进程加快，人类社会面临的人口、资源压力越来越大，纯粹的资源性消耗增长模式已经引起人们的怀疑与争议。其中，最引人注目的是美国学者莱切尔·卡逊（Rachel Carson）1962年著作的环境科普书籍《寂静的春天》，在世界范围内引发了人类关于发展观念的争论。而后10年，另外两位美国学者巴巴拉·沃德（Barbara Ward）和雷内·杜博斯（Rene Dubos）出版了享誉世界的著作《只有一个地球》，再一次把人类生存与环境的认识导向可持续发展方向。

1972年，国际学术团体罗马俱乐部发表了《增长的极限》，首次提出了"持续增长"和"合理的持久的均衡发展"的概念。到1987年，联合国世界与环境发展委员会发表《我们共同的未来》的研究报告正式确立可持续发展概念，并全面论述了这一概念，得到世界各国政府的极大重视。在1992年联合国环境与发展大会上将可持续发展作为未来共同的发展战略，得到了世界各国政府的认同（Harris C D，Ullman E L，1945）。1992年6月在巴西里约热内卢召开的联合国环境与发展大会通过了《里约环境与发展宣言》《21世纪议程》《联合国气候变化框架公约》《生物多样性公约》等，标志着世界各国在实行可持续发展战略的重大战略决策上取得了共识。当前，可持续发展思想已经成为全人类的共同理念，但如何实现资源环境与人类经济、社会发展的可持续性，在理论和实践上尚需开展长期深入研究和探索（张志强 等，1999）。

二、可持续发展理论的基本内涵

可持续发展，从字面意思来看，包括"可持续"和"发展"两个方面，它虽然缘起于环境保护问题，但从具体内容来看，涉及经济、生态和社会三个方面的可持续的协调统一，也就是要求人类在发展中要追求经济效率、生态和谐以及社会公平，最终实现人的全面发展，因此，可持续发展思想超越了单纯的环境保护问题，成为指导人类社会发展的重要理论。目前比较公认的是世界环境与发展委员会给出的可持续发展定义："既满足当代人的需求，又不损害子孙后代满足其需求能力的发展。"这一定义的文字表述具有浓厚的感情色彩和伦理色彩，可对其作出各种不同的理解和推论，内涵丰富，可持续发展的其他许多宣言基本上都是由此演绎而来，较有代表性的有以下几种（张志强 等，1999）：

（1）在1991年的国际生态学联合会和国际生物科学联合会举行的关于可持续发展问题的研讨会上，可持续发展被理解为："保护和加强环境系统的生产和更新的能力"，认为可持续发展是不超越环境系统再生能力的发展。这个定义强调了可持续发展的自然属性。

（2）1991年IUCN等国际组织共同发表的《保护地球：可持续生存战略》，将可持续发展定义为："人类生活在永续的、良好的生态环境中同时又要改善人类生活的质量。"这是强调可持续发展社会属性的定义。

（3）经济发展是可持续发展的重要内容，但已不是传统的

图 2.1　福建省泉州市沿海景观（黄海　摄）

以牺牲资源与环境为代价的经济发展，Barbier 从经济属性出发，把可持续发展定义为："在保护自然资源的质量和其所提供服务的前提下，使经济发展的净利益增加到最大限度。"（图 2.1）

（4）实现可持续发展，除了政策和管理因素之外，科技进步起着重大作用。没有科学技术作为支撑，人类的可持续发展就无从谈起。因此，工程技术专家认为，可持续发展就是：转向更清洁、更有效的技术，尽可能接近"零排放"或"封闭式"工艺方法，尽可能减少对能源和其他自然资源的消耗，建立极

少产生废料和污染物的工艺或技术系统。

以上可持续发展的定义侧重不同的角度，具有各自的特点。概括地讲，可持续发展是一个以生态可持续性为基础、经济可持续性为主导、社会可持续性为目的的系统整体，在这个整体中，必须追求这三种可持续性的高度统一和协调发展。也就是说，人类在发展中不仅追求经济效益，还追求生态和谐和社会公平，最终实现全面发展。因此，可持续发展是一项关于人类社会经济全面性发展的战略。

三、可持续发展的基本观点

可持续发展的基本观点如下：一是关于经济可持续发展方面，可持续发展是鼓励经济增长的，但这种增长更看重经济发展的质量而不是数量。因此，在生产模式和消费模式上，可持续发展摒弃传统的以"高投入、高消耗、高污染"为特征的粗放型模式，要求实施清洁生产和文明消费，实现经济活动中的效益提高、资源的节约和废物的减少。从某种角度上，经济可持续发展是建立在生态经济可持续发展基础上的。二是关于生态可持续发展方面，可持续发展追求的是经济建设、社会发展与自然环境承载能力三者的协调发展。它强调对生态环境的保护和改善。但生态可持续发展倡导的对生态环境的保护观念并不和社会发展相对立，而是努力积极探寻新的发展模式，从人类的源头、从根本上解决环境问题。三是关于社会可持续发展方面，认为社会公平是环境保护得以实现的机制和目标。具体而言就是：一个国家，要构建保证让公民长期有效地参与发展决策的政治体系和社会管理体系，保证国家的稳定和发展；要着力改善国民的生活质量，提高国民的健康水平，为国民创造一个平等、自由、教育、人权和免受暴力的社会环境。四是关于共同性方面，认为可持续发展共同性是源于人类生活在同一地球上，地球的完整性和人类的相互依赖性决定了人类有着共同的根本利益。地球上的人，生活在同一大气圈、水圈、生物圈中，无论是穷人还是富人，本国还是别国，彼此之间是相互影响的。因此，必须采取全球共同的联合行动。也就是说在整个可持续发展体系中，经济是可持续的基础，生态是可持续的条件，社会可持续是最终目的（李文松，2008）。

四、旅游业可持续发展理论

（一）可持续旅游的提出

旅游与经济、社会、文化、环境都有密切关系，这就决定了旅游业的发展必然会给旅游目的地的社会、经济、环境等各方面带来积极或消极的影响。旅游业发展初期，尤其是大众旅游盛行的时期，人们只注意到旅游带来的经济效益，而没有顾及综合效益，其后果是对旅游资源进行过度甚至掠夺式开发，对景点实行粗放式管理，旅游项目大量上马，无序扩张。这一切损害着旅游业赖以生存和发展的环境、威胁着旅游业发展的长期利益。

20世纪80年代之后，可持续发展的思潮在世界范围内兴起。这时，旅游从业者开始认识到如果旅游与环境不能和谐共存，旅游业将成为"短命"产业，认识到旅游业的发展对人类和自然遗产的依赖，对生态系统稳定性和持续性的影响，以及旅游需求对于人类尤其是对于未来人类基本需求的重要性。同时国际社会也逐渐认识到旅游业与可持续发展有关联，因为"它是个资源型产业，有赖于自然的馈赠和社会遗产"，与其他产业相比，旅游业被认为是与环境更为友好、和谐的。

在这种背景下，提出了可持续旅游的概念。1990年在加拿大温哥华召开的全球可持续发展大会上，旅游组行动策划委员会发表了《旅游持续发展行动战略》草案，构筑了可持续旅游的基本理论框架，并阐述了可持续旅游发展的主要目标。1993年，《可持续旅游》(*Journal of Sustainable Tourism*)这一学术刊物在英国的问世标志着可持续旅游的研究进入一个新的起点。1995年4月，联合国教科文组织、联合国环境规划署和世界旅游组织等在西班牙召开"旅游可持续发展世界会议"，会议通过了《可持续旅游发展宪章》和《可持续旅游发展行动计划》。这两份文件为旅游可持续发展制定了一套行为准则，并为世界各国推广可持续旅游提供了具体操作程序，标志着可持续旅游已经进入了实践性阶段。

作为对联合国《里约环境与发展宣言》(即《21世纪议程》)的一个呼应,1997年6月,世界旅游组织(World Tourism Organization,WTO)、世界旅游理事会(The World Travel & Tourism Council,WTTC)和地球理事会(Earth Council,EC)在联合国第九次特别会议上正式发布了《关于旅游业的21世纪议程》,描述了旅游业实施可持续发展战略应当采取的行动。同时明确了可持续旅游发展指的是在保护和增强未来机会的同时满足现时旅游者和东道区域的需要。同时,认为可持续旅游导致以如下形式管理所有的资源:在保护文化完整、基本生态进程、生物多样化和生命支持系统的同时,经济、社会和审美方面的需求可以得到满足(王建春,2003)。

(二)旅游业可持续发展的本质

旅游可持续发展是可持续发展理论在旅游业中的具体体现,具有与可持续发展理论的本质一致性,它主要包括三层含义:

第一,公平分配。也就是说要树立这样的观念,即环境与资源是从后一代人那里借来的,而不是从先辈那里继承来的,因此,当代人之间、每代人之间应有公平分配有限的旅游资源的权利。当代人不应为满足自己旅游发展的需要而损害后代公平利用旅游资源的机会,而旅游者的旅游满足也不能以旅游景区所在地的环境作为代价。

第二,环境限制。旅游资源的开发利用不是无限的,要以旅游的环境容量为限。旅游开发与环境的协调是判断旅游业可持续发展的首要标志。环境容量是判断旅游环境系统与旅游开发之间是否实现可持续发展的一个重要指标。旅游资源的开发与利用应在旅游资源环境系统可承载能力之内,要保证区域内可更新旅游资源的使用速率低于在其再生速率,不可更新资源的损耗速率不高于寻求作为替代品的可更新资源的速率,只有这样才能保证自然资源的永续利用(佟敏,2006)。

第三,经济基础。旅游业的可持续并不是一味强调保护而不要经济发展，而是提倡在做好资源保护的同时发展旅游经济。经济的持续增长是可持续发展的物质基础，是保证有更多的资金、人力、物力用于旅游区的保护的前提，没有旅游经济的持续增长，旅游可持续发展就是一句空话。

（三）保持旅游可持续发展的主要因素

旅游业保持可持续发展的因素包括旅游产业系统与其环境之间的相互作用和它们各自的内源动力，这些因素可概括为：经济的可行性、生态环境的成功保护和社会负面影响的有效控制（范水生，2011；赵楠，2019）。

1. 经济的可行性

实践证明，旅游业是一项相当有活力的经济活动，如果管理得当，它就是一个能创造就业机会和财富、繁荣地区经济的理想行业。可见，制订任何一个旅游区的规划，经济的可行性占有很重要的地位。但经济效益的获得不应当以环境破坏为代价，而要建立旅游经济的生态自我调节和按生态要求调整旅游经济政策的方向，把生态观点纳入一切生产和消费决策中，把旅游资源保护的成本列入经济政策的指标体系里，保证经济效益获得的可行性。

2. 生态环境的成功保护

旅游对环境的负面影响是明显而广泛的，废弃物遍地、土壤侵蚀、大气和水域污染、物种多样性降低、生态系统受损、噪声增加和景观破坏等在旅游区并不鲜见。这一方面与旅游者的素质有关，另一方面，也与发展规划缺乏全面考虑、管理欠周全分不开。一个旅游区的前途取决于其景点的优美和环境质量的保持，如果环境污染、河流水量变小、水质变差，还有什么可观光的呢？因此，控制旅游对环境的负面影响，无论从经济学、生态学还是旅游学的角度来看都是十分重要的。随着环境教育的加强，人们生态意识的增强，旅游区域环境退化的状况可以不断得到改善。同时注意开展环境监测，进行环境影响评价和确定合理的承受能力，也是控制旅游发展所带来的负面影响的好方法。

3. 社会负面影响的有效控制

旅游发展对所在地的社会也可能产生负面影响,如人口和行业的迅速增加加重了本地居民人员组成成分的复杂化,对原有的风俗习惯、行为准则可能产生预料不到的冲击,一些与旅游业发展相关的不正当行业如赌博等也时有出现。这应当引起旅游管理者的高度重视,因为对本地居民和旅游者来说,建立健康的高质量的文化娱乐体系和环境保护同样重要,如社会压力和犯罪率的增长与环境质量退化一样,会导致旅游者人数下降。所以要保持旅游业的可持续发展,旅游业对社会文化产生的一些负面影响必须得到有效控制。

五、可持续发展理论对森林人家建设的指导意义

(一)明确了森林人家规划与建设的原则和目标

森林人家是森林旅游可持续发展的重要载体之一,它的运行目标与旅游业的可持续发展目标是完全一致的。也就是说,森林人家的运行目标也是为了规范游览活动与自然、社会、经济、文化等系统变化的关系,使之在内涵和外延上都实现人类普遍公认的旅游业持续发展的目标,即在不损害生态环境的前提下,既满足当代人的旅游需求,又不危害后代满足自身旅游需要的发展。这个目标实际上也是森林人家建设所要追求的目标,应当成为评估森林人家建设成功与否的关键指标。因为森林人家建设过程是一个合理有序地开发旅游资源,保证资源的永续利用,使生态环境呈现协调有序、运行平稳的良性循环状态的过程(范水生,2011;刘丹丹,2005)。

森林人家是一种旅游产品,相对于其他的资源利用方式(如森林砍伐、矿山开采),所带来的负面影响是最小的,所以如果森林人家建设经营得当,可以达到最小的环境损失和最大的经济利益，并造福于当地社区居民，可以作为可持续发展的一种手段和工具。但是如果没有充分的生态学知识、科学的生态旅游规划、合理的经营方针、有效的环境监测及严格的管理措施，森林人家实际上也会加速环境的破坏。因而一个很好的森林人家规划与建设对保持森林人家旅游的可持续发展是至关重要的，应当引起足够的重视（金磊，2006）。

（二）指明了森林人家规划与建设相关人员的工作准则

为了保证森林人家和森林的可持续发展，进行规划和建设的一切人员在工作中均应以旅游可持续发展作为准则。规划者在对森林人家所依赖的资源与环境进行开发规划时，不仅要考虑当代人的需求，而且还应想到代际间人们对资源的需求，有意识地给后代人留下一些可供享用的资源和环境，为旅游业的可持续发展保护其物质基础。规划管理者应该有一个长远发展的认识态度，不仅要重视当前的效益，更应把长远的可持续发展放在首位，采用节约型和保护型管理模式，保持旅游发展的可持续性。开发投资者要清楚地认识到，森林人家的投资不仅仅是经济上的投资，亿万年形成的旅游资源是有"价"的，这些有价旅游资源的拥有者是国家或当地社区；开发规划的知识投入也是有"价"的，即投资包括资源投资、知识投资和经济投资，相应的利益也应该是共同享有。另外，旅游者也应在可持续性观点的指导下，增强保护意识，自觉主动地保护旅游对象，在森林人家开展旅游活动，应尽一切可能将对生态环境的不利影响降至最低。

第二节
生态伦理学

一、生态伦理学的产生背景

人类自进入文明社会以来,从人类赖以发展的产业基础来看,共经历了狩猎与采集文明→农业文明→工业文明三种动态。在前两种文明的动态下,人与自然处于蒙昧生态的关系(范水生,2011)。人对环境虽然有所影响,但造成的破坏较小,总体上与自然保持着一种和谐共处的协调关系(杨帆,2000)。考古发掘表明,在漫长的历史长河里,人们以图腾崇拜或自然崇拜的形式表示对自然界的尊重。图腾崇拜是人们把某种动物作为图腾,把它看作是自己的亲属和祖先,禁猎、禁杀、禁食,尊奉为自己的崇拜对象;自然崇拜是把天、地、日、月、星、雷、雨、风、云、水、火、山、石等自然物尊奉为神,对它们顶礼膜拜。世界各民族历史上普遍存在着对图腾与自然的崇拜现象,如我国有的氏族以玄鸟为图腾,半坡母系氏族公社实行以鱼为象征的生殖器崇拜。这是因为古代的人,无论是狩猎和采集,还是农耕和畜牧,天时地利具有决定性作用,在强大的自然力面前,他们常常束手无策,只能拜倒在自然的脚下,祈求自然的保佑。这些对生物和自然现象的崇拜,是因为人们已意识到它们对人类生活有重要意义,不仅是一种信仰,而且是人们对待生活的一种态度,对保护生命和自然发挥了重要的作用。这是人类最早的生态伦理思想和实践,有些传统还留传至今,仍在现实生活中起作用(余谋昌,2011)。

16~17世纪现代科学产生,推动了18世纪的产业革命,人类有了大规模的工业生产能力,进入了"工业文明"时代。工业化首先在产业革命的发源地英国完成,接着推广到西欧和北美,把人类文化推进到一个新阶段。人类对自然资源具有极强的享有欲和征服欲,开始向自然大举进攻,取得了一个又一个胜利,工业生产给人类带来了巨大的物质财富。然而,工业生产在征服、改造自然的过程中,也极大地破坏和损害着自然,自然界开始沦为人类开发、利用、改造、蹂躏和掠夺的对象,生态危机四起,自然灾害频繁,已威胁人类的生存和发展(杨帆,2000)。

在19世纪末至20世纪初,英国思想家Benthan等提出把道德关怀扩展到动物,美国思想家Thorean等强调环境伦理的整体主义思想,他们的思想是现代生态伦理学孕育的序幕。此后,随着人们对环境问题的不断认识与反思,有大批学者致力生态伦理学的研究、宣传与完善,并形成许多不同的学术观点。较有代表性的有法国思想家Schweizer的"尊重生命的伦理学"、美国著名生态学家Leopold的"大地伦理学"、澳大利亚哲学家Singer所认为的"尊重感觉的伦理学"。这些学派的争论与融合,使大家逐步认识到人与自然的共生关系,一种新的文明观——生态文明正在逐渐成为全人类的共识。它要求人类与自然建立一种良好的和谐关系,维持一种合作的道德准则,也就是用生态伦理学的观点来对待大自然、开发自然资源,与自然万物共存共荣(田树新 等,2002)。到了20世纪70年代,生态伦理学作为一门全新的哲学学科正式应运而生,开始在学科领域中获得了应有的地位,主要表现为:在保护环境、拯救地球的旗帜指引下,世界各国政府、许多组织、民间团体和学术机构用生态伦理学倡导的原则来维护和改善人类环境。如1972年联合国在斯德哥尔摩召开的第一次大型人类环境会议形成的两个文件——《人类环境宣言》和《只有一个地球》,被称为是生态伦理学的基石和框架结构。

二、生态伦理学的基本内容

（一）基本内涵

伦理学是研究道德现象、本质及其发展规律的科学，而生态学是研究自然界中生物之间及生物与非生物环境间相互关系的科学。因此，生态伦理学就是这两门学科的交叉学科。它是一门研究人与大自然应具有的优良态度和行为准则的学科。理论要求是确立自然界的价值和自然界的权利，它的实践要求是保护地球上的生命和自然界，它的根本任务就是为环境保护实践提供一个可靠的道德基础（葛飞秀，2006）。

（二）基本观点

1. 自然界是一个统一完整大系统

自然界，包括各种生物系统和生物栖息所依赖的自然环境

图 2.2 福建省建瓯市万木林自然保护区（黄海 摄）

系统。人与其他物种一样，都是大自然这个相互依赖的系统的有机构成要素，在这个系统中，每一个生命的生存及其生存的质量，都不仅依赖于它所生存的环境的物理条件，还依赖于它与其他生命之间的关系。任何一个生命或生命共同体的重大变化或灭绝，都会通过系统结构对其他生命或生命共同体发生影响。如果我们打破了人类与地球生命网的联系，或对生命网的干涉过大，那么，就是在摧毁我们追求独特的人类价值的机会。因此，人是大自然的一个生物成员，人与土地、空气、水、动物、植物等都是自然界的组成部分，都是相互依存的，相互间固有一种和谐的伙伴关系。人类要善待自然万物，保护自然，不能随意伤害自然界的其他成员，伤害自然的最终后果就是伤害人类自己（图2.2）。

2. 自然具有内外在多元价值

生态伦理学认为，自然界是有价值的，而且其价值是多方

面的,通常被概括为两大类:一类是外在价值,也就是从人和其他生命的角度,自然界对人和其他生命的有用性,即它作为他物的手段或工具的价值。如自然界的事物作为人和其他生命生存和发展的资源,能满足人和其他生命生存和发展的需要,实现人和其他生物的利益;自然界为人类提供具有科学研究功能的科学价值,具有陶冶情操、身心愉悦作用的娱乐价值,有益于身心健康的医疗价值,有象征意义的文化价值等等。另一类是内在价值,是自然界及其存在物本身所固有的价值,是它自身的生存和发展。自然界作为生命共同体在宇宙环境中是自我维持系统,它按一定的自然规律自我维持和不断地再生产,从而实现自身的发展和演化。大自然的价值是它的外在价值和内在价值的统一,并以它们的生存表现出来,维持着地球基本生态过程的健康发展,在生态大系统中发挥着独特的作用,如生物物种的存在对生态平衡的作用,动物的存在对保护食物链的连续性与完整性的作用。

3. 自然具有持续生存权利

权利通常是指人们享有一定利益或待遇的资格,而自然界的权利是指生物和自然界的其他事物有权按生态规律持续生存。自然界生命发展是不断演化的过程,生命演化形成无数的生命组织层次,从微生物系统到植物系统和动物系统,不同的生物物种在地球生态系统中各自占有特定的生态位,利用特定空间和资源,在生态系统的物质循环、能量转化和信息传输中起着特定的作用,而且所有物种综合性的相互作用才使地球成为生命维持系统,维持生态系统的生产力,以及保持生物圈的稳定性和整体性。因此,地球上所有生命形式享有平等的权利,这是由自然规律决定的。所以,人类在与各种生物共同分享地球资源的过程中,要均衡地照顾到各种生物的利益,使各种生物能够"因任自然"地自由生活。同时也要尊重自然生态系统自身的存在和演化方式,即大自然能够以生态规律自发的作用进行自我调节,使其中的所有一切都能够"完美与和谐"。

4. 人类对于自然的平衡发展负有责任

自然万物与人类是平等的,有资格、有权利得到人类的尊重,而且人是有思维的,能够认识到自然万物及其相互关系,人类有责任、有义务保护生物的多样性,维护自然生态环境的健康发展。但是由于过去人类的无节制行为,自然环境已经受到严重损害,生态危机日益显现。人类应该改变不良传统,加深对大自然的了解,运用人类的智慧,使恶化的自然环境有所改变,以弥补自身的过失。如控制人口增长,缓和人与自然界其他生物争夺自然资源的矛盾,恢复生态平衡;节约自然资源,采用高科技减少经济发展中的资源消耗;倡导和支持开展生物多样性保护行动,让人们明白每一个人都对生物多样性保护负有责任,要宣传保护生物多样性的行动,阻止严重破坏生物多样性的活动,抵制损害生物多样性的行为。

5. 人类应遵循生态伦理学的道德规范

生态伦理学最基本的道德规范就是:尊重生命、尊重生态系统和生态过程。尊重生命就是要求,人类不应该无故造成有感觉动物不必要的灭绝;不应该以虚假的借口猎杀野生动物;不应该破坏野生生物的生存环境;不应该仅仅依据人的意愿确定资源的开发利用标准。尊重生态系统和生态过程就是要求,人类要保护生物基因的多样性、物种多样性和生态系统的多样性。其中生态系统的多样性是最基本的,没有生态系统的多样性,就不会有生物基因的多样性和物种的多样性。

三、生态伦理学对森林人家建设的指导意义

生态伦理学所包含的内容和观点,如自然界是一个相互依赖的大系统,认识到大自然具有价值和权利等都是森林人家设计者、经营者必须具备的意识和伦理素质,尊重生命、尊重生态系统和生态过程等是开展森林人家旅游活动必须遵循的基本原则(钟林生 等,2003)。

（一）明确了森林人家的建设开发目标

生态伦理观要求人们从事生产活动不能纯粹服从于经济目的，而必须合乎生态要求，必须保障人类与自然和谐相处的生存权利不被剥夺，必须以维护生态系统平衡为主体目标，经济目标只能作为从属目标。因此，在开发过程中是否利于生态保护，是否有美学和自然观光价值是决策的主要条件（图2.3）。只有当生态、社会、经济三方面都确实有利时，才能进行森林人家的开发建设，切不可急功近利，只顾眼前和局部的经济利益，而忽视生态伦理学的要求，造成不可挽回的损失。

图 2.3 福建省三明市马岩森林康养基地(黄海 摄)

（二）奠定了森林人家的建设思路

生态伦理学的道德规范，能够为森林人家的规划设计提供可操作性的思路和方法。例如，不能大搞人工建设，避免森林人家城市化、园林化的倾向。可以通过营造风景林来增加植被覆盖率，改善森林人家周边环境状况。应该尊重生态过程，在风景林营林实践中就要以乡土树种为主，不能盲目引种，注意适地适树，这样不但可以节约引种的人力物力，还可以避免各地都引用同一树种的现象，更有地方特色（图 2.4）。必需的人工设施要和自然景观保持协调统一，因景就势，因地制宜，建筑宜小体量、隐藏、分散布局，开发出人与自然协调的产品；提倡采用"生态建筑"，使用不会造成污染和损害环境的石头、砖

图 2.4　福建省福州市春光村古榕群（黄海 摄）

瓦、沙子等建材，不用化学油漆、涂料等，少用或不用污染性能源，多用无污染的太阳能、风能、水能，最大限度降低森林人家建设开发对环境的影响。

（三）规范了森林人家的旅游产品开发

森林人家的旅游项目策划和旅游产品开发设计，不但要考虑市场需求，还应遵从生态伦理观，必须强调自然主题和保护要求，以保证森林人家所依托资源的健康、持续发展。不能设置与生物多样性保护、生态保护理论背道而驰的项目。森林人家旅游资源具有生物多样性内容，同时还具有地貌、水景、动植物、人文景观等景观多样性。在开发建设中，修路、架桥、建服务设施等工程施工都有可能对生物多样性产生不利影响，应遵循旅游资源开发与保护并重的原则，根据生态环境价值高低和脆弱程度制定开发顺序和保护等级。

（四）倡导了游客文明的消费观

提供合理、健康的消费，减少资源消耗是生态伦理学的重要观点。森林人家旅游活动也是一种消费行为，应积极地对游客进行宣传引导，努力使森林人家的旅游消费行为不破坏生物系统的良性循环，使人类与自然之间真正建立起亲密的伙伴关系。同时也将森林人家建设成为环境教育的重要场所。只有全社会的生态觉醒，才是森林人家持续健康发展的有力保证。

第三节
生态经济学

一、生态经济学的产生

（一）生态经济学的产生背景

生态经济学是人类在探求重大生态经济问题产生的原因、发展趋势以及预防措施和解决途径的过程中形成的。在19世纪产业革命前，由于人类自然科学技术相对不发达，社会生产力水平低，因而人类对自然生态的干预有限，即使出现一些生态经济问题，也可以通过地球生态系统自身的演化得到解决，生态经济关系比较协调、和谐，不至于对人类和整个社会的经济活动产生实质性的影响。然而，在工业产业革命后，特别是第二次世界大战后的几十年间，科学技术飞速进步，社会生产力水平不断提高，"工业化"与"城市化"不断发展，使人类社会经济活动干预自然生态系统的能力大大增强。加上人口剧增、消费加大以及人类对自然的过度索取，致使自然生态系统遭到破坏，带来一系列始料不及的严重后果。例如，工业排污、大气污染、水资源污染、废林造田和过量使用农药等。这种人类社会经济活动对自然生态系统需求的无限性与自然生态系统满足这种需求和资源更新能力的有限性所构成的基本矛盾，就成为人类社会全球性的重大生态经济问题。对于此类生态经济问题，早在20世纪30年代，苏联经济学家斯特鲁米林就开始注意,并把环境、生态和资源三者结合起来研究,提出具有生态经济体系内容的经济观,引起学术界的关注(李良美,1999)。

20世纪60年代中期,美国经济学家鲍尔丁从经济学角度,探索了生态经济的基本理论,首次提出了关于"生态经济学"的概念并发表了《一门科学——生态经济学》的重要论文,对运用市场经济体制控制人口、调节消费品分配、合理开发资源、环境污染以及以国民生产总值衡量人类福利指标等方面做出了有创见性的论述。生态经济学概念提出以后,得到了学术界的积极响应,出现了一批有影响的与生态经济相关的著作。例如,罗马俱乐部的第一个报告《增长的极限》,英国生态学家哥尔德史密斯的《生存的蓝图》,法国学者加博的《跨越浪费的时代》,沃德等合著的《只有一个地球》,美国学者爱克霍姆的专著《回到现实——环境与人类需要》,罗马俱乐部佩西的《未来100年》,美国未来学家卡恩的《目前和未来的经济——令人兴奋的1978—2000年》和《即将到来的繁荣》,以及西蒙的《最后的资源》等(李海涛 等,2001)。与此同时,东欧及日本也涌现出大批研究生态经济学的专家学者,较有代表性的如日本坂本藤良撰写的《生态经济学》,苏联查伊采夫所著的《生态经济学概论》。上述著作从不同角度系统地论述了生态经济学问题,并在生态经济学应用方面做了一些有益的探索(黄丽萍,2007)。

在我国,对生态经济的研究始于20世纪70年代末,虽然起步较晚,但由于各阶层知名人士广泛参与,理论和实践并举,所以发展很快。1980年9月,由许涤新发起,马世骏、侯学煜和阳含熙等参加,在北京召开了全国第一次生态经济座谈会,与会者一致强调在我国加强生态经济学研究的重要性和紧迫性,并明确提出了在我国创建生态经济学的任务。1982年11月,在南昌市召开了全国第一次生态经济学术会议,初步建成了一支社会科学与自然科学相结合的研究队伍。1984年2月,在北京召开了全国生态经济科学研讨会,会上成立了中国生态经济学会,并提出要用生态经济学原理指导中国的经济建设(黄丽萍,2007)。此后,大部分省(自治区、直辖市)相继成立了生态经济学会，还创办了《生态经济》和《生态农业研究》等刊物，多次召开了全国性和各省（自治区、直辖市）的生态经济问题研讨会，并做了大量研究工作，初步建立了我国生态经济学的理论体系。目前，生态经济学的学术观点已逐渐被人们理解和接受，并对社会经济建设发挥着日益重要的指导作用。

（二）生态经济学的特点

生态经济学是一门生态学和经济学相互交叉、渗透、结合形成的新兴边缘学科，具有研究对象的整体性、研究内容的综合性、研究角度的战略性和研究结果的实用性等特点。一是研究对象的整体性。生态经济学的主要研究对象是生态经济系统，而生态经济系统是由生态系统和经济系统相互关联、相互制约、相互依存而形成的不可分割的生态经济统一体，是一个完整的系统，它既不是单纯的自然生态系统，也不是单纯的社会经济系统，更不是单纯的技术系统，而是三者有机复合而成的整体系统，就是要求从整体上研究和考察生态经济问题，反对用孤立的、片面的观点去看自然与社会经济的相互关系。二是研究内容的综合性。生态经济学是一门多结构、多层次、多系列的学科，其研究的内容非常广泛，涉及人、社会和自然之间相互联系、相互作用的各个方面。它把基础理论研究、发展战略研究和应用技术研究融为一体，因此具有综合性的特征。三是研究角度的战略性。生态经济问题，如人口、资源、环境、经济等的相互关系问题，是具有全局性、长远性、根本性的战略问题。生态经济学作为一门研究生态经济问题，指导人们正确处理生态经济问题的学科，必须具有战略性的特点——即从长远的角度和全局的角度客观地研究生态系统与经济系统、生态平衡与经济平衡、生态效益与经济效益的相互关系，从长远利益上研究经济发展规律；指导人们合理地调节和控制生态经济系统，协调生态经济平衡，正确解决近期利益和长远利益、局部利益与全局利益的关系；力求生态效益、经济效益、社会效益持久、稳定、综合提高。因此，生态经济学既是一门解剖现状、正视问题的学科,又是一门高瞻远瞩、制定国民经济发展战略和决策所不可缺少的综合性科学。四是研究结果的实用性。生态经济学注重将经济建设中的生态问题和经济问题结合起来进行研究。它的研究成果对社会经济的发展有着重大意义。如在生态经济学中运用价值尺度对国家资源开发进行评估,可以指导我们调整开发策略;评价国家资源与产品的进出口贸易,可以发现国际贸易中财富交易的盈亏情况,并提出正确的对策;用于项目的可行性评估和设计,可以为经济建设服务,减少不必要的损失等。因此,生态经济学是发展经济、保护环境的理论基础,是制定国民经济方针政策的科学依据,是制定工农业发展规划乃至国际政策的指导思想,是解决严重生态环境问题的有效方法(葛飞秀,2006)。

二、生态经济学的基本内容

(一)生态经济系统的结构与功能

生态经济系统是由生态系统和经济系统相互交织、相互作用、相互结合形成的,具有一定结构和功能的复合系统,是生态经济要素,即环境要素、生物要素、技术要素和经济要素遵循某种生态经济关系构成的具有生态经济特征的集合体。在生态经济复合体中,存在生态系统与经济系统之间的物质、能量和信息交换,它的运行要受经济规律和生态平衡自然规律的结合,即生态经济规律的制约和影响。因此,生态经济系统是一个具有独立特征、结构和功能的生态经济复合体(葛飞秀,2006)。

1. 生态经济系统的结构

生态经济系统的结构是指多种生态经济要素按照特定的生态经济关系,组成生态经济系统的方式。其组成包括两个子系统和六个基本要素,两个子系统是生态系统和经济系统。六个基本要素包括以下几点。

（1）人的要素，在生态经济系统中居主导地位，生态经济系统的存在和发展是为了满足人的需要，生态经济系统的进步和优化也是依靠人的能动作用来调控。

（2）环境因素，是指在生态经济系统中与人相互联系和相互作用的自然与社会的各种客观条件，包括自然环境与社会环境的各种成分。

（3）资源要素，包括自然资源、经济资源和社会资源。

（4）物质要素，指自然资源经过劳动加工转化而成的社会物质财富，包括生产资料和生活资料两大部分。

（5）资金要素，是指用货币形式表现的物质资料的价值，它是再生产过程中不断运动着的货币价值。

（6）科技要素，包括科学和技术，在经济子系统和生态子系统相互交织渗透形成生态经济系统运行过程中，对人与自然之间进行的物质、能量和信息变换起着重要的中介作用。

2. 生态经济系统的功能

生态经济系统是一个结构和功能相互统一的整体，结构是功能的基础，功能是结构的具体表现。具有一定生态经济结构的生态经济系统在外部环境的作用和联系中，所表现出来的特性和能力即为生态经济系统的功能。这种特性和能力是生态经济系统中经济功能和生态功能复合的结果，外在表现可以分为生产功能、生活功能和净化还原功能。生产功能就是人类开发利用自然资源，为社会提供满足人类各种需求的产品的能力；生活功能是指能为动物，特别是人类提供栖息和生活的场所，从

图 2.5 福建省龙岩市梅花山竹海（黄海 摄）

各方面满足人类生活的要求；净化还原功能是指环境受到污染后，自身或在人工参与的条件下能够恢复到未污染状况的能力。通过系统的生产、生活和净化还原功能的相互配合、协调运动，使自然物质转变为各种能满足人类需求的经济物质，使自然能量从低能量转变成高能量的经济能量流，使无序的自然信息转变成有序的连续积累的社会经济信息，使商品价值在生产和流通中实现增值，并创造出更加优美的人类生存的环境（图 2.5）。

（二）生态经济平衡

生态经济平衡是指生态经济系统所呈现的生态平衡与经济平衡相对稳定、统一的平衡状态，它是符合人类社会经济发展目标的生态平衡与符合自然生态系统进化发展目标的经济平衡的辩证统一。生态经济平衡作为生态经济学的重要研究内容，既是实现国民经济持续、稳定发展战略的理论保证，已是人类社会存在和发展的根本保护，具有客观属性、相对属性、可控属性及动态属性。

1. 客观属性

主要反映为存在的客观性。在社会经济发展中，由于经济活动赖以进行的经济系统载体是客观存在的，同时它间接据以进行的生态系统载体也是客观存在的，因而由经济系统与生态系统结合形成的生态经济系统也是客观存在的。另外，生态经济系统的客观性还表现为由经济平衡和生态平衡有机结合形成的生态经济平衡的客观存在性，从宏观到微观各层次由经济系统与生态系统有机形成的生态经济系统的客观存在性。

2. 相对属性

主要表现为生态经济系统是运动中的平衡和有条件的平衡这两个方面。一切生态系统、经济系统，由它们有机结合形成的生态经济系统都是不断运动的，因此作为生态经济系统基本特征的生态经济平衡也是经常处在运动和不断变化过程中，永远不会凝固在一定的水平和状态上。此外，生态经济平衡是有条件的，是针对具体的社会经济发展目标而言的，离开一定的社会经济发展目标的"平衡"是毫无意义的。

3. 可控属性

生态经济平衡的可控性寓于它的客观性和相对性之中。首先，生态经济平衡的客观性反映了生态经济系统存在的运动的基本规律性，同时生态经济系统存在的运动也是有序的，因此人们可以通过认识其有序的规律性，调节和控制生态经济系统的演替和进化过程。其次，生态经济平衡的相对性，反映了生态经济系统具有一定的可塑性，所以人们就可以在其可塑性的范围内使有利于人类社会经济发展的目标更快、更好地实现，协调经济平衡和生态平衡之间的联系，使之沿着符合人类经济、社会发展目标的方向不断进化。

4. 动态属性

生态经济系统与生态系统、经济系统一样，也具有耗散结构的特性。因此，生态经济平衡就是在耗散结构基础上，通过生态经济系统各要素之间的协同作用所产生的结构有序和功能协调所建立的动态平衡。这种动态平衡是不断运动的、发展的、变化的。正确认识生态经济的动态平衡性，有利于我们用发展的眼光看待生态经济问题，科学实现社会经济目标。

（三）生态经济效益

生态经济效益是指生态效益与经济效益的结合与统一。正确认识和理解生态经济效益内涵，合理确定生态经济效益的评价方法，探讨提高生态经济效益的途径，有助于人们更为科学地分析劳动的成果同投入劳动的对比关系，从而在社会生产实践中更加自觉地遵循生态经济规律。

1. 生态经济效益的特点

一是生态经济效益是全局的效益。生态系统的存在和运行具有明显的空间关联性和时间关联性，经济系统的运行必然要牵动生态系统的运行，并受其具体运行状况的制约。因此在采取的经济措施不当，破坏了生态系统运行的情况下，就会给生态系统带来一些负面影响。如本地区生态系统的污染危害了相邻地区生态系统，对当地自然资源的掠夺利用危及子孙后代对生态系统的持续利用等。其结果都是只获得了片面的经济效益，而未能获得生态系统的效益。生态经济效益只有将生态效益与经济效益有机地结合起来，将局部经济效益和全局经济效益以及目前经济效益与长远经济效益有机地统一起来，从而才能取得全面的最大效益。二是生态经济效益是现实的效益。人们从事经济活动的基本要求是获得最大的经济效益，而在实践中往往要求的是生态效益与经济效益的结合。基于在实际生态经济系统运行中这样的一个基本规律，生态和经济两个子系统的运行和所产生的两个效益的相互影响和制约，因此在实际经济发展中，理论上最大可能的经济效益和生态效益是不可能同时得到的。人们所能得到的只是两者相互结合（有时甚至是相互抵消）后所得到的效益，即现实的效益，或现实最大可能的效益。三是生态经济效益具有层次性。生态经济效益的层次性根源于经济效益和生态效益各自的层次性。由于生态效益和经济效益都是从微观到宏观的多层次和等级的区分，因此生态经济效益也有从微观到宏观的多层次和等级之分。因此，在运用生态经济理论指导经济发展实践中，要强调从微观到宏观各层次生态经济效益的兼顾和协调，以促进全社会生态经济效益的提高。

2. 生态经济效益评价

生态经济效益评价是对生态经济系统的状态或价值所作的分析与判断，它可以是对整个生态经济系统作出评定和估价，也可以是对部分系统作出的评定和估价。其基本的评价原则有生态效益最佳原则、生态经济成果最大原则、资源消耗最小原则、系统风险最小原则。评价的方法主要有历史考察评价法、费用效益评价法、综合评价法等，在实际工作中根据条件选用某一种或某几种方法。

3. 提高生态经济效益的途径

提高生态经济效益，需要人们以生态经济学的规律为指导，采取生态的、技术的、经济的、法律的、行政的各种手段，本着资源永续利用与可持续发展的原则，合理利用和保护自然资源，综合考虑宏观、微观等不同层次具体情况，加强生态经济管理，从而建立结构合理、功能高效、效益最佳的生态经济系统。

三、生态经济学对森林人家建设的指导意义

生态经济就是一种尊重生态原理和经济发展规律性的经济模式，要求经济社会与生态发展全面协调，达到生态经济最优目标。森林是按自然规律运行的生态系统。自从人类的生产活动介入森林以来，森林的生态系统就发生了变化，从而转变为与人类经济活动融为一体的生态经济复合系统。人类对森林的

过度采伐破坏了环境，影响人类生活的稳定性。因而在森林人家的建设发展中要严禁滥伐森林，寻求生态功能和经济功能的平衡，协调生态经济复合系统（范水生，2011）。

（一）明确了森林人家建设依托对象是旅游生态经济系统

森林人家的建设是涉及旅游者的生态旅游活动与生态环境间相互关系的建设，它是应用生态学的原理和方法将旅游者的旅游活动和生态环境特性有机地结合起来，对旅游活动进行空间和时间上的合理布局的活动。从生态经济学的角度分析，森林人家是一个具有动态性的生态经济系统，该系统是由生态系统与旅游经济系统结合而成的复合系统，二者是一个不可分割的有机整体。因此，森林人家规划与建设既不是单纯的生态规划，也不是纯粹的旅游经济系统规划，而是两者复合而成的旅游生态经济系统的规划，规划的对象应该是不同尺度的生态经济系统。所以要树立"大旅游"的观念，把森林人家与整体的经济、社会、生态环境的发展紧密结合起来，并从生态经济系统的角度，分析系统的结构与功能，综合考虑生态环境要素、旅游资源要素、科学技术要素、社会经济系统要素，在满足人们日益增长的旅游需求的同时使生态环境得到有效保护，以达到可持续发展的目标（黄茂祝，2006）。

（二）提供了森林人家建设必须遵循的准则

森林人家旅游资源的利用过程，既是经济的过程，又是自然的过程。森林人家作为一个生态经济系统，是由生态系统和旅游经济系统两个子系统结合而成的，它们是一个既相互联系，又相互制约的有机整体。森林人家旅游经济系统对生态系统的作用有正面与负面之分，正面作用就是指森林人家旅游经济系统在运行过程中，在实现森林人家旅游经济目标的同时，保持了生态系统结构完整、功能正常，既保证生态系统的基础地位，也充分发挥旅游经济系统的主导地位，从而实现生态系统与旅

图 2.6　福建省三明市龙栖山秋色（黄海 摄）

游经济系统的协调发展。负面作用则是指在森林人家旅游经济系统的运行过程中，为单纯追求森林人家旅游经济目标，而使生态系统结构破坏、功能紊乱、自我调节能力下降，甚至丧失。因此，在森林人家规划与建设过程中必须以生态环境过程与旅游经济过程的协调为准则，努力实现旅游经济系统对生态系统的正面作用（图2.6）。

（三）为森林人家的生态经济效益评价提供思路

要保证森林人家生态旅游的可持续发展，必须建立完善的生态经济管理机制，这就要求在规划过程中科学评价规划对象的生态经济效益，以判断森林人家旅游发展过程中生态与经济之间的关系，为生态经济管理机制的良性运作提供客观依据。按照理论，其评价内容主要有：①环境评价。主要内容是判断旅游活动对生态环境所造成的各种影响，揭示由于旅游资源不合理利用所带来的负面影响，为确定生态旅游资源最佳的利用方式和方向提供客观依据。②结构评价。主要有森林人家旅游生态经济系统内部的生态结构、经济结构和技术结构之间协调性和相关性的评价分析，能够揭示旅游活动所形成的生态经济关系，为协调生态与经济之间矛盾关系奠定科学基础。③功能评价。主要体现为生态功能、社会功能和经济功能以及三者所共同形成的综合功能，功能评价是在结构评价的基础上进行的，通过功能评价，对旅游经济系统的状态和效率进行计量和分析，以判断森林人家旅游业发展态势及水平。④效益评价。即客观地分析整个系统投入与产出之间的对比关系，应包括经济效益评价、生态效益评价和社会效益评价。

第四节
景观生态学

一、景观生态学的产生与特点

(一) 景观生态学的产生

第一次世界大战以后，资本主义国家的经济得以恢复和发展，航空事业有了长足的进步，航空摄影广泛应用于资源调查。20世纪30年代，德国生物地理学家Troll观察航片时发现，生态系统间存在某种联系，在此基础上他提出景观生态的概念，将景观与生态系统联系在一起。他希望把地理学家采用的表示空间的"水平"分析方法和生态学家使用的表示功能的"垂直"分析方法结合起来，形成一门新学科，并使之能够得到发展。Troll提出的概念一经出现就很快被学术界所接受，作为对自然环境的一种综合研究思想获得了广泛的传播，并表现出极其强大的生命力。该学科最初出现在中欧，为的是进行景观整体研究，拟合人为干扰形成的自然系统间的裂痕。之后，逐渐发展成欧洲和北美两大分支，欧洲更为实际，偏向于解决具体的生产问题；而美洲的景观生态学家则着重于理论的研究，对计算机技术、数学模型、遥感及GIS（地理信息系统）等在景观生态学中的应用极为偏爱，欲建立理论与实际应用的桥梁（翟付顺，2008；祁新华，2003）。

（二）景观生态学的特点

不同学科对景观的定义有所不同，但总的来说，景观认为是区域内的一个宽广部分，通过其结构与功能成分的相互连接而体现出异质性类型，景观研究的大尺度标志着其内部过程可通过较小尺度的带谱来进行观察。地球上大多数景观是自然过程与人类文化过程交互作用的产物，是长期适应与演化形成的稳定类型。景观可以成为协调人类与环境相互关系的模型，从而具有十分重要的科学、文化和示范价值。

景观生态学是研究景观的空间结构与形态特征对生物活动与人类活动影响的科学。它研究不同尺度体现在景观的空间变化，以及景观异质性的发生机制（生物、地理和社会的原因）。它是连接自然科学和有关人文科学的一门交叉学科。景观生态学的特色可以概括为以下几个方面。一是景观生态学是一门空间生态学。它重点研究生态系统的空间关系以及格局与过程的关联性。生态系统在空间的分布可用斑块—廊道—基质的模式来表达，异质性是景观系统的基本特点和研究出发点，空间异质性是指生态学过程和格局在空间上的不均匀性与复杂性。二是景观生态学是生物生态学与人类生态学的桥梁。景观演化的动力机制有自然干扰与人为影响两个方面，由于当今世界上人类活动影响的普遍性和深刻性，所以对景观演化起主导作用的是人类活动。景观生态学强调人类尺度的作用（人类世代的时间尺度与人类视觉的空间尺度）也正基于此。三是景观生态学同时研究生态景观与视觉景观两个方面，注意协调形态与内容、结构与功能的统一。它以人类对于景观的感知作为评价的出发点，追求景观多重价值（经济、生态与美学）的实现。四是景观生态学有着强烈的实践性。它通过景观规划、景观管理与景观生态建设来进行空间重组与生态过程的调控，营造宜人景观，是实现区域可持续发展的有力手段。

二、景观生态学的基本原理

景观生态规划的基本原理主要有：景观系统的整体性，景观要素的异质性，生态流的聚散，景观的稳定性，景观价值的多重性（翟付顺，2008）。

（一）景观系统的整体性

景观是由斑块、廊道、基质等景观要素有机联系组成的复杂系统，含有等级结构，在功能与结构上都具有整体性，具有独立的能量流、物质流和物种流等功能特性和明显的视觉特征，是具有明确边界、可辨识的地理实体。从系统的整体性出发来研究景观的结构、功能与变化，将分析与综合、归纳与演绎互相补充，能深化研究内容，使结论更具逻辑性和精确性。通过结构分析、功能评价、过程监测与动态预测等方法，采取形式化的语言、图解和数学等表达方式，以得出景观系统的综合模型或模拟，使预测或检验景观生态规划的后果成为可能。

（二）景观要素的异质性

异质性是景观要素类型、组合及属性的变异程度，是景观区别于其他生命组建层次的最显著特征，有空间异质性与时间异质性。空间异质性包括空间组成、空间构型和空间相关三个部分的内容。因为异质性同抗干扰能力、恢复能力、系统稳定性和生物多样性有密切关系，景观异质性程度高有利于物种共生，而不利于稀有内部种的生存，所以景观异质性一直是景观生态学研究的基本问题之一。景观格局是景观异质性的具体表现，而景观生态规划的目标就是建立可持续景观格局，研究景观异质性及其形成机制对景观生态规划有着重要的理论意义。

（三）生态流的聚散性

通过景观的流有三种：能量流（包括热能和生物能）、养分流（包括无机物质、有机物质和水）和物种流（包括各种类型

的动植物以及遗传基因）。这些能量、养分与物种在各个空间组分间的流动称为生态流，它们是景观中生态过程的具体体现，受景观格局的影响。这些流分别表现为聚集与扩散，属于跨生态系统间的流动，以水平流为主，它需要通过克服空间阻力来实现对景观的覆盖与控制。"流"的产生原因是景观要素间的差异，导致景观要素之间相互作用的五种机制有风、水、飞行动物、地面动物与人。

（四）景观的稳定性

景观的稳定性起因于景观对干扰的抗性和干扰后复原能力。每个景观单元有它自己的稳定度，因而景观的总稳定性反映景观单元中每一种类型的比例。实际上，当景观单元中没有生物量，如公路或裸露的沙丘，由于缺乏绿色植物，这样的系统可迅速改变温度、热辐射等物理特性，趋于物理系统的稳定性。当存在低生物量时，该系统对干扰有较小的抗性，但有对干扰迅速复原的能力，如耕地。当存在高生物量时，如森林系统对干扰有高的抗性，但复原缓慢。

（五）景观价值的多重性

景观作为一个由不同土地单元镶嵌组成，具有明显视觉特征的地理实体，兼具经济、生态和美学价值，这种多重性价值判断是景观生态规划与管理成功与否的基本手段。景观的经济价值主要体现在生物生产力和土地资源开发等方面，景观的生态价值主要体现为生物多样性与环境功能等方面。景观美学价值是一个范围广泛、内涵丰富，比较难以确定的问题。随着时代的发展，人们的审美观也在变化，人工景观的创造是工业社会强大生产力的体现，城市化与工业化相伴生；然而久居高楼如林、车声嘈杂的城市之后，人们又期盼亲近自然和返回自然，返璞归真成为最新时尚。

三、景观生态规划方法体系

　　景观生态规划是以生态学原理为指导，以谋求区域生态系统的整体优化功能为目标，以各种模拟、规划方法为手段，在景观生态分析、综合以及评价的基础上，建立区域景观优化利用的空间结构和功能，并提出相应的方案、对策及建议的生态地域规划方法（图 2.7）。景观生态规划的主要特点体现在规划思想上的多角度、多层次的综合性、宏观性及开放性，景观生

图 2.7　福建省龙岩市梁野山森林人家景观（黄海 摄）

态规划的原理是在对各种设计思想兼收并蓄基础上形成的，地理学的格局研究与生态学的过程研究相结合作为原理的核心，吸收园林及建筑美学思想，综合考虑了各种社会学、经济学、环境学、文化人类学等因素（钟林生 等，2003）。

（一）产生与发展

景观生态规划的产生与景观规划和生态规划的产生密不可分，是它们两者结合的产物。景观规划的思想起源于人类对自然环境认识的转变，是早期自然保护主义思想的产物。比较明确的景观规划概念产生于19世纪末到20世纪初的景观建筑学领域（王艳林，2006），1858年，Frederick Law Olmsted首先提出"景观建筑师"一词，1901年，美国哈佛大学开始建立景观建筑学科，1907年景观规划的早期分支——城市规划，由景观建筑派生而成为一门独立的应用学科之后，景观建筑学一直活跃于各种与规划设计有关的领域。到了20世纪五六十年代，景观规划的概念进一步明确，并逐步与生态规划相结合（蒋廷杰，2007）。

生态规划的产生可追溯到19世纪末George Marsh，John Powell及Patrick Geddes等为代表的生态学家、规划师及其他社会科学家的规划实践与著作。20世纪初随着生态学自身的发展与完善，生态学思想更广泛地向社会学、城市与区域规划及其他应用学科渗透。到20世纪中叶，由于生态环境问题日益恶化，生态规划达到空前的繁荣，其中Marsh结合自然思想和实践的设计起到了推波助澜的作用，是这一时期生态规划发展的一个完整总结。

进入 20 世纪 70 年代后，由于景观生态学是一门把地理学家采用的表示空间的"水平"分析方法和生态学家使用的表示功能的"垂直"分析方法结合起来所形成的新学科，能够将以能量流和物质流为研究对象的生态学和以空间结构为研究对象的景观规划联系起来而得到规划界的重视，将生态规划的尺度扩展到景观水平上（翟付顺，2008）。景观规划吸收景观生态学的理论与方法，使得生态规划与景观规划在景观生态学的指导下逐步结合，促成景观生态规划的产生。

景观生态规划在 20 世纪 70 年代产生以后，开始主要侧重于景观垂直方向的生态调查和关系研究，而景观要素在水平方向上的空间关系则考虑很少。进入 20 世纪 80 年代后才比较关注自然过程和景观格局中的水平运动和流的关系，是景观生态规划的主要发展时期。在这个时期，景观生态广泛运用于农村和农业、自然资源保护以及自然与人工廊道等的规划设计领域。

（二）技术方法

景观生态规划采用的技术方法，与景观生态学研究的技术方法是一致的。Farina 所著的《景观生态学理论与方法》一书中，指出景观生态学的许多方法源于地理统计学、植物地理学、动物种群分析和行为生态学等，包括空间格局数据处理的数学方法（如斑块、廊道、基质等特征度量描述）、分形几何法、地理信息系统、遥感、全球定位系统、空间过程明晰化等模型与模拟。这些方法根据不同的规划目标而灵活地应用到实践中（王琦，2006）。

1. 空间格局指数

景观是由大大小小的斑块组成的，斑块在景观中的排列组合构成空间格局，它是生态系统或系统属性空间变异程度的具体表现，决定着资源地理环境的分布和组分，制约着各种生态过程，与干扰能力、恢复能力、系统稳定性和生物多样性有着密切的关系。因此，景观生态规划的效果如何，关键在于景观空间格局是否合理，景观生态学家们为了定量描述景观空间格局,从不同角度提出了一系列的指标。这些指标在景观生态学里都有明确的含义,被用来表征景观内斑块之间、结构与功能之间的定量关系。

2. 分形几何法

形状不规则的对象,如海岸线、云团、山形、河流等,就是分形。分形具有两方面的特点:一方面,从整体看,分形图形处处不规则;另一方面,不同尺度上图形又有相同或相似的规则性。研究分形的几何学称为分形几何学。斑块的形状不规则,带有自相似性和尺度依赖性,具有分形的性质。分形几何在景观生态规划分析中非常有用,能准确描述格局与过程的特征,是景观的层次复杂性、与尺度相关联的格局和过程研究强有力的工具。

3. 3S 技术

3S 技术是地理信息系统(geographical information system,GIS)、遥感(remote sensing,RS)和全球定位系统(global position system,GPS)三项空间技术的统称。对空间数据具有有效输入、存储、更新、加工、查询检索、运算、分析、输出等功能,表达形象、直观,空间定位实时与高精度,是景观生态规划的一种强有力的工具,尤其在景观调查分析过程中更为必要。

4. 模型与模拟

由于景观生态学不仅要考虑大空间尺度和空间异质性,而且还要考虑景观格局和过程的相互作用,加上时间与经费的限制,在景观水平上做野外控制试验有不少困难,所以模型和模拟方法在景观生态学研究中很重要。其作用主要是综合概括已有知识,解释景观结构、功能和动态,预测未来景观在结构、功能和动态上的变化,建立和检验假说。景观模型与模拟在景观生态规划中也非常有用,可以为景观规划与管理的决策提供急需的信息和证据。国内外已有的模型和模拟不少,李哈滨等介绍了四种常用的模型:零假设模型、景观空间动态模型、景观个体行为模型和景观过程模型。Farina 也在其出版的书中介绍了空间直观种群模型（spatially explicit population models）。Harms 开发的基于知识库系统和 GIS 的 grid 模块的景观生态决策与评价模型，对以生态保护、自然增益为目的的景观生态规划进行评价，可以提高决策的科学性。

（三）技术流程

景观生态规划的具体步骤，国内外不少学者进行了阐述。总结他们的论述，景观生态规划流程主要可分为三大阶段六个步骤：即景观生态调查、景观生态解译、规划方案及其优化三大阶段（王艳林，2006）。

1. 景观生态调查

景观生态调查是景观生态规划的基础与起步工作，在这个阶段首先要确定规划的目标，也就是明确规划的景观系统要解决的问题，一般由政府部门提出，在国外，可由私人、社会团体提出并按法定程序确定。对小尺度景观，目标比较明确，如国家森林公园规划、自然保护区生态旅游规划、园林绿化建设等，但大尺度的景观往往目标模糊，需要综合与景观相关的信息方能确定。信息收集的目的是了解所规划区域的现状，为以下两个阶段的工作提供依据，所收集的信息涵盖自然与社会两个层面，其中自然信息包括生物成分与非生物成分。

2. 景观生态解译

景观生态解译是对景观生态调查得到的数据资料进行分析与综合，使我们对景观系统的认识简化与抽象，为确定规划方案作出理论诠释。景观生态解译的第一个工作是对数据进行取舍，确定景观因子的度量指标，使其数量化；第二个工作是根据规划目标和现有数据，选取影响景观结构与功能的主导因子作为分类指标来划分景观生态类型，并以景观生态类型为单位，进行相关的分析，如适宜性分析、敏感度分析、环境承载力分析等，以对规划区域的景观格局有一个详细的说明。

3. 规划方案及其优化

依据景观生态解译的结果，以满足既定的规划目标为出发

点，提出可能的景观空间结构，形成多种选择的规划实施方案，经评价论证或试行后，从中选出最佳方案，成为正式规划。而这个正式规划随着时间的推移，客观情况的变化，也应不断修正，以适应新情况新问题，达到景观资源的可持续利用。

四、景观生态学对森林人家建设的指导意义

景观是关于人与人类社会生产形式、过程紧密联系的宏观生态学研究单位，目前大多数地表景观，特别是那些人为活动占优势的景观类型，其异质性特征主要源于人类社会组织和结构的异质性以及复杂的人类生产和生活需求（刘丹丹，2005）。因此，景观生态学是少数能够直接架起生态学理论研究与社会生产实践之间沟通桥梁的生态学分支学科之一，而作为与资源的有效规划与管理密切相关的生态旅游，无疑可以从景观生态学研究中获得有益的理论指导（江阜家，2008；肖笃宁 等，2000；李蕾蕾，1995；钟林生 等，2004）。

（一）增强森林人家规划与设计的可操作性

在建设森林人家乡村旅游景观中，用景观设计学的理论指导其景观规划，显得尤为重要和迫切，因为正确的规划和建设是保证森林人家乡村旅游生态良好、社会和谐的理论基础。将其运用在森林人家乡村旅游景观建设中，将有十分重要的指导意义。

根据景观生态学原理，提出旅游规划的整体优化原则、多样性原则、综合效益原则和个性与特殊保护原则。有的学者也从旅游持续发展的角度讨论了景观生态设计应遵循的原则是：异质性原则、多样性原则、边缘效应原则和尺度适宜原则。

应用景观生态学原理来对旅游进行规划，即从调查、分析、规划管理三个阶段应用景观生态学原理来指导操作过程。同时，还应该从微观角度，即进一步结合具体的生态因素（如地质地

貌、生物、水文、气候等)提出设计方法,以体现"规划结合自然"的思想。

(二) 提供森林人家科学布局的理论依据

区域旅游开发中的景观生态学研究,一方面是运用生态规划设计原理为森林人家生态旅游项目(产品)设计服务;另一方面在于构建为旅游规划服务的景观空间格局和划分旅游生态区。根据区域景观生态分区结果和风景资源现状以及未来建设构想,结合地貌和人文景观,把整个规划区域划分成若干旅游生态带(区)。旅游生态带(区)是一种非独立性的区域生态系统,与人工和自然生态系统存在先天联系,仍然要遵循一般生态区划的原则,所不同的是旅游生态区划要充分考虑生态景观的旅游功能。森林人家旅游生态带(区)划分程序如图2.8所示。

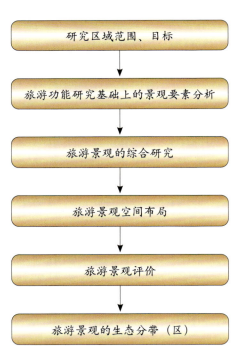

图2.8 旅游生态带(区)划分程序

景观生态学有一套较成熟的景观空间格局的测定、描述和统计指标体系，所以在土地利用、农村及城市景观结构分析中得到广泛应用，有些学者将其原理应用到旅游区的空间格局分析，以初步评价规划中空间布局的合理性。如应用景观空间格局与稳定状况的评估方法，对森林旅游景区规划进行评估。又如通过对景观多样性、优势度、均匀度、自然景观破碎度和分离度等景观生态学空间指标的分析，对森林旅游景区的空间格局进行评价，并对调整规划提出了合理化建议。这些研究结果都表明景观指数是一种有力的描述工具，对促进旅游规划高标准、高质量、结合自然有一定的作用（钟林生 等，2004）。

（三）科学指导森林人家旅游规划管理

最初旅游学主要是建立在经济学、地理学、建筑学、人文科学的学科基础之上，但随着环境问题的突出，以及生态学科的发展，越来越多的旅游工作者重视生态学理论与方法的引入，生态旅游、旅游生态学、旅游环境学等旅游分支研究领域先后涌现。这些领域的研究主要是应用生态学里生态系统平衡、环境污染、生态保护等思想。而景观生态学的发展与学科特点，拓宽了生态学在旅游研究中的应用范围，如空间格局理论、景观生态规划与管理理论。由于吸收了地理学与生态学之长，使之在区域与景观尺度上的旅游开发中极有应用潜力，前述的研究工作已初见成效。旅游规划的重点在于旅游产品体系规划，在富有创造性的策划创意的基础上，通过游览观光体系规划、娱乐体系规划、旅游线路组织规划、接待体系规划、形象与营销策划，使策划创意最后整合成为一个景观品质—活动内容—空间条件—时间序列—信息引导的有机整体，为旅游者提供舒适、优质、经济的旅游经历。

第五节
休闲经济学

一、休闲经济的产生与发展

（一）休闲的由来

休闲，源于拉丁文，表示"许可"的意思，泛指在劳动之余获得许可进行的活动。柏拉图曾把休闲分解为四层含义，即"空闲""从活动中获得自由""一种自我控制的自由状态"和"休闲的状态"。显然，柏拉图已经触摸到了现代休闲的观念及休闲的"自由"本质，但基于他"休闲主要为巩固社会政治制度服务"的思想，使休闲的经济功能被掩盖。在休闲经济的发展史上，重视并明确提出休闲的发展价值，则是柏拉图的学生亚里士多德。他认为：人"唯独在休闲时才有幸福可言，恰当地利用休闲是一生做自由人的基础"，这就是休闲。它是使人成为"自由人"的关键。此后，无论是在西方还是在我国历史上，休闲在阶级社会产生后，都属于摆脱了劳动的统治阶级的一种特权。在我国历史上，劳动人民"日出而作，日落而息"，他们甚至认为，"小人闲居为不善"。可以想象，休闲受到排斥，就在情理之中了（李碧珍，2001）。

尽管对休闲的定义较为丰富，但从实践的角度看，在时间的意义上理解和追求休闲生活是最恰当、最合乎逻辑的。什么是休闲时间？美国的经济学家凡勃伦早在1899年所著的《有闲阶级论》中就指出，休闲时间是指人们除了劳动以外用于消费产品和自由活动的时间。他认为，休闲是指不生产的消费时间，人们在休闲时间中进行生活消费，参与社会活动和娱乐休息，这是从事劳动之后身心调剂的过程，与劳动力再生产和必要劳动时间的补偿相联系。

马克思着眼于揭露资本主义生产的实质，把时间分为"工作时间"和"自由时间"。他在1862年完成的《剩余价值理论》中就指出："可以自由支配的时间，也就是真正的财富。这种时间不被直接生产劳动所吸收，而是用于娱乐和休息、从而为自由活动和发展开辟了广阔的天地，财富就是可以自由支配的时间。"人的发展有赖于休闲时间的增加，一个国家真正财富的标志是劳动时间的减少、休闲时间的增加。

（二）休闲经济产生的时代背景

1. 休闲时间的增多

大约在一万年前，当时的农业处在发展时期，人们已不再花更多的时间去狩猎和采集，而是腾出部分时间用于休闲；在公元前6000年到公元1500年期间，工匠和手工艺人担负了耗时费力的艰苦劳作，使部分人分出17%的休闲时间；到了18世纪70年代，动力机械（包括早期蒸汽机）更快速地工作，使人们的休闲娱乐时间增至23%；而到了20世纪90年代，电力机械几乎提高了一切工作的速度，使人们寻求娱乐享受的时间增加到41%；在2015年之前，新技术和大量其他技术的发展，使人们的休闲娱乐时间有希望增加到50%。每周的总工作时数，从18世纪末期的72小时不断下降到1859年的69.8小时，到20世纪90年代下降到40小时；在欧洲，还可能降到每周30小时，有一些国家的执政党甚至在讨论20小时工作周。我国从1995年5月1日起实行了每周工作40小时，即每天工作8小时，每周两天休息日制度（李碧珍，2001）。

我国现在已经形成了每年大量的法定假日，加上带薪休假，这就意味着城市工作人口每年有三分之一的时间处于假日状态。

2010~2040年是我国老龄化社会迅速发展的时期。截至2021年末，全国60周岁及以上老年人口26736万人；全国65周岁及以上老年人口20056万人，占总人口的14.2%。随着公众生活水平与保健意识的提高、医疗科技的发展，人均寿命提高，引发诸多新问题、新需求。同时，由于科学技术的发展，人们的劳动强度降低、体力活动减少、空闲时间增多，以及精神压力过大等等，使得人们更愿意将富余的时间用于体育运动和休闲娱乐，消除压力和烦恼，相互交流情感，以最大限度地实现自我价值。

2. 收入水平的提高是休闲经济大力发展的物质基础

从总体上看，我国的人均收入水平与发达国家相比，差距仍然很大，人均收入水平还相当低，但由于我国地域广阔，各地经济发展不平衡。东南沿海地区经济较为发达，城镇居民的收入增长幅度大于支出增长幅度，生活节余逐年增多，家庭积累日益丰厚，居民可支配收入日益提高，这为休闲经济的发展提供了物质基础。新世纪我国休闲经济的大发展有着比较坚实的基础。

3. 消费结构的变化使休闲经济可持续发展成为可能

在西方国家，休闲产业的增长率高于每年经济的平均增长率，家庭可支配收入的三分之一用于娱乐、健身、旅游等，使得这些行业迅速发展起来，创造了更多的就业机会，又进一步提高了人们的收入水平，对休闲产品的需求就会呈良性循环不断增加。

我国在经历了20世纪50~80年代长期的短缺经济后，目前工业产品的总体市场已经实现了由买方市场向卖方市场的转变，形成供大于求的局面。宏观经济在20世纪80年代和90年代初经历了一个高增长的时期。在这一时期，GDP的平均增长率为9.8%，1993年达到11.3%。从1997年开始，经济发展速度有所回落，消费需求不足已成为经济增长率回落的重要原因之一。经过40多年的改革开放，越来越多的城乡居民过上了物质丰裕的生活，物质消费在较低水平上已基本饱和。因此，如何引导居民消费结构升级，增加精神文化消费是促进国民经济良性增长的重要措施，而休闲产业中的健身娱乐、体育竞赛表演和旅游等，在引导居民消费方面具有特别重要的意义。在许多中小城市，休闲消费水平还很低，市场潜力还有待进一步挖掘。

4. 我国农村城市化和城市社区化进程的加速

首先，工业化必然带来城市化，随着城市人口的自然增长以及城市化带来的农民进城效应，我国的城镇人口将有一个较快的增长，而城市人口骤增对市民组织管理形式的创新提出了新要求。按照发达国家的经验以及我国在部分城市试点的情况，这一新型的组织管理形式就是社区化服务。从发展休闲产业的角度看，城市社区化和农村城市化都将为加快休闲市场的发展提供难得的机遇。

其次，城市社区化和农村城市化为拓展我国居民的基本休闲消费需求提供了可能：一方面，城市化不仅能把农民带进城，而且会促进第三产业的发展，增加居民的收入；另一方面，城市社区化能带动社区休闲产业的迅猛发展以及集团化、连锁化休闲经营方式的形成，这又从供给的方面为激发和引导市民初步形成休闲消费需求提供了可能，从而有利于拓展消费领域，扩大消费规模。而且，城市社区化和农村城市化有利于培育和发展休闲市场。从市场学的角度看，消费者在一定规模上的聚集是市场形成和发展的必要条件。休闲市场，尤其是体育、健身、娱乐、旅游、竞赛、表演等市场的培育和发展，也需要消费者的聚集效应来支撑。

最后，城市社区化和农村城市化还会拉动休闲产业领域的投资需求。投资需求是由投资收益预期决定的，城市社区化和农村城市化在激发休闲消费。活跃休闲市场方面的效应，会使社会投资主体对在这一领域投资的收益预期看好，投资信心增强，从而吸引更多的投资，扩充休闲产业的资本总量，提高休闲产业的规模效益（图 2.9）。

图 2.9 福建省龙岩市云寨村森林人家景观（黄海 摄）

二、休闲经济的基本特点

（一）休闲的特征

休闲业与其他行业相比，有一些较为独有的特征：其一，休闲活动选择性强。休闲活动具有很大的可替换性，健身、购物、旅游等方式均可根据条件和个人爱好随意选择，谁能抓住顾客的心，谁就能赚到"上帝"的钱，因此难度较大。其二，休闲具备"非必需"性。日常必需品的需求弹性系数小，而休闲产品的需求有很大的弹性空间，如果经营得道、价格适度，会吸引很多消费者纷纷购买。其三，休闲是一种无形产品。对顾客来说，休闲是一种体验，是有形物和无形物相结合的无形产品，要使顾客乘兴而来尽兴而归，产品的质量和服务的档次至关重要。其四，休闲品位和需求具有不确定性。人们对休闲的品位和对其产品和服务的需求，受时尚流行的影响较大，产品的生命周期短、投资风险较大。其五，休闲业的同质性竞争强（李世红 等，2002）。

（二）休闲经济的基本特点

休闲经济乃是指社会产品的生产和再生产的活动，它在我国虽然是一个新生事物，却发展迅猛，在我国的国民经济生活中扮演着愈来愈重要的角色，就其经济活动规律而言，主要体现出以下三个特点（黄丽萍，2007）。

1.休闲时间上的集中化

由于我国尚未普遍推行带薪假期制度，居民最主要的休闲时间多集中在几个小长假上，即通过上移下借的方法，在"五一""十一"

和春节形成的长假。

2. 消费方式的休闲化

2022年底，中国人均GDP达到了85698元，按照年平均汇率折算，达到12741美元。与此同时，城乡居民的"恩格尔系数"（即居民食品支出占总支出的比重）将有望分别下降到0.3~0.4，甚至更低。这标志着我国人民在走向21世纪的时候，已经由生活质量型消费取代了温饱型消费。沿袭了几千年的生活方式——先生产，后生活；只有工作创造价值，消费毁损价值；以及休闲是资产阶级的观念将发生根本性的变革。

事实上，在人类历史发展的进程中，不断衍生的社会文化以及各种文明的价值观一直在推动着休闲。如人的旅游行为，不仅满足了人的欣赏、好奇、远足和愉悦身心，而且可以促进人与自然，人与人的和谐、友爱以及不同文化的交流。尽管西方人喜欢喝咖啡，却要带回中国的乌龙茶。其实，他们不仅是要欣赏中国的茶，更重要的是品味中国的文化。同样，中国人到麦当劳吃汉堡，也不单纯是一种就餐行为，而往往是体验美国的文化。

3. 消费量的巨大化

休闲产业是工业化社会高度发达的产物，笼统地说，休闲产业是指与人的休闲生活，休闲行为，休闲需求（物质的、精神的）密切相关的领域。特别是以旅游业、娱乐业、服务业和文化产业为龙头形式的产业系统。在西方发达国家，休闲产业是国民经济收入极为重要的来源。以美国1990年统计的数据为例，美国全国的休闲消费（包括住房、服装、餐饮方面的休闲消费）已达10 000亿美元，大约占全国全部消费支出的三分之一，休闲产业就成为美国第一位的经济活动。虽然我国由于国民经济发展水平等方面的原因，尚无法与其他发达国家相比，但休闲消费这种日益庞大的消费趋势将日渐融入人们的日常生活中，却是不争的事实。

三、休闲经济学对森林人家建设的指导意义

(一)确立了森林人家建立和发展的方向与地位

把握休闲经济与休闲产业的特点,有助于全新认识林业、森林人家与旅游业的关系,认识林业和森林人家在"休闲经济"中的重要地位。目前,我国正处在一个工业化与现代化并举的重要发展阶段,旅游业的发展毫无疑问会促进不同地区经济往来的密切程度和经济总量的扩张,同时也使自己不断"膨胀",逐步成为当地的一大产业、一大经济支柱,旅游业与高新技术、网络技术、基因技术等一样,具有新经济的同样性质,已成为新经济的重要组成部分。森林人家是休闲经济与休闲产业的重要载体,加快森林人家建设,将有力推动休闲经济发展(张互助,2001)。

(二)提供了森林人家有机融入休闲经济的理论和方法

国家可持续发展战略的确定,引发了对林业主导需求的改变,中国林业定位随之发生了重大的转变,使林业向社会提供的生态服务功能不断得到充分体现和加强。

然而,应当清醒地看到目前林业及森林人家建设取得巨大成就的同时,林业、森林人家的发展现状与"旅游经济""休闲经济"还存在着许多不协调,甚至矛盾之处。一方面,休闲经济的崛起,客观上要求森林人家与林业建设提供更多、更好的森林生态服务,丰富人们日益增长的物质、精神、文化生活。另一方面,休闲产业经济的进一步发展要求森林人家的建设与发展要与整个休闲产业相协调,要从多个角度、多种行业综合发展的方向去组织森林人家的建设与规划,达到"双赢""多赢"的目的,而不是相互"抢地盘""争位子"的恶性竞争。同时,休闲经济理论也表明,森林人家的发展,不能单从林业层面来发展国家森林旅游,而应从社会层面来发展国家森林旅游(黄丽萍,2007)。

第六节
森林美学

一、美学概论

（一）美的概念

美，是自然进化和社会发展的产物，也是一种物质属性与社会属性的统一。美普遍存在于自然现象和社会事物之中，它通过点、线、面、形、色、味、质感和纹理等要素，体现出自然美。美，也是人类面对各种自然现象和社会事物，所产生的审美意识的体现。

美，是建立在客观物质基础上的。也就是说，美是客观存在的。只有物质存在，才会产生美；物质消亡，美也不复存在。美感，是人类对美的可感性和直接性的认识。但这种美的观念，是在人类和社会生产力发展到一定阶段后，才有可能形成审美能力，产生美的观念（谢菲，2015）。所谓美，即是"人化的自然"或者说"自然的人化"。这就决定了人类美感的思想性和社会性。人类不仅可以寻求自然美，而且可以对自然进行适度加工改造，增强其美感，以形成美好的环境。

（二）美学的兴起与发展

美学（Aesthetics）一词，源于希腊文，其意是感觉。无论在古希腊，还是在中世纪，一些思想家在同人类具体的真、善、美打交道中,逐步形成了对美的见解。宗教哲学家圣奥古斯丁和托马斯·阿奎那,先后提出了以形、光彩和象征为主要标志的审美观念。

美学,作为一门独立的科学,始兴于18世纪中叶。1750年,德国哲学家鲍姆加登首先提出了美学的概念,他撰写了《美学》一书。以后,在许多学者的著作中,应用了"美学"一词。19世纪至20世纪初,德国学者对美学的研究一直领先于世界。1876年,费希纳在他的著作《美学入门》中,提出了"用观察特殊现象的方法研究美学的途径"。英国的维特根斯坦、瓦伦丁和爱德华·布洛,法国的查尔士·拉罗、爱德蒙·博克、奥斯古特·孔德,以及美国的莱特纳·威特曼等,都对美学进行了诸多研究。

第二次世界大战以后,各国对美学的研究和应用更为广泛。法国美学家维克托·巴希等恢复了法兰西美学协会活动,创办了《美学评论》季刊。美国、英国、日本、意大利、西班牙等国家,也先后建立了美学协会,分别出版了《美学和艺术批评》《英国美学杂志》《美学》《美学评论》《美学思想评论》等,逐步形成了现代美学理论体系。1913—1964年,还先后在柏林、巴黎、威尼斯、雅典和阿姆斯特丹,举行了五次国际美学代表会议,推进了现代美学的发展。

美学,是研究和揭示美的本质及其客观规律的科学。其研究的主要内容是:美的本质,美的普遍性,美的客观性,美的妥当性等。美学,属于认识范畴,是哲学的一个组成部分。当人们欣赏某种自然风景或艺术品时,首先要通过视觉、听觉、嗅觉、触觉等感官,产生感性认识,再通过想象、情感、思维、判断和推理等一系列心理活动,对审美对象做出反应,从而产生喜悦之情,得到美的享受,这就是美的体现和美感的产生。

由于现代自然科学的迅速发展,美学与自然科学互相渗透,不仅影响人的艺术创作技巧,而且也对人的世界观、人生观、价值观、道德观产生影响,并相互融合而形成审美观念。

二、森林美学的基本要点

森林美学理论的创始人是德国林学家萨立希（Sallsch）。他在自己经营的林地上，生产木材，同时修饰成森林景观，招徕了不少游客。到过他所培育的森林的人，都认为他不仅开创了森林美学理论，而且在实践中培育了美丽的森林景观（刘洪林，2013）。起初，在德国曾引起了一番争论：森林美学能否成为一门科学？经过一个时期的争论之后，把森林美学确定为林学的一个分支学科。现在，森林美学在德国已发展成为艺术林业。森林美学理论的基本点是：①森林美学，是客观存在的。大多数人对森林美学的认识是一致的，森林美是一种自然美。②森林美学，主要研究森林的自然美，但并不排除人工美，对森林景观加以人工修饰整治，可以使森林景观更加美丽。③森林美的本质，在于它能反映其内在特性的完美形态。④森林美与森林经营目的可以统一起来，认为最美丽的森林，往往是经济效益最好的。⑤森林美学理论，把森林美分为单纯形式的美和复杂形式的美，单纯形式的美，单指林木；复杂形式的美，除林木以外，还包括山、水、鸟兽、云雾、雨雪、光景、林道、建筑物等。各种自然景观与人工建筑协调、和谐、安排得体，就能相得益彰。⑥优美的森林风景，应在三个方面达到完善的境地，即自然美、艺术美和生活美。自然美，是指森林环境优美，风光奇特，古树名木、奇花异草、珍禽异兽，使人的视觉、嗅觉、触觉感官都能得到美的享受；艺术美，是指在森林美景中，寓情于景、寓意于景，激发人们热爱大自然、热爱森林、热爱祖国的高尚情操，进而升华到诗情画意的艺术境地；生活美，是指具有方便、舒适的交通和服务设施，能满足游人吃、住、行、游、购、娱的多种需求，使其高兴而来，满意而去（刘芹英 等，2015）。

三、森林景观资源的美学特征

自然美，是社会普遍存在的观赏内容和形式。森林美，是森林旅游景区自然景观发挥美育作用的主体，对旅游者有强烈而形象的感召力量。森林美学特征主要体现在以下几个方面（谢菲，2015）：

（一）形态美

自然界的森林，是以某种形态存在，是人们能够感知的首要条件。其形态、数量、范围和某些特征，可以形成不同的美感。森林多以自然山水的地理因素为基础，形成不同形态的群体美，如山林秀美，峡谷幽美，平畴旷美等。树木、植物个体，受遗传和自然因素的影响，其形态各异，有的古木参天、高大通直；有的树干扭曲，低矮多姿；有乔木、灌木，也有草本，有常绿、有落叶，有针叶、有阔叶等。这些千姿百态的形体，通过游人的各种生理机能，形成美感，加以享受和评价。这就是森林环境中的形态美。

（二）色彩美

大自然不仅给人类塑造了种种的形态美，而且还造就了极为丰富的色彩美。色，是物的基本属性之一，对人的感官最富有刺激性。森林植物的叶、花、果，在不同季节里，色彩随时令而变化，构成五彩缤纷的季相景色（图2.10）。如春天，山花烂漫，姹紫嫣红；盛夏，苍茫浓郁，山林滴翠；仲秋，满山红叶，层林尽染；严冬，青松翠竹，银装素裹。在森林色彩美系列中，最引人注目的莫过于争奇斗艳的花卉了。这些色彩夺目的山花，给人提供了色、香、味、形俱佳的美感。如延安国家森林公园的万花山野生牡丹、太白国家森林公园的高山杜鹃、南宫山国家森林公园岚河两岸的蜡梅等都十分诱人。还有绚丽斑驳的鸟兽虫鱼，光彩绚丽的朝晖晚霞，七彩纯正的彩虹佛光，缥缈虚幻的淡云薄雾，洁白无瑕的冰天雪地等，都显示了森林绚丽的色彩美。

图 2.10　福建省福州市灵石山国家森林公园（黄海 摄）

（三）动态美

按照自然景观要素的动、静特性，自然美可分为静态美和动态美。静态美虽然重要，但不如动态美变幻多、层次多。特别是观赏由中景、远景组成的旷景时，除了天气和时辰等影响视野的条件外，还要靠游人在运动中或者在动、静结合中观赏，不仅能享受森林和山水的静态美，还可进一步感受到大自然的空间美，自然风景在"运动"变化中的动态美和游客自身产生的想象美。游人在运动中，与错落起伏、变化多端的自然风景和谐地融为一体，可以从不同的角度、光线和范围，看到许多绝妙的美景，仿佛林、山、水在为游人翩翩起舞，舒展风姿。当我们在太白国家森林公园乘汽车沿山道盘旋而上，到达海拔2800米的下板寺游览时；在千岛湖国家森林公园乘游艇在浩渺烟波中赏景时；在泰山、骊山乘缆车上山，从空中鸟瞰风景时，随着车船的运动，造成景物相对位置的多层次、多角度的变幻，可尽情寻觅大自然隐含的动态美、静态美和空间美。如柳绿轻扬、松林风涛、云烟雾海、鸟飞蝶舞、鱼欢兽戏、塔铃摇声、瀑落清潭等，都给游人增添了无限的乐趣。

(四) 听觉美

人类通过听觉感知音源，可以获得许多美妙悦耳的声音美。人们喜欢到大森林中去旅游，其乐趣之一就是享受大自然的听觉美。如林海松涛、雨打蕉荷、流水潺潺、泉水叮咚、鸟语蝉鸣、江河涌涛、空谷回音、暮鼓晨钟、铁马风动等。人声天籁各有其情，清浊除疾自有节奏。这对于久居闹市噪声环境中的人，无疑是一种极大的享受。

(五) 嗅觉美

山林旷野中的绿树鲜花，不仅美化自然环境，许多树木花草还散发出沁人肺腑的芳香，给人一种无限欢乐的嗅觉美。在森林世界中，除了清新的空气外，春天，各种山花的芳香；夏天，各类花草的清香；秋天，令人陶醉的果香，都刺激着人的嗅觉和味觉，形成一种嗅觉美，并诱使游人去尝试体验，其中有解渴果腹的实用价值，但决不可无视其审美意义。我国有很多森林旅游景区的许多植物以"香"命名，如南方的香樟、香蕉、香椿、香果树，北方的丁香、香蒿、香蒲、香茅等，都以不同的香味给人以嗅觉美，使游人既能闻香，又可尝香，吸引力颇大。如陕西临潼骊山的石榴、火晶柿子，对国内外游客都极为诱人。

(六) 结构美

森林植物不论其群体分布或个体生长，都有其一定的自然规律，形成一种自然的结构美。如森林植物按照一定的地域、海拔高度，呈水平或垂直分布，形成多种多样的群落。植物的茎、叶、花、果，都排列有序，对称、互生均衡、和谐。正是这种自然的结构美，才影响了人的审美观念，并进而将这种观念运用于创作之中。结构美使得事物各部分紧密联系，互相陪衬、对比，又突出了主体，形成一定的韵律。"气韵生动"的评价，往往得力于其结构的完美和协调。

（七）质感美

质感是物质各种物理与化学的属性。它给人以视觉、触觉、嗅觉的刺激，而形成综合的印象。人们对某一景观要素的评价，往往要与其他森林旅游景区的同类要素进行对比，才能对它们的属性加以级差处理，然后，把各种景素的质量联系在一起进行综合评价，进而得出风景环境质量的评价。可见，景观的质感美，是以同类物质的比较为基础的。人们一旦建立了质感美，对此景观的价值，就会产生由感性认识到理性认识的飞跃（图2.11）。

图 2.11 福建省三明市格氏栲森林景观（黄海 摄）

（八）综合美

景观是以物质存在为基础的，物质的所有属性都可使景观呈现出一系列的美学价值。游人通过各种感官，便可获得多种美感，以形态美、色彩美、动态美、质感美等诸美感的结合，又可产生综合美。一般来讲，森林旅游景点（区）的形态美和色彩美起着支配的作用，是其美学价值和环境质量的决定性因素。从人的认识规律来看，既要注意事物的总体情况，获得全面的印象，又要认真考察其主要方面，抓住基本特征，方能获得全面的认识。所以，我们观赏各类景观，必须了解其综合美，使人的美感达到升华的意境。

四、森林美学对森林人家建设的指导意义

森林的单纯美是指森林植物自然特性的完善形象，是森林美化的主体，能满足大众旅游需求的森林必须具备复合美，这种复合美包括自然美、生活美和艺术美的和谐组合。森林的艺术美体现在对林区内的人工设施进行艺术处理，要求其环境景观根据地形和森林的变化而变化。只有遵循森林美学理论的森林人家的建设，才能在艺术、保护、功能与效益上达到完美结合。森林美学是森林人家规划、建设、经营和管理的理论依据之一。

（一）应用森林美学指导森林人家总体规划设计

以森林美学理论为指导，进行总体规划设计，为森林人家建设和发展，制订出一个美好的蓝图，成为开发建设和经营管理的指导性文件。通过对森林美学知识的学习，可以使森林人家规划者、经营者，进一步认识到优美的森林景观和自然环境，可以潜移默化地影响游人的审美观念、审美情趣和审美理想（谢菲，2015）。

（二）应用森林美学指导森林人家的景观建设

　　以森林美学知识为基础，大力培育和改善森林景观，突出森林人家主体景观特色。通过风景林营造、林相改造、封山育林、景象抚育、绿化美化措施，丰富森林景色，改善景观质量，提高美学观赏价值。运用美学知识，进行森林人家开发建设，一切人工建筑设施，既要突出地方和民族特色，更要讲求美观艺术，与自然环境保持协调、和谐、统一。

（三）应用森林美学指导森林人家的经营活动与品牌建设

　　听觉美是森林美的重要组成部分。运用美学语言进行导游讲解，激发游人的美好感受。优美的语言、幽默的介绍，娓娓动听，使游客体验到原来感觉不到的东西，引发许多美妙的联想。同时，在旅游经营、服务中，提倡文明礼貌、优质服务，树立思想美、心灵美、语言美、行为美的职业道德风尚，使游人处处感到温暖和满意。它不但能给游人以美的享受和精神上的满足，而且还能激发游人为创造美好的生活和未来而奋斗。

第三章
森林人家的规划与设计

　　森林人家的规划与设计，是指通过对项目地规划红线范围内的用地资源进行合理、统筹、有序地利用，对项目进行空间上的具体布局与安排。优秀的森林人家规划与设计方案，通过合理的规划定位和发展指标，科学的空间布局可以避免在开发过程中的盲目性，以免对资源和环境造成不可弥补的损失，达到可持续发展、人与森林环境和谐的目标，同时又富有特色。本章从森林人家的现状分析、总体规划和详细设计三个方面进行了详细介绍。现状分析包含区位分析和场地现状评价；总体规划包含了规划定位、功能分区、环境容量和游客量估算、道路交通系统规划、旅游服务设施规划、市政设施规划和植物景观规划；详细设计包含了建筑、景观、小品设施的设计要点，以及营建材料的选择。森林人家规划与设计流程及成果图纸示意图如图3.1所示。

图 3.1　森林人家规划与设计流程及成果图纸示意图

第一节
森林人家的现状分析

现状分析是规划与设计的基础。在与相关管理部门确定拟建森林人家所在的地理位置、"四至"红线和规划面积（以公顷为单位，保留两位小数）后，就应对项目地的现状进行分析和评价。现状分析可以分为两个部分：一是项目地规划范围外的周边环境现状分析，如区位、交通、周边的竞争资源等；二是项目地规划范围内的场地现状分析（图3.2）。

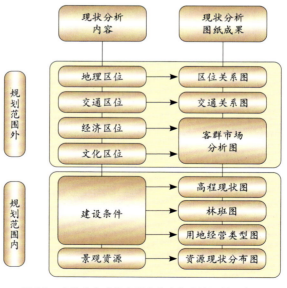

图 3.2 森林人家现状分析的内容与成果图纸示意图

一、区位分析

在进行规划设计之前，首先需要对森林人家所在的区位条件进行分析。区位包含两层含义：一方面指事物的位置；另一方面指该事物与其他事物的空间联系。因此，区位分析显示了项目地在地理区位、交通区位、经济区位和文化区位等方面的空间关系，同时更是客源市场分析的基础。

（1）地理区位，或者叫自然区位，反映的是项目地在地球上的位置。地理区位分析，可以大至全球、国家，小到省、市、区级，这部分内容可以根据项目的区域影响大小进行分析。因此，地理区位分析的核心内容是不仅反映项目地与所在区域及周边其他城市的地理位置关系，也要反映项目场地的气候条件、植被条件、生态特征等区域地理环境信息（图3.3）。

图3.3 武夷山茶园（黄海 摄）

（2）交通区位，即项目地的内外交通条件。森林人家作为旅游目的地，可根据项目地的实际情况及未来规划，可以从航空、铁路、公路、水路等方面，系统分析项目的外部可进入性，分析机场、高铁站、交通枢纽等与项目地的联系。

（3）经济和文化区位分析，则是对项目地所在区域的文化特色和经济发展情况的分析，对建筑形式、项目类型的影响很大。如项目地位于多民族融合聚居之地，则需要仔细分析不同的文化对项目的具体影响，找出规划设计的特点和发展要点。

（4）区位分析的最终目的是为森林人家的客源市场分析提供依据，明确森林人家面对的客源市场的需求，清晰项目定位，从而有方向性和针对性地进行森林人家的开发和建设，从而获得经济效益。

二、场地现状评价

场地现状评价可以分为建设条件的分析和景观资源的分析两个部分。建设条件的分析是对其开发建设条件的分析研究，为后期规划设计提供建设规模、建设项目和建设成本等方面的依据。景观资源的分析则是森林人家特色的基础。

（一）建设条件的分析

（1）地文条件的分析。除高程、坡度等基本的地形条件分析外，应着重对森林人家所在地的地貌景观资源进行调查，寻找可进行游憩利用的地貌景观，包括山石景观、峡谷景观、溶洞景观以及包含有历史遗迹的景观。记录它们分布的地理位置、名称、地貌特征和规模大小（应标明海拔、长宽高等主要数据）。对森林人家开发对当地地文造成的影响和价值要进行重点评估。

（2）气候条件的分析。收集森林人家所在地的气候条件数据，包括降水量、光照、湿度和温度等，详细了解有无降雪、霜冻或其他方面的具体气候特征及其分布的时期。

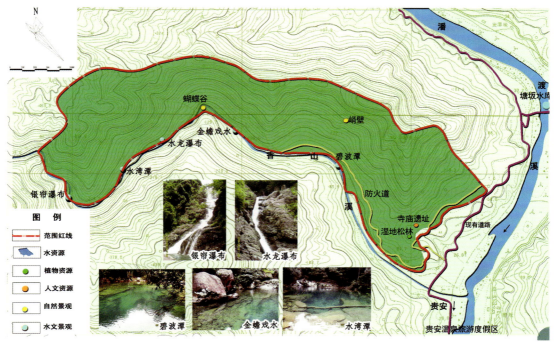

图 3.4 连江香山森林人家资源现状分布图（引自福州市连江香山森林人家总体规划）

（3）水文条件的分析。对森林人家附近的水文信息进行收集，包括河流、溪流、瀑布、喷泉等各种形式的水的形态、位置和水质状况。记录水体景观资源分布的地理位置、分布规模以及特点（记录其流量、流速、占地面积等重要数据），重点调查和评价具有游憩和观赏价值的河流、湖泊、溪流、涌泉、瀑布和滩涂等水景资源。

（二）景观资源的分析

森林人家规划与设计所涉及的景观资源分析，包括森林景观资源、天象景观资源、人文景观资源、可借景观资源等。对景观资源的分析，最后可绘制成资源现状分布图（图 3.4）。

（1）森林景观资源的分析。第一，对森林人家所在地的森林植被群落构成进行调查，包括其种类、分布区域、生长现状；第二，对所在地的地貌类型进行调查，包括森林空间、草坪空间、水体空间等；第三，对这些植被和这些地貌组合构成的各种森林景观进行调查，包括景观分布的位置和它们之间的空间关系；第四，对具有较高科研价值和需要特殊保护的植物以及动物的情况进行调查，植物调查包括其总体数量、种类、生长状况（对古树名木或有着重要历史或人文价值的树木测量其胸径、高度等数据），动物调查包括其总体数量、种类、习性、生长状况和活动特点以及栖息地特征等。可依照地方森林人家评定标准对拟建森林人家的森林风景资源进行逐项打分和综合评价，评定该森林人家的等级。

（2）天象景观资源的分析。调查和记录天象景观资源的分布位置、规模大小与出现的规律、时间等，其中包括可供观赏的日出日落、雾海云海与佛光等。

（3）人文景观资源的分析。对所在地的人文景观资源进行调查，包括历史文化古迹、红色文化遗址和历史文物等的名录、地理位置和具体内容。对人文风俗方面的资源进行记载，包括民族构成、宗教信仰、传统民俗、民间故事和民间文学。此外，对延伸的旅游产品和当地特产的名录、销量及产量进行调查。

（4）可借景观资源的分析。指的是在森林人家占地范围之外，但可通过构建视线通廊或视点以借景手法引用到森林人家景观设计中，丰富其景观意境的人文与自然景观。记录可借景观的地理位置、类型、特征与利用方式。

第二节 森林人家的总体规划

森林人家总体规划，是对项目地规划红线范围内的用地资源进行统筹的过程，必须坚持生态文明和绿色发展理念，因地制宜，有效保护森林人家的森林及自然资源，全面发挥森林人家的功能和作用。森林人家总体规划经主管部门审查批准后，是建设和管理森林人家的基本依据，具有法定效力，必须严格执行。

一、森林人家的规划定位

总体规划在前期现状分析的基础上，首先要对其总体定位、设计主题和发展方向进行明确，然后围绕主题进行功能划分，从而确定分区主题。不同景观空间之间应有一定的功能区分和特点，但同时又要相互联系、相互融合，使得整体风格和谐统一。

规划定位的内容主要包括性质定位、市场定位、目标定位和主题定位。

福清融昇森林人家总体规划

1、性质定位

森林人家的前身为生态农业园,充分利用现有条件,科学合理规划,以森林生态景观资源和农林资源为载体,以静心度假养生为主要功能,以运动健身躬耕为主要旅游项目的创建主线,合理优化整合资源,建设成集"森林康养、科普游赏、运动健身"于一体的生态型森林人家。

2、市场定位

森林人家客源市场主要为城市周边休闲度假旅游市场。整体发展以休闲度假市场为主,其他为辅助。具体市场定位如下:

(1)主力市场:福清及周边县市,是森林人家旅游发展的核心市场。京东方及福清市区是森林人家最主要的市场。福州市约700万人口,前往森林人家的交通发达,随着森林人家配套旅游设施的不断完善,特别是内部交通环境的改善,也必然会对区内人气产生强烈的拉动,成为森林公园的主力市场。

(2)潜力市场:福建省内县市,如莆田、厦门、漳州、泉州等。森林人家临近福清市,2015年福清市市区人口为125.2万左右,这些区域近年来旅游度假和汽车消费占居民消费支出比重有较大提高。随着旅游者消费行为日益成熟,游客会更注重旅游的娱乐性、参与性、文化性和休闲性。

3、目标定位

品牌目标:以精品意识和超前意识为项目区开发建设的准则,高标准、高质量将融昇森林人家建设成高层次、高品位的生态旅游休闲基地,综合各方面条件,将森林人家星级目标定位为4星级。

生态目标:在开发建设的同时,严格遵守生态保护原则,维护森林人家自然生态的完整性,并通过林相、景观的逐步改造,达到生物多样性丰富、生态环境景观优美。

社会经济目标:通过项目区建设,完善项目区及周边村镇的基础配套设施,带动当地旅游业的发展,增加就业机会和市民休闲场所,实现旅游发展、居民生活水平提高与福清市建设社会主义新农村的目标相结合,优化本地的投资环境。

4、主题定位

森林人家围绕"康养健身、青少年科普、亲子农业"的主题,以森

林生态资源为载体,以农林资源为依托,强调以自然之境,辅以农林躬耕采摘之趣,推出以"劳"养"劳"理念,让游客沐浴于森林野趣之中,体验农事辛劳,舒缓城市工作的辛劳和城市景观带来的视觉疲劳等,打造"养眼、养心、养身、养性"的生态森林人家。综合森林人家现状及规划的旅游项目,确定森林人家宣传口号为:"生态融昇、休闲人家""福清市生态后花园"。

二、森林人家的功能分区

根据定位和主体,对现状场地合理区划各个功能区空间。面积较大或为村寨型的森林人家,其功能分区可分为森林游览区、综合服务区和个体经营点。旅游综合体型森林人家功能分区示意图如图 3.5 所示。其中,森林游览区立足森林资源,为游客提供休闲游憩活动;综合服务区通过设立游客服务中心、集散广场等,为游客提供公共服务;个体经营点则根据商户各自经营类型和特色优势,为游客提供相应的经营性服务。

面积较小或单独经营的森林人家,则可以分为服务管理区、森林游览区和生态保育区。自主经营型森林人家功能分区及项目设置表见表 3.1。在森林游览区中,又可根据旅游项目进一步细分为多种类型的主题活动区。

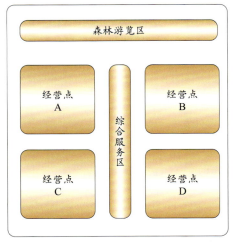

图 3.5 旅游综合体型森林人家功能分区示意图

表 3.1　自主经营型森林人家功能分区及项目设置表
(引自福清市一都温泉森林人家总体规划)

功能区	结构布局	主题分区	项目设置
服务管理区	两核	两个管理服务区及其周边设施	莒溪管理服务区	服务管理、接待、医疗、咨询、农家餐饮、蔬果采摘、亲子互动
		过溪管理服务区	服务管理、接待、医疗、咨询
森林游览区	一带	溪谷游览观光带	—	—
	三组团	莒溪娱乐养生组团	莒溪温泉度假区	木屋养生、温泉汤浴、水上泳池、登山健身、信仰朝拜
			莒溪漂流娱乐区	激情漂流、山水摄影、临溪垂钓
			野外拓展运动区	真人CS、素质拓展
		后溪观光体验组团	后溪农业观光区	归田园居、山水摄影、蔬果采摘、乡土特产、农耕互动、村落观光
		过溪休闲健身组团	过溪森林度假区	木屋度假、山色欣赏、花木欣赏、归谷泡吧、慢生活养生
			云岩山水游览区	野外探秘、登高览胜、山水摄影、古道怀古、信仰朝拜
生态保育区		森林抚育	森林保护

（一）森林游览区

森林游览区依托森林资源，为游客提供多样化的休闲旅游娱乐活动的空间（图3.6）。

1. 森林和乡村的自然资源场所

天然的高山、河流、湖泊、荒野地、树林等是森林人家内非常吸引人的旅游资源。所以在规划和设计时，应重视并满足游客野外生活的体验，比如露营和野外训练等；特殊娱乐活动，如划船、钓鱼、采摘等。这样可以给人以回归自然，接近自然的感觉，同时也能体现森林人家的特色（图3.7、图3.8）。

2. 生产性场所

森林人家中的生产性场所除了传统的农田、菜园和林地之外，还包括果树园、花卉园、药用园、茶园和盆景园等各种经济作物形成的生产性景观，可开发成供游客游憩活动的场所，给游客提供参观、体验和学习等多种休闲活动（图3.9）。

图 3.6　福建省龙岩市云寨村景观（黄海 摄）

图 3.7　武夷山国家公园森林景观（黄海 摄）

图 3.8　福建省福州市旗山森林人家景观（黄海 摄）

图 3.9　福建省三明市境元森林人家景观（黄海 摄）

图3.10 福建省三明市崇际村游浆豆腐坊森林人家（黄海摄）

除此之外，还可以打造具有当地特色、可反映传统手工艺品生产和农林产品加工等的作坊来增加旅游体验（图3.10）。考虑到森林人家的生态环境保护，对酿酒、烧制陶瓷和编织等活动，需建造一个安全无污染的作坊，并控制其规模。

3. 公共活动场所

在森林人家内应具有一定数量与规模的公共活动场所，可以为开展民俗文化活动、节日庆典和表演创造条件。也可适当增设一些体育和健身场所，不仅可以为游客服务，还可以改善当地居民的生活品质。在公共活动场所设置健身器材，可以吸引和服务于老年游客；设置儿童游乐器材，可以为到访森林人家的儿童提供一个独立游玩的安全场所；结合自然和文化科普设施，可以成为青少年环境教育和展示传统文化的场所（图3.11）。

图 3.11 计家敦林下游戏休闲设施

（二）综合服务区

综合服务区是森林人家中为游客提供服务，为经营者提供管理办公的场所和建筑设施，主要包括游客服务中心、购物场所、会议办公服务场所等。在规划中应对森林人家旅游所需的服务设施的规模、类型和布局进行统筹考虑，建立更完善的服务设施系统（图 3.12、图 3.13）。因此，在制订规划方案时，首先，应与当地政府及相关管理部门确认森林人家的等级和规模，然后基于森林人家设计的统一标准，计算需要辅助服务设施的数量和种类；其次，基于因地制宜的原则，参照森林人家场地条件，进行合理布局。

1. 游客服务中心

游客接待中心多位于森林人家的入口附近，是游客进入森林人家的必经之处，也是整个景区人流量最大的地方，它不仅

图 3.12　福建省寿宁县西埔村（黄海 摄）

图 3.13　森林咖啡馆

能给游客提供休憩、服务和娱乐的环境，还可以为游客展示该景区的景点内容、文化意象等，是森林人家内一个重要的景观象征点。因此，游客接待中心对于具有一定等级和规模的森林人家是必不可少的服务性建筑。

2. 购物场所

游客在森林人家内游玩时，普遍对乡土工艺品和农副土特产品等存在购买需求，所以合理设置购物场所，既能满足游客的购物需求，也能获得相应的收益。购物场所的规划应该较为灵活多样，具体可以有以下三种方式作为参考：一是在游客较为集中的区域，选取适宜的位置，设置售货亭；二是规划正确的地点并利用市场途径提供购买和出售农产品的服务，同时规划好摊位，以防止对景观和交通的影响；三是把购物和生产作坊结合在一起，以前店后坊的形式布置商业街，游客可以在参观生产作坊后购买相关产品。

3. 会议办公服务场所

随着我国森林旅游业的发展，对森林人家景区接待服务的需求日益多样化和多层次化。例如，一些面积较大的森林人家可以提供森林酒店这种有配套符合要求的会议场所，还可以在森林人家内规划一些含有独立的小型办公室的房屋，满足一些公司团建、会议和办公需求。这些会议室应当配置音响、投影等设备，如果条件允许，还可以设立展厅。但必须遵循以市场为导向的原则，并在项目设置的初期进行可行性分析。

（三）经营点

森林人家中的经营点既可以是集合多个个体经营的食宿场所，也可以是不同的森林旅游特色住宿的体验场所。经营点也是森林人家中的最小单元体，既可以是一栋建筑，也可以是一个院落建筑群。一个经营点，往往是一个经营主体（图3.14）。

图 3.14 福建省武夷山仙店森林人家（黄海 摄）

三、森林人家的环境容量与游客量估算

根据保证项目区内生态资源质量不下降、生态环境不退化和旅游资源不破坏的条件下取最佳经济效益的原则，综合考虑项目区内社会效益、经济效益和生态效益三个方面，根据景观资源特点，选择合适的估算指标和估算方法，计算指标应留有余地，以适应旅游高峰期对游客增长的需求。

（1）面积法计算公式为：

$$C = A \div a \times D$$

式中：C——日环境容量，单位为人次；

A——可游览面积，单位为平方米／人；

a——每位游客应占有的合理游览面积，单位为平方米／人；主景景点，50~100 平方米／人（景点面积）；一般景点：100~400 平方米／人（景点面积）；

D——周转率（D = 景点开放时间 8 小时／游览景点所需时间）。

（2）完全游道法计算公式为：

$$C = M \div n \times D$$

式中：C——日环境容量，单位为人次；
　　　M——游道全长，单位为米；
　　　m——每位游客占用合理游道长度，单位为米／人，一般为 5~10 米／人；
　　　D——周转率（D＝景点开放时间 8 小时／游完景点所需时间）。

通过面积容量法和游道容量法对各功能区的环境容量进行测算。合理、科学的游客规模预测对森林人家未来建设有一定的指导意义。一般来说，多数规划阶段的森林人家正处于开发阶段，暂无游客基数，可以通过对森林人家区位和同类项目的研究分析，对森林人家的未来游客量进行增长率的预测。

四、森林人家的道路交通系统规划

完善的道路交通系统是森林人家功能空间能合理组织联系的关键，同时也是游客在游览的过程中感到舒适和体验乐趣的重要因素。森林人家的道路交通系统主要包括线状的车行道路、步行道路、特色游览道路和点状的停车场所。

一般来说，森林人家的车行交通系统不是非常复杂，可以分为车行道和慢行道两个系统。停车场是森林人家重要的辅助服务设施，它的规划布局原则是避免占用耕地，避免对游览产生干扰，同时设置在方便交通的位置。停车场的规模要按照森林人家规划设计的游客容纳量来设计，避免产生拥堵、乱停车的现象。

（一）车行道

车行道系统由车行主干道和车行次干道构成。车行主干道

图 3.15　森林人家道路景观

作为森林人家车行路网的一级交通，担负着连接景区各重要功能区的作用。因此它的线型通常受功能布局的影响，经常以闭合的环状、直线和曲线相互交叉的形状呈现。道路设计要注重主干道和各部分功能区之间的关系，要基于功能区内部需求，构成相切或穿越的关系；此外，还需要考虑内部交通和外部城市交通的衔接，并考虑道路视觉景观（图3.15）。路面宽度应该适当控制，要避免拥堵，也不宜过宽，以6~7米加人行道为宜（在森林人家规模较大时，车行道也可适当加宽至9米），车行与步行互不干扰，而且宽度也不显得过于城市化。

　　车行次干道是补充一级交通无法到达的地方，主要是考虑各个分区内的交通而设置的道路。车行次干道首先要与车行主干道进行连接，然后次干道的路网密度相较于主干道可以适量增大，能够在一定程度上减缓主干道的交通压力，也可设置部分单向车道。在对次干道进行断面设计的时候，要注意把握好尺度，体现人情味，路面宽度以 4~5 米为宜。

为了保障游客安全，森林人家的车行速度应有所限制，以低于每小时 30 千米为宜。

（二）慢行道

通过慢行道在森林自然环境中进行休闲游憩和康体运动是森林人家中的主要旅游形式，因此慢行道的设计至关重要。它除了具有交通功能，使森林人家的各个节点能够联系起来，更重要的是要具有游览观赏功能，使森林人家的空间层次感以及人文景观得到充分地展现（图 3.16）。最佳的慢行道须能充分表现森林环境的特征和功能，并应具有以下特点（成捷，2012）。

（1）路线选择：路线设置应连同主要景观节点，且回路设计充分，游人可依年龄、体力选择适当的路线进行自由调整。根据森林中负氧离子分布的特点，尽可能靠近河流、小溪等流动性水体，着重发挥湖泊、河流、溪流等的魅力。

（2）形态考虑：综合考虑道路设计的艺术性，将曲直、起伏进行结合，营造变化，充分利用森林自然景观和丰富的地形，随着森林垂直空间的结构不同，形成具有变化的线路，让游人在行进的过程中不仅感到舒适，还增强体验感和趣味性。

（3）休息点设置：沿步道路线两旁需要适当布置一些休憩节点，使游人在游览的同时可以进行休憩和驻足观赏，达到康体养生的目的。

（4）安全性考虑：要具备良好的安全性，通过设置栏杆、装监控设备等措施，提高游客的安全。

（5）光线考虑：注意树林的明暗高低变化，避免强风和烈日给游人带来不适。路线选择的坡向以阴坡、半阴坡和半阳坡为宜。

目前森林人家的慢行道主要是步行登山道、自行车道等，也可以规划更多具有特色的观光路线，如骑马、乘轿等都可以成为森林人家的一种观光方式。

图 3.16 慢行道形式参考
上：福建省福州市国家森林公园森林漫步道（黄海 摄）
中：观景木栈道
下：福建省福州市旗山森林公园森林小径（黄海 摄）

第三章 森林人家的规划与设计

五、森林人家的旅游服务设施规划

（一）森林人家的餐饮规划

餐饮服务点布局，应按游览里程和实际需要加以统筹安排；建筑造型新颖，风格独特，要与周围环境相协调；餐厅应具备多功能性，既可作为餐厅，又可作为文娱活动厅；餐饮服务设施要满足环保的要求。餐饮设施应集中，以便对垃圾进行集中无害化处理，保证不污染水源和环境。

森林人家中的餐位数预测，可以分为近期末和远期末两个数据，进行合理规划。公园内的餐位数是由最高峰日游人量（N）来决定的。餐位按中午用餐人数计算，游客中午用餐率（P）取65%，餐位客座周转率（T）为3，则所需餐位预测数按以下公式估算：

$$C = N \cdot P/T$$

其中，森林人家游客主要集中在 5~10 月，占全年游客量的 75%，N（高峰日游客量）＝预测年游客量 ×75%/180 天。

同时，森林人家还可以联合附近村庄或社区来设置农家乐餐饮业，吸引森林人家内的一部分就餐游客，以缓解森林人家内游客用餐压力。同时带动附近村庄参与森林人家建设，带来经济效益。

（二）森林人家的住宿规划

床位预测是住宿设施规划的重要依据，直接影响着项目日后的发展。因此，确保预测的科学性和可操作性，必须严格限定其规模和标准，做到定性、定量、定位、定用地的范围。根据森林人家的地理区位、旅游项目丰富度及特点，预测休闲度假人数占总游客量的比例。根据世界旅游组织（WTO）经验数值预测，同时依据当地实际情况，床位利用率一般取90%，一年旅游天数按 320 天计算。在对目标市场旅游消费调查分析的基础上，确定游客平均留宿天数为 1~2 天，则床位需求数预测

一般可采用如下公式进行计算：

$$床位数 = \frac{N \times P \times L}{K \times T}$$

式中：N——预测年游客量；

P——住宿游人百分比；

L——平均留宿天数；

K——床位利用率；

T——年可游天数。

根据具体用地建设条件和游线游程概率，规划床位需求分布。同时，床位规划也可联合周边村庄或市区旅社提供，带动周边经济发展和提升就业率。

（三）森林人家的购物设施规划

购物设施的选址和建筑设计要与森林人家的环境、文化特色协调一致。充分挖掘森林人家的特色农产品价值，开发出森林人家极具特色的产品，如将购物与休闲相结合，推行自助采摘式购物，让游客享受亲近自然和劳动的乐趣。购物设施选址宜选在森林人家风景线的必经之路上，确保最大客流量。

六、森林人家的市政设施规划

（一）给排水规划

规划依据《建筑给水排水设计标准 GB 50015—2019》等国家标准，对森林人家规划范围内的主要用水点进行计算和安排。通过给水管道的布设，将用水送到各个区域，满足项目区内各区域用水。

森林人家建成后主要的排水分为雨水和生活污水两种，且实行雨、污分流，沿着给水管道布设雨水管道和污水管道。雨水分成自然排放和集中收集用于园林用水两种。自然排放由车行道、游步道、停车场和建筑物等周边暗沟、边沟等，顺地势排向附近沟溪中,迅速有效地排除地表水,防止地表径流的冲刷和侵蚀。

根据对森林人家的接待能力、森林人家游客住宿和餐饮用水量的测算,污水量按生活用水的80%计算,规划给排水系统和二级污水处理池。各用水点所排生活污水要先进行一级物理处理后统一收集至附近自建处理池进行二级处理,而后接入附近市政污水管网。经过二级处理的污水达到国家排放标准,可将部分中水作为园林绿化用水或农业用水。在管理中要制定切实可行的措施,防止或减少污染,严禁排放未经处理的生活废水、污水,厨房污水经隔油池处理后再进入集中污水处理设施。

(二)电力通讯规划

供电设施应统筹规划,充分考虑长远发展的需要,避免二次改造。变电所或变电器周围应架设护栏,以保证游客的人身安全。各种供电设施,如变电所、变压器、输电线路、电线杆、电线塔,在线路走向、选择位置、架设方式等方面,应考虑与景区周围环境的协调性。规划对森林人家电力负荷预测采用单位建筑面积负荷密度法,用单位指标法进行校验。测算公式如下:

$$S=K_1(K\times N)/1000\times COS$$

式中:S——计算实际功率,单位为千瓦;

K_1——同时系数;

K——单位指标,单位为瓦/平方米;

N——建筑面积,单位为平方米;

COS——功率因数。

通讯方面,手机信号覆盖范围一般能满足通讯需求。需考虑各住宿点和服务点设置宽带网络,满足游客对外通讯联系和宽带上网需求,光纤电缆埋于地下0.5米左右,与用电电线一起沿道路边沿铺设,某些路段可采用保护管保护直埋方式铺设。

七、森林人家的植物景观规划

森林人家各景点植物配置应在结合现有植被的基础上进行，以现有的天然植被为主，运用多种造景手法，突出物种多样性，同时注重立体绿化，力求使自然景观与人工景观相结合，形成结构类型多样，且富于季相变化的植物群落，提高植物的景观效果（图 3.17）。绿化规划重点为提升项目区森林景观，搭配速生与慢生树种，使其快速成为茂密森林景观，以便营造森林养生静谧环境，配合后期建设（图 3.18）。

图 3.17 福建省漳平市永福樱花茶园森林人家景观（黄海 摄）

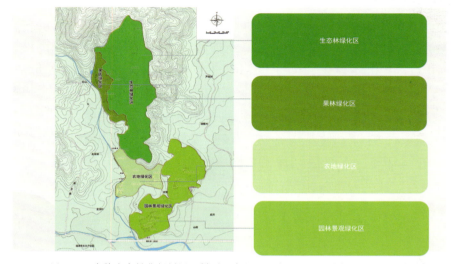

图 3.18　森林人家绿化规划图示例（福建省源野景观规划设计有限公司 提供）

第三节
森林人家的详细设计

森林人家详细设计旨在追求要素景观的更高品质，因每个项目的分区都会有各自的特色，详细设计的内容各有侧重，本节将对详细设计中涉及的建筑、景观、小品设施和营建材料等提出指导性建议。

一、森林人家的建筑设计

随着森林人家的发展和扩大，一个集休闲娱乐、购物和餐饮于一体的综合型服务建筑是必不可少的。但森林人家的建筑风格不能直接依照城市里的建筑形式进行设计，而是既要符合当地文化特色，融入当地民居风格中，同时又要与森林人家景区的风格相符。

（一）森林人家建筑风格确定

森林人家建筑主体的建造应特色鲜明，能够准确表达当地乡土建筑风格，以满足游人追求本土文化特色体验的要求。

森林人家建筑风格总体而言要遵循宜土不宜洋、宜低不宜高、宜散不宜聚、宜隐不宜露的原则。宜土，即以具有乡土特色的民居建筑风格为主；宜低，表示建筑高度不能破坏景观视线；宜散，表明建筑应该顺应山水布局散置，融入大地的肌理中；宜隐，是指建筑可若隐若现，既与山水景观融为一体，又要凸显其特色（图 3.19、图 3.20）。在复杂的地形条件下可能表现为自由的建筑布局，并且提炼当地建筑形式和文化符号，突出地域特色，与周围环境达到协调（耿鑫，2009）。

建筑风格，是指包括其内部装饰、座椅、用餐器具和为了满足特殊需求所设置的各种器物的总和，则营造森林人家自身特色，同时展示当地民俗风情的重要途径（田川，2009）。

图 3.19 福建省三明市境元森林人家（黄海 摄）

图 3.20　福建省漳平市九鹏溪森林人家（黄海 摄）

以木材作为主要构筑材料的森林木屋等建筑，也是森林人家的常用建筑风格。现代建筑材料各式各样，颜色变化丰富，但并不是所有的色彩都能与自然环境相融合，因此在建筑材料的选择上还是要注重更多地采用乡土建筑材料，其原色是地域特色的最好体现，也是让建筑与环境融为一体的最好方法之一。

（二）森林人家建筑的布局设计

森林人家所在地往往地形地貌具有多样性，在做设计时应充分利用现有的地形地貌与自然环境，选择合适的布局形式。在考虑森林人家的类型和级别、实用性和景观性等因素的基础上确定合适的建筑布局。级别较低的森林人家主要考虑实用性，一般可以设计成独栋式、规则型的建筑布局。高级别的森林人家应结合景观和实用两方面进行考虑，主体建筑的布局应顺应地块的地形和肌理来布置，尽量与环境融合。对于四、五星级的森林人家，如果其建筑基址面积较大，立地条件能够满足建筑需求，同时自然环境能够承受大面积开发时，其主体建筑可采用院落式集中布局，以打造宜人环

图 3.21 森林人家的建筑风格（黄海 摄）

境和独具特色的建筑空间（图 3.21）。

在自然生态相对敏感的地区，如处于景区环境较为原始自然的区域，为了尽量不干扰原有的自然资源和景观空间，并且减少人工建筑因为抵抗自然的力量而造成维护管理上的极大困难，建筑群体应当化整为零，顺应地形地貌，散落布置于山水之间，融化于自然之中。

除了考虑建筑布局的地域特色和实用性外，还应积极利用周围的自然景观。森林人家建筑在进行布局规划时要考虑借周

边的自然景观，如可远借高山、日出、日落，近借小桥、廊亭、流水；仰借飞鸟、琼楼、观宇，俯借池鱼、映月、风荷；春借桃红柳绿，夏借风荷竹荫，秋借满山华彩，冬借一缕暖阳等。通过规划建筑空间布局和平面构图等途径，使森林人家建筑的内部空间与外部景观空间相互融合，令其环境景观从有限达于无限，从形有尽至于意无穷，创造天人合一的景观意境，这是森林人家环境景观的至高境界，也是建筑布局的终极目标（图3.22）。

图 3.22 福建省福州市岁昌森林人家（黄海 摄）

二、森林人家的景观设计

森林人家所依托的有较高游憩价值的森林景观，包括周边的森林植被、水景观、地形地貌、天象景观等自然景观，是开展森林人家的基础。而在各项目建设点周边，则需要根据开发建设的程度，进行人工景观的营建，创造和谐自然的园林景观，提升森林人家的景观质量（图 3.23）。

在景观的设计中，植物是极其重要的元素。植物能够美化点缀景观空间，具有完善空间景观、识别和强调空间、软化空间质感的作用。森林人家植物景观的塑造，通过对森林人家建筑的周边空地和庭院、道路和各个节点的植物景观进行精心搭配，不同项目点形成风格多样具有特点的植物景观（耿鑫，2009）（图 3.24）。

图 3.23　福建省三明市状元茗森林人家（黄海 摄）

图 3.24　福建省福州市旗山森林人家

浙江临安指南村森林人家景观营建

一、指南村基本情况概述

指南村坐落在杭州临安区西北、东天目山麓、太湖源头南苕溪之滨的海拔500余米的指南山上，处于指南山的南坡，坐北朝南，并紧邻太湖源头的南苕溪之滨。指南村历史久远，村落周围古树参天，至今还保留着340多株以枫香、天目铁木和银杏为主的珍稀古树，都是受国家保护的名木。指南村有深厚的历史积淀，有千年以上的古姓、古塘、古树、古祠、古庙、古宅、古墓，被称为"指南七古"。指南村在2015年被列入浙江省第一批森林人家命名和培育名单。

二、指南村森林人家建筑主体景观营建

以古建筑为主体的村落空间是指南村森林人家建设的核心景区。在对古民居进行修缮、保护的同时，指南村以本地民居为蓝本，进行新房屋的建造，其中包括农具、家禽齐备，使游客充分体验当地生活的度假农居；开设书画厅、棋牌厅、茶社、交谊舞厅等相关设施来满足游客的需求，尤其是老年人群体休闲娱乐需求的乡村俱乐部；还有木质结构的双层观景特色菜馆等建筑及建筑群。

三、指南村森林人家山水景观营建

指南村森林人家包括阴坑景区和白虎塘景区两个以山水景观为主的景区。其中，阴坑景区有阴坑洞、毛山坞水库以及毛山坞溪等部分，面积约92.33公顷。从阴坑洞、白马里到毛山坞水库、毛山坞溪，沿着山野小径，间有溪流相伴，沿途植被变化丰富，峰、石林立。经测定，溪流边的负氧离子含量较高，空气质量良好，适合开展徒步旅游、露营、野外拓展等活动。此外，毛山坞溪沿途险峰、幽谷相间，对于野外探险爱好者来说，很适合开展一些探险、攀岩等项目。白虎塘景区面积约62.20公顷，这里围绕着莫家及唐寅文化布置了白虎塘、白虎古泉等人文山水景点；根据地形、地貌以及传说，设置了烛台、观景台等景点，可远眺神龙川、天目山的雄姿。

四、指南村森林人家植物景观营建

指南村地处中亚热带常绿阔叶林带，森林资源丰富，山高林密，遍地修竹，整个村域范围内植被良好，有较大面积的天然次生植被，其中阔叶林植被最多，约占70%的山林面积，森林覆盖率达到90%以上。

古树林为指南村森林人家的一处风水林，包括枫香、麻栎、青冈、

榧树等，其下分布小乔木、灌木及地被，组成了较完整的树林生态群落。在指南村森林人家设有古树林景观游览路线，在保护现有古树资源的同时，也对村落进行了整理，为古树留出了足够的生长空间，在古树外围结合区域环境配置栽种传统景观树种，使得指南村森林人家有丰富多彩的季相效果。

除了古树外，值得一提的是指南村森林人家依托竹乡特色开设的竹文化园。在竹文化园内，有较多互动性景观，包括竹林迷宫、竹林观景塔等项目设施。

五、指南村森林人家道路广场设施营建

道路是指南村森林人家游憩空间中线状游憩空间的重要组成部分。森林人家内的道路串联起了各个景观节点，通过动线的方向性以及曲线的韵律美，使得游人在指南村森林人家的游览路径有条理且充满了趣味。

在指南村森林人家入口即指南村村口，设置了入口广场，该广场主要功能为宣传指南村森林人家的文化，具有标识性和象征性。在入口广场也可举行民俗表演等活动，兼具了集散人流、车流的作用。另一个广场是位于指南村中心的民俗文化广场，通过拆除现有的破旧建筑、整合场地，形成了较集中的游憩景观空间，既满足了游人和村民的休憩需要，又丰富了指南村森林人家的游憩景观内容。除此之外，塘顶广场是指南村森林人家为了满足停车需求扩建的广场，广场南侧种植黑松林，北侧结合地形设置了眺望平台、休闲茶座等游憩场地，并在广场绿地设置了一些健身设施。

六、指南村森林人家小品设施营建

根据当地的文化传统、传说，结合指南村森林人家所处的地形、地貌，设置许多景观小品设施。如村落内的古墓、古井，入口广场象征指南村森林人家的标志物，花坛坐凳，文景置石，花架等。这些景观小品设施使得指南村森林人家的景观更加丰富多彩、引人入胜。

图 3.25 解说牌示意图

三、森林人家的小品设施设计

（一）景观小品设计

森林人家的景观小品包含的内容多元而丰富，如古井、雕塑、小屋、水车、农具、土墙和蓑衣等都是体现森林人家文化特征的重要媒介，甚至在道路两旁放置的景观石、装饰的木桩、在水系之上的桥梁都可涵括在内。森林人家并不是一个城市景观，因此在设计环境景观时应着重反映自然之美和当地文化，而不是以人工景观为主。人造景观的体量要适宜，数量不应太大，在重要位置进行一些点缀即可，过多的人工景观可能会本末倒置（田川，2009）。

（二）休憩设施设计

休闲座椅是森林人家环境中使用最多的休闲设施，也是森林人家景观空间中主要辅助设施之一。主要考虑其设置的合理性、安全性、舒适性、美观性以及符合人体工程学的要求。可以安置在林荫处和景观丰富的地方，应使用与周围环境相协调的当地传统材料作为主要材料，使之与森林人家的整体形象相吻合。

（三）解说牌示设计

解说设施的功能主要是在旅游环境中指导游客行为，它通常位于主要交通线路旁，次要旅游路线和小路的交汇处，既可以为游客提供方向和位置信息，也为森林游憩增添乐趣和魅力（图3.25）。

四、森林人家的营建材料选择

森林人家的营建材料选择范围广泛,除了就地取材外,大部分还是需要进行购买。以下从三大类常用景观材料进行介绍。

(一)木材景观材料

园林景观中常用的原木可分为针叶树和阔叶树,针叶树的材质一般较软,称为软木材,包括柳杉、北欧赤松等。阔叶树中则有很大一部分的木材坚硬,称为硬木材,如菠萝格、紫檀等。木材材料易腐蚀、易燃、易遭虫蛀,如未进行防腐防虫处理,在半年至两年内会发生腐朽和虫蛀,严重者会丧失使用价值。因此,木材在森林人家景观中应用时防腐处理是非常重要的。森林人家景观营建中常见的防腐木材有樟子松、赤松、西部红雪松、黄松、铁杉、柳桉木和菠萝格等。

1. 樟子松

樟子松能直接用压力渗透法做全断面防腐处理,其力学特性优秀,木材纹理美丽,深受景观设计师的喜爱。樟子松防腐木的应用极其广泛,可用于森林木栈道、木平台、亭台楼阁、步道码头和垃圾箱等。

2. 赤松

赤松经过特殊防腐处理后,具有极佳的防腐烂、防虫害和防真菌功效。可直接用于与水体、土壤接触的环境中,是木地板、桥体、栈道和木质小品的首选材料。

3. 黄松

黄松强度大,握钉力优异,经过防腐和压力处理的黄松,防腐效果可直达木心,在使用过程中可以任意切割,断面不需要再进行防腐处理,是滨水景观的理想材料。

4. 铁杉

铁杉稳定性强,不会出现收缩、膨胀和扭曲,且抗晒黑能力强,可接受各种表面涂料,耐磨性高。是适用于各种户外景观营建的经济型木材,在森林人家景观营建中可广泛应用。

5. 柳桉木

柳桉木着钉性、油漆性能好，切面纹理优美，弹性大，易变形。可广泛应用于木凉亭、花架、防腐木小屋、户外地板和围栏等景观设计。

6. 菠萝格

菠萝格以稳定性著称，是木地板现有材种中稳定性最好的。质硬，材性稳定，具有精美的花纹，心材耐压。可以抵抗白蚁的腐蚀。木材具有很高的强度，具有耐磨性，刨光后的表面光滑易于涂漆，干燥后稳定性良好，可用于户外地板、亲水平台等。

7. 沙比利

该木材密度中等，加工比较容易，色泽美丽，木皮纹理给人一种美丽大方、精雕细刻的感觉，具有独特的自然感。价格较为昂贵，可于森林人家建筑室内局部范围使用。

（二）石材景观材料

石材强度高，装饰性好，耐久性强，来源广泛，在森林人家景观营建中可以广泛应用。园林景观中常用的石材主要有花岗岩、大理岩、页岩、板岩、砂岩和人造石几个种类。

1. 花岗岩

花岗岩作为应用历史最久、用途最广和用途良多的岩石，在森林人家景观营建中应用极其广泛，可用于森林人家中围墙、亭廊、园路、地面铺装及滨水景观等的设计之中。

2. 大理岩

大理岩是变质岩的一种，因盛产于云南大理而得名，又称大理石。大理岩相对花岗岩而言质地较软，也是景观装饰石材的一大门类。大理岩在森林人家中的应用不如花岗岩广泛，主要集中在汉白玉和青石板两类之上。

3. 文化石

文化石，学术名称铸石，其定义为"精致的建筑混凝土建筑单元制造，模拟自然切开取石，用于单位砌筑应用"（秦威，

2014）。文化石其实是一类能够体现独特建筑风格的饰面石材的统称。文化石质感粗糙，形态自然，其原始自然的色泽纹路展示出石材的内涵和魅力，是人们回归自然、返璞归真的一种体现，这与森林人家的建设思想是不谋而合的。森林人家景观营建中常用的文化石有平板石、蘑菇石板、乱形石板、条石、彩石砖和石材马赛克等。天然文化石石材坚硬，色彩鲜明，纹路能保持原石的风貌，且十分耐用、耐脏、耐磨，可无限次擦洗，被广泛应用于墙体、地面的铺装。

（三）现代景观材料

1. 混凝土

混凝土俗称砼，是指由胶凝材料将骨料胶结成整体的工程复合材料的统称。通常讲的混凝土（普通混凝土）是指用水泥作胶凝材料，砂、石作骨料，与水（可含外加剂和掺合料）按一定比例配合，经搅拌而得的水泥混凝土，混凝土耐久性高、功能多样化，在园林景观、广场和公园等场所可以营造出多种多样的景观效果。混凝土是景观材料中的重要组成部分，景观中常见的种类有沥青混凝土、装饰混凝土、纤维混凝土、绿化混凝土、透水混凝土和混凝土制品等。不同种类的混凝土各有其独特的特性。

（1）沥青混凝土，俗称沥青砼。用于景观建设中的沥青混凝土分为透水性混凝土和加入添加材料的混凝土，例如，透水性脱色沥青混凝土、彩色热轧混凝土、彩色骨料沥青混凝土等，在森林人家中，沥青混凝土常用于一级道路的铺设中。

（2）装饰混凝土是一种绿色和环保的地板材料。通过改变普通新旧混凝土表面的颜色、色调、纹理、样式和质感等，在上面进行图案、颜色或各种不规则线条的创意设计，从而打造出各种不同样式的大理石、花岗岩、瓷砖等石材或木材的铺路效果。它具有美丽的自然图形，逼真的色彩以及结实而持久的纹理。装饰性混凝土在森林人家中的应用主要有几种类型：彩色混凝土、压印混凝土、露石混凝土和清水混凝土（张红，2013）。

（3）绿化混凝土是由粒径比较小的碎石、水泥、水与专用添加剂配伍，并采用特殊的设备在现场浇筑成的新型绿化混凝土。现浇绿化混凝土护坡新技术是一种环保新技术，是一种既适合植物生长，又具有高强度，还能现场快速施工的混凝土。实现了在混凝土上种草的愿望，是对传统护坡技术的一次革命。具有高强度、高透气性、耐久性、抗冲刷力强和抗冻融性好等优势。在森林人家的景观营建中，绿化混凝土可作为生态护坡、护岸和高承载植草地坪。

（4）透水混凝土又称多孔混凝土，无砂混凝土或透水地坪，是由骨料、水泥、增强剂和水拌制而成的一种多孔轻质混凝土，不含细骨料。透水地坪拥有色彩优化配比方案，加上设计师的独特创造力，可以实现各种环境所需要的装饰风格，这是普通透水砖难以实现的，因此在森林人家中得到了广泛的应用。

2. 玻璃

玻璃作为景观材料有着悠久的历史和成熟的工艺技术。装饰玻璃是在制作一般玻璃的原料中加入辅助原料或采用特殊工艺技巧加工而成的，种类繁多且具有特殊性能。可应用于森林人家景观营建中的有彩色玻璃、冰花玻璃、磨砂玻璃、镜面玻璃和变色玻璃等几种。安全玻璃是一类经剧烈振动或撞击不破碎，即使破碎也不易伤人的玻璃，常见的安全玻璃种类有贴膜玻璃、钢化玻璃等。在森林人家景观营建中，安全玻璃可用于如历史遗存的遗址展示区覆盖界面、大面积玻璃隔断、钢化玻璃楼梯和全景式玻璃平台等。

3. PC 板

PC 板可广泛应用于森林人家室内外空间中，包括建筑幕墙、景观温室花房、雨棚、导视标识系统和生态建筑顶棚等，可根据不同的需求选择不同造型、功能的 PC 板。

4. 亚克力

亚克力，又叫 PMMA 或有机玻璃，源自英文 acrylic（丙烯酸塑料），化学名称是聚甲基丙烯酸甲酯。它是一种较早开发的重要的可塑性高分子材料，具有化学性稳定、透明、耐候性、易于染色、易于加工和外观优美的优点。在森林人家的景观营建中，常用于采光罩、电话亭顶棚、指示牌、展架以及各种景观小品。

5. 木塑

木塑，即木塑复合材料（wood-plastic composites，WPC），是国内外近年较流行的一类新型复合材料。木塑复合材料同时拥有木材和塑料的优良性能，具有木质感且可塑性好，防水、防霉、防腐，能替代传统木材而广泛应用于森林人家的建筑设施、园林景观中，具体应用主要为塑木地板、塑木护栏、塑木活动小屋、长亭、长廊和建筑外墙装饰等。木塑复合材料完美地避免了防腐木在景观应用中的不足，且因为其安装快捷，施工过程中对自然环境破坏较小，间接起到了保护环境的作用。

6. 橡胶地板

橡胶地板是天然橡胶、合成橡胶和其他成分的高分子材料所制成的地板。橡胶地板长久耐用、易清洁且有很好的缓冲效果，在森林人家中儿童游乐场、健身场地和路面铺装等方面广泛应用。

第四章
森林人家的旅游产品开发

　　旅游产品开发是针对客源市场需求，对当地旅游资源进行整合，将其进行商品化的一种过程（史晓明，2004）。森林人家的旅游产品的开发应遵循因地制宜、特色制胜，市场导向、顺应需求，系统开发、协调发展，适度超前、立足长远，个性多元、深度体验的五大原则；森林人家旅游产品的设计应在充分挖掘旅游资源的基础上，结合市场需求，全面评估旅游资源的潜能，才能开发出高价值的旅游产品，以更好地适应市场需求；当前森林人家旅游产品按照开发类型可划分为休闲观光、体验参与、康体娱乐、野外拓展、科教文化等五大类；森林人家的特色餐饮、住宿设施、交通网络、旅游路线、旅游体验、旅游项目等内容是森林人家旅游产品开发的重点。

第一节
森林人家旅游产品开发原则

一、因地制宜、特色制胜的原则

因地制宜是森林人家旅游产品开发的基础，形成旅游吸引力、竞争力和生命力的关键在于旅游产品是否具有特色。因地制宜是指各地根据所处地理位置和旅游资源，规划开发适宜当地发展的旅游产品。因此，森林人家旅游产品的开发，首先应当对森林人家旅游产品的总体特征和定位进行总结确定，设计具有地域人文特色的旅游产品，使森林人家旅游产品具有当地的历史文化特色，融入突出当地的美学特征和人文特征，提升旅游产品对旅游者的长期吸引力和产品自身的发展力，推动旅游产品可持续发展的实现，在旅游市场的激烈竞争中拔得头筹。

二、市场导向、顺应需求的原则

市场对产品开发起到引导作用，是将资源的潜在价值转化成为产品的现实价值所需的前提。需求是产品开发的基础，森林人家旅游产品生存的根本动力即是顺应市场需求变化。在森林人家旅游产品开发过程中，应先对市场进行全面的调研和预测，了解游客的需求和市场趋势，将森林人家依托的自然资源、森林文化和环境结合起来，并据此积极开展工作，确定与其相符的客源市场，然后确定游客目标类型，并以市场需求的变化为依据，确定与其匹配的旅游产品定位，以得到市场的良好反馈。同时，对潜在旅游市场的需求进行深入探讨，从而提高自身吸引力，不断吸引更多旅游者，进而对森林人家相关的旅游产品系列进行针对性的开发和设计。

三、系统开发、协调发展的原则

由于森林人家旅游产品的开发依托于森林资源本底，受到其生态环境状况和特殊的旅游资源条件的限制（陈捷，2010），因此，森林人家旅游产品的开发必须进行综合的系统规划，全面的协调发展，对各旅游产品要素在森林人家旅游产品系统开发的配置进行合理的优化，才能确保旅游活动能够正常有序地进行，并使综合经济效益达到最优状态，从而对森林人家旅游的可持续发展起到促进作用。

四、适度超前、立足长远的原则

旅游产品开发是一个循序渐进的发展过程，不可一蹴而就，要有前瞻性的设计想法，但同时又不能只考虑当下的利益而盲目跟从。因此，森林人家旅游产品的开发，必须具有创新性，通过引入创新理论对旅游产品进行设计，从理论方面、体制方面、管理方面和制度方面不断进行创新，以创新满足市场需求，用创新适应和引导现代旅游者的旅游消费趋势，从而使森林人家旅游产品体系逐渐完善，使森林人家旅游产品的开发能够保持高效、协调、有序和可持续的运行状态。

五、个性多元、深度体验的原则

在体验经济背景下，游客的需求逐渐提高，对旅游产品的个性化、多元性、体验感要求越来越高。在森林人家旅游产品开发时，首先要注重个性化，要能够容易识别，感受到产品的与众不同，形成产品独特的卖点，体现产品所在地的地域特征或人文特色。其次要强调多元性，将人们生活中的元素运用到森林旅游产品的设计汇总，将历史文化、人文习俗和生活习惯融入旅游项目的开发中，满足当代游客自主性强、兴趣多样化的要求。最后要突出森林人家旅游产品开发的过程性，即要注重产品的开发过程以及游客对旅游产品的感受和反馈，使不同游客的需求都能得到满足，并充分调动游客的主观积极性，使游客自发地参与到各项旅游项目和活动中，同时要把质量安全放在首要位置，对每个细节严格把关，让更多的游客通过体验森林人家休闲生活，达到城乡互动交流、人与自然和谐相处的效果（图4.1）。

图 4.1 福建省福州市国家森林公园（黄海 摄）

第二节
森林人家旅游产品设计

一、森林人家旅游产品设计技术路线

第一步，对森林人家所在场地内各种旅游资源进行充分挖掘、分析和评估，得到现有可利用的资源库。旅游资源是旅游产品赖以生存的物质保障，旅游资源评价可为森林人家产品的开发提供可行性论证，其旅游资源的评价结果可作为森林人家旅游资源规划、开发和管理决策的科学依据，对旅游资源的合理开发、系统规划和有效保护有举足轻重的意义。由于森林人家旅游资源的多样性，且不同个体对旅游资源的审美标准和需求不同，因此，采用定性与定量相结合的方法对森林人家旅游资源进行综合评价。旅游资源定性评价可以通过相关职能部门网站等渠道收集资料，结合专家学者现场调研数据，采用专家、当地村民进行座谈、访问等形式，以描述性语言给予森林人家整体印象评价，从而对森林人家旅游资源进行全面的调查评估。旅游产品定量评价是采用分析的方法，根据评价标准，运用统计方法和数学评价模型，得出当地的旅游资源量化测算评价（刘弋，2017），使森林人家资源评估更具说服力，常用的旅游资源定量评价方法有层次分析法、德尔菲法和 fuzzy 综合评价法等。

第二步，结合现有的旅游资源库的可利用空间（包括资源可利用的程度和资源产品开发可依托的用地空间）和资源可利用的时效性（资源利用时受季节或节假日的影响变化），在市场精确分析的向导下，做出森林人家旅游产品开发初步意向。市场精确分析对形成森林人家旅游产品的初步意向有着重要的作用，它是根据市场调查得到的信息（如森林人家的游客类型、游客收入情况和人流量增长情况等）运用合适的预估方式，对规划期内的游客量做出较为科学和准确的预测，从而得到一个有效的旅游产品开发意向（罗能，2003）。

第三步，对森林人家当地的经济条件进行评估分析，同时结合当地的交通条件和区位条件，了解森林人家旅游产品可开发的层次，然后确定最终的产品设计（图4.2）。旅游资源的开发，不能单纯地以旅游资源作为开发依据，要均衡考虑旅游地的整体经济结构体系，全面进行综合分析，避免片面带来的不好影响。因此，应根据其开发地本身的条件、区位条件以及将要进行的旅游活动的行为结构来进行森林人家旅游产品的开发。例如，部分具有良好地理位置但旅游资源较单一的开发地，应重点关注相关景观资源的建设，充分发挥社会和人文资源的吸引力，使旅游行为的结构得到改善，最终形成具有吸引力的产品设计（陈文武 等，2015）。

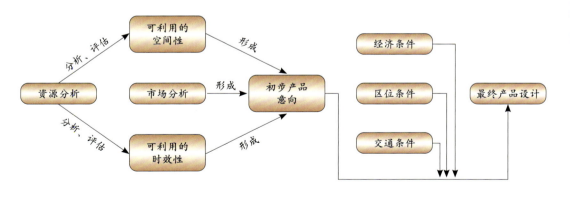

图4.2　森林人家旅游产品设计技术路线图

二、森林人家旅游产品体系构建

首先我们对森林人家的旅游资源进行充分的摸底、分类和策划，以可开发的森林人家旅游产品类别及特点为根据，以人的体验感知和生活经验为划分依据，森林人家旅游产品的体系可划分为生产性旅游产品、生活性旅游产品和游憩性旅游产品三类，各类概念如下所述。

图4.3　福建省龙岩市古田会址景观（黄海 摄）

（1）生产性旅游产品。生产性旅游产品是指生产过程中可以物化产生经济的物质。森林人家旅游产品以农林大户经营为主，生产性旅游产品是最基本的营销产品。它主要是依靠森林的综合环境资源，种植、培育和创作出来的农副产品。此类产品对于森林人家旅游产品开发而言，一是当地居民基本物质需要，也是旅游区开发特色；二是还可以加工成旅游商品销售，或者直接销售，例如，把森林养生产品通过二次加工和装饰，面向市场进行推广，可以丰富森林人家旅游产品的体系。

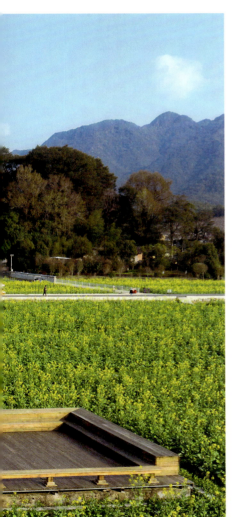

（2）生活性旅游产品。生活性旅游产品是指由旅游区开发设计的可以使个人生活的物质产品和精神需要得以满足的旅游产品。森林人家生活性旅游产品的开发，需要对当地的森林资源进行充分地挖掘，结合森林自身优越的生态环境和丰富的林产品，从而开发出具有特色性的满足游客日常需求的生活性旅游产品。例如，森林人家的养生餐厅，就是给游人提供来自森林各种原生态、无污染的绿色食品，烹饪出具有地方特色的森林美食，为游客提供美味且养生的美食体验。森林人家生活性旅游产品除了能极大地满足游客的物质需求，也可以满足人们的精神享受。

（3）游憩性旅游产品。该产品是森林人家旅游产品开发的核心，它的内容较为丰富多样，涉及森林养生、野外拓展、科教文化和民俗文化体验等多种游憩娱乐方式，从而满足游客的游憩体验（图4.3）。森林人家游憩性旅游产品的开发是以森林的环境资源为本底，细致地将森林的特色资源与不同游客偏好的旅游活动相对应地结合，打造切合市场需求的旅游产品。森林人家游憩性旅游产品的开发，需要尊重地域特点、突出特色，拓宽产品范围，让游客获得满意的森林游憩体验。

在特定的某个森林人家进行旅游产品开发时，需结合以上三类森林人家旅游产品的特色，依据资源本身特点和市场供需关系，经历摸底提炼、分类策划、市场检验和二次开发四个基本步骤才可能形成该森林人家的旅游产品体系（图4.4）。三个不同类型的森林人家旅游产品要在市场推广，接受市场的检验。旅游市场研究首先要分析市场过去、当下和未来市场需求的动态变化和趋势，其次就是观察已推出的旅游产品在市场的反应态度，进一步对旅游产品进行二次开发。通过对生产性旅游产品、生活性旅游产品和游憩性旅游产品的二次开发，结合市场分析和游客的反馈，从而更加合理地形成森林人家旅游产品体系。

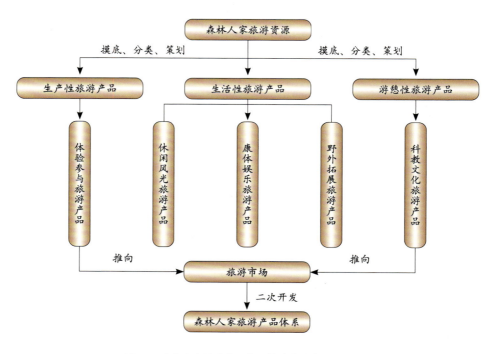

图4.4 森林人家旅游产品体系构建技术路线图

第三节
森林人家旅游产品开发类型

　　森林人家旅游产品的开发是一种新型旅游开发模式，是将森林旅游与传统乡村旅游相结合的旅游开发模式。根据森林人家旅游开发所依托的旅游资源的特性与种类，森林人家旅游产品开发类型主要分为五大类：森林人家休闲观光旅游产品、森林人家体验参与旅游产品、森林人家康体娱乐旅游产品、森林人家野外拓展旅游产品和森林人家科教文化旅游产品。在森林人家旅游产品开发时，要根据当地自然资源特性和游客需求，互相叠加和优化，开发成新的产品类型。

一、森林人家休闲观光旅游产品

　　休闲观光旅游是满足人们视觉审美功能需要的一种基础旅游形式，也是开展各种休闲游憩、康体运动等旅游体验项目的前提。森林人家具有原始自然的森林旅游资源，其中奇特生物群落形态、地文特色、气象变化和水域风光可以带给游客清新脱俗的休闲观光享受。此外，在欣赏自然美景外，还应该注重开发森林中保留的人类历史文化遗产景观，挖掘提炼其文化内涵，包括传统精神、历史人文和民间故事，提高旅游吸引力，使游客在观光的同时提升了景观的意境，了解更多的知识，提高旅游的趣味性（赵丽丽，2006）。及时对森林人家休闲观光旅游产品进行更新换代和优化设计，增加其生态文化内涵，突出地域特色，开发创新独特的生态观光新产品。对于此类旅游产品，我们要进行低影响开发，要以保护为主为第一原则，杜绝对原有的景观产生破坏。

二、森林人家体验参与旅游产品

随着社会经济的发展，人们的精神文化需求不断提高，单纯的观光旅游已经不足以满足游客的需求，深层参与的体验旅游在悄然兴起（林凤芳，2016）。森林人家旅游产品，根据体验式乡村旅游特性和森林资源特色，分析游客旅游体验需求，从美食、购物、民俗、产业化、住宿服务和手工艺制作等方面进行精细策划，让游客体验不一样的生活方式，成为人们"心灵栖息，返璞归真"的最佳旅游地。

（一）森林美食体验

餐饮产品的开发是旅游活动必不可少的组成部分。森林人家得天独厚的旅游资源，孕育着种类丰富的山珍产品和水产美食，通过当地村民的长期生产、生活实践，逐步形成独具地方特色的餐饮文化（图4.5）。森林美食体验开发时要注重突出美食的地域特点，要有鲜明的本地特色，同时可以举办特色美食活动，增强旅游活动的体验性，丰富游客的旅行体验（图4.6）。

（二）动物亲近体验

随着生态文明建设的发展，人们与动物的关系变得愈加亲密，通过与动物的良性互动过程，可以获得情感上的慰藉。但是，在城市生活中，难以有机会亲近这些动物，人们近距离接触动物的需求越发浓烈（何新涛，2018）。森林人家可根据这一

图 4.5　森林美食宴

图 4.6　古法制作美食（黄海 摄）

需求，增设形式多样的动物亲近体验活动，让游客与性情温顺的动物亲密接触，同时也可以增设一些动物科普活动，让游客在互动中放松心情，在体验中学习知识，但此类旅游活动要做好安全措施，保护游客和动物的安全。

图 4.7　地方风情表演

(三) 民俗文化体验

民俗文化代表着一个地域的民族特色和文化特色，在开发森林人家旅游产品时，可以适当与当地村庄的民俗文化相结合，从而更深入地挖掘当地的人文民俗和历史文化。例如，通过举办独特的森林人家旅游节，以增加游客的参与感和体验感，并将传统的民俗文化与森林意境相呼应（图 4.7、图 4.8）。

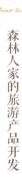

第四章 森林人家的旅游产品开发

图 4.8　民俗活动

(四)产品化链条体验

在建设林业资源的同时,可让游客参与到林副产品的采收、加工中,同时开展各种林事活动,不仅可以使人们在旅游中获得丰富的森林体验,还可使其加深对林业生产、加工过程的认识,同时也丰富森林资源。

(五)住宿服务体验

森林人家旅游的住宿设施是吸引游客的重要因素之一。住宿设施可以在一定程度上体现当地的特色,同时还应与周边环境等自然风光相协调,使游客在体验中得到身心放松,摆脱城市喧闹,回归自然。特色的住宿设施不仅可以增加旅游者的森林游憩体验,使其更好地融入自然,还可克服旅游者在黑夜的枯燥感。例如,可在景区内建造造型各异的小木屋以及竹屋,设露天帐篷等,加强人与自然之间的交流(图4.9、图4.10)。

图4.9 森林木屋(黄海摄)

图 4.10 森林旅馆（黄海 摄）

第四章 森林人家的旅游产品开发

（六）手工艺制作体验

一次旅行，最难得的就是有所收获。大自然物产丰富，尤其是森林中存在多样的手工艺素材，森林人家可对其内涵进行充分挖掘，如利用植物的根、茎、叶、花、果实和种子等制作成工艺品，并提供合适的操作教程让旅客亲手制作专属的特色物品，提升森林服务的细节与深度。

三、森林人家康体娱乐旅游产品

康体娱乐旅游产品是指在人们感到疲劳时，希望以保健、疗养和度假等形式消除紧张压力，并有利于身心健康的一种旅游活动。随着城市化进程的加速以及人们日渐增加的学习、生活、工作压力，人们对于身心放松的需求以及旅游方式已经发生了转变，越来越多的人希望回归自然。森林中不仅含有丰富的负氧离子和植物精气，而且环境安静，在森林中开发康体娱乐旅游产品，可以契合人们的健康需求。这类旅游产品可包含下列几个项目。

（一）森林浴

森林浴是指利用森林中丰富的负氧离子和植物精气，使旅游者在森林中漫步或游憩，以达到休闲放松、保健疗养的目的。森林中空气清新宜人，氧气含量高，多种植物散发的挥发性物质可以刺激大脑皮层，从而达到消除紧张的作用。更有甚者，如柠檬、松柏和桉树等分泌的某些物质可以杀灭细菌。所以森林人家开展森林保健、森林浴项目，不仅可以对游客起到保健疗养的作用，而且还能带来经济效益，一举两得（图4.11）。

（二）静养园

森林中安静的环境以及丰富的氧气含量有利于旅游者缓解压力和休养身心。为契合当今社会人们的健康需求，可以在森

图 4.11 森林浴（黄海 摄）

林中开发静养园，使旅游者能够享受到更加全面的康养体验，身心得到进一步放松（图 4.12）。

（三）健康步道

在众多旅游项目中，健康步道是在森林中比较常见的，主要通过按摩脚底的穴位来达到促进血液循环的作用，从而调节和治疗某些疾病。在森林人家旅游景区中，用光滑的鹅卵石铺砌成健康步道于林荫下，同时为了使旅游者在步道上行走得更加舒适，还应在步道上覆盖落叶，使行走者不会滑倒（陈婕，2010）。

图 4.12 森林康养体验（黄海 摄）

（四）森林疗养所

森林中的植物种类繁多，资源丰富，而植物在进行光合作用的过程中会吸收二氧化碳，释放氧气，因此森林被称为"天然氧吧"。同时植物还能散发出一种芳香的烯类气态物质，该物质进入人的肺部后，能够提高细胞活性，从而杀死体内的部分病菌，如百日咳、白喉和结核病等，此外还有消炎、降血压等作用。森林中植物茂盛、郁郁葱葱，有丰富的森林景观和开阔的视野，能够对人的神经系统以及视网膜组织起到良好的疗愈效益，使旅游者在此环境中不仅能减缓心跳速率，身心得到放松，减缓压力，还可以减少紫外线等对眼睛的刺激。因而可以充分利用森林优势，修建休疗养场所，使具有相关疾病的旅游者能够在此进行治疗，恢复健康。

图 4.13　森林活动（黄海 摄）

（五）温泉草堂

温泉可以减缓疲劳，具有保健、疗养功效。在森林人家旅游景区中，若设计温泉洗浴，可基于原有的地形条件，以及旅游者需求的不同，建设各式各样的温泉池，如草堂式或围栏式，使旅游者达到保健疗养的目的。

（六）趣味娱乐

在森林人家旅游景区中可开展形式多样的趣味节目，有利于提高游客的参与体验（图 4.13）。同时劳动在一定程度上也可以让旅游者有更深层次的森林体验，所以可以在森林中开展与林业劳作有关的项目，如植树栽花、种水果蔬菜等，提升旅游者的参与互动性。

四、森林人家野外拓展旅游产品

近年来,随着国家政策扶持,森林旅游业的蓬勃发展,森林旅游产品也在不断地更新换代,森林探险、露营(图4.14、图4.15),各种攀岩、滑草和漂流等项目层出不穷,传统单一的旅游产品已不适应于经济社会的发展需求,森林人家作为森林旅游业的新一代领军产业,应顺应当前时代背景的发展潮流,解决不平衡、不充分的发展问题,完善服务体系,深化游客体验,满足各种人群的旅游需求。该类产品可包含以下项目。

(一)丛林野战

对待森林旅游,不应只停留在康养休闲的角度,当今社会,年轻人作为旅游的一个主体,喜欢寻求刺激,网络上各式FPS(第一人称射击游戏)类游戏层出不穷,深受年轻人的追捧。因此,应充分发挥森林场地优势,在其中模拟丛林作战,将网络游戏带到现实,引领年轻人走出家门,融入自然,在娱乐中强健身心,并且团队项目更能锻炼人们的凝聚力,促进相互沟通,作为组织团体的团建项目尤为适合。

(二)生存游戏

城市中兴起的越来越多密室逃脱等探险类游戏项目,也可以作为借鉴。森林中没有了城市场地的限制,可以用更加开放的形式来深化游客体验。让游客群聚组队或独自为营,穿着专业服饰道具,纵横于丛林之间,扮演各式角色,激情喧闹,回到自然,忘却城市中的烦恼。

(三)寻幽探险

森林中有广阔的场地,复杂的地形,优美的风景。青松直插云霄,绿水掩映山岕,在这里用美景可以让寻幽觅胜的游客体验到"云光侵履迹,山翠拂人衣"的诗情画意,同时还可以用滑索、网梯、浮桥和竹筏等形式让旅游者体验到无限的乐趣和刺激。

图 4.14　森林露营

图 4.15　寻幽探险（徐霖椿 摄）

（四）悬崖速降

在现实社会中，永远不缺勇于挑战自我、挑战自然的人；不缺寻求超越、寻求成功的人。可以在保证安全的前提下，建设蹦极、悬崖速降（图 4.16）、悬崖攀登等各种极限挑战的场所，充分发挥森林旅游的地形优势，让游客能有机会在旅途中留下终生难忘的经历，在"生死"之间，寻找激励、超越自我。

图 4.16　悬崖速降
（徐霖椿 摄）

（五）定向越野

户外探险运动绝不仅限于体力，脑力在其中也非常重要。定向运动属于竞技类项目，融休闲、娱乐、单兵作战和团队协作为一体，具体过程类似于寻找宝藏。确定一个起点和目标，期间充斥若干线索，游客可以充分发挥自己的脑力，运用地图、指南针等工具，配合体力，或徒步，或奔跑，找到线索，完成任务。

五、森林人家科教文化旅游产品

随着城市教育水平的提高，传统的教育观念已经发生转变，倡导人们走进自然，在自然中学习。森林拥有丰富的动植物资源，是进行科普教育的理想场所，这些丰富的科教资源，可以开阔旅游者的视野，有助于青少年扩展课外知识，同时旅游者还可以在学习中减压。在森林人家景区中以博物馆、展馆的形式来建设生态教育基地，运用现代的声、光和电等科学技术，让旅游者在参观的同时达到森林人家科普教育的目的。同时在参观的基础上还可以增加实地考察项目，让旅游者在实践中更好地了解水文、地质、岩石和珍稀动植物等资源知识，不仅可以使旅游者充分地认识自然、热爱自然，还可以在旅途中欣赏优美的森林风光。在旅游者中不乏一些绘画、摄影爱好者，他们用自己的方式记录自然，从大自然中学习知识，陶冶情操，提升自我，感受大自然的无限风光。该类旅游产品可包括以下几个项目。

（一）科普考察

实践是最好的老师，森林人家景区中可设置实地考察实习项目，由专业人员带队讲解，让旅游者能够更好地了解自然，加深对水文、地质以及珍稀动植物等的了解，在了解和学习的

图 4.17　林业修学（黄海 摄）

同时提升旅游者对自然的热爱和保护的意识。

（二）林业修学

在建设森林旅游体系时，如何做到学与游相结合，让森林成为学习的"活教材"是一个重要节点。森林作为大自然的组成部分，在物质世界中有着至关重要的作用。森林有着独特的生态体系，构成物质、能量和信息的循环流通。通过自然旅游、自然观赏，人们可以直观地感受到森林生态系统的内部结构并加深对自然的认识，同时学习植物、动物和昆虫品种，达到修学的目的（图 4.17）。

（三）摄影旅游

森林不但拥有多样的风景资源，而且蕴含着丰富的自然、人文景观。摄影爱好者在森林中不仅可以观赏森林丰富的植被、各种小动物、山泉溪流等多种生态景观，而且可以感受寺庙、历史遗迹带来的文化气息，留下许多令人难忘的作品（图 4.18）。

图 4.18 森林摄影（黄海 摄）

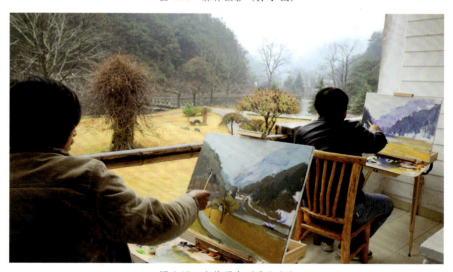

图 4.19 户外写生（黄海 摄）

（四）山水写生

森林人家旅游景区山川秀美，拥有优美的自然风光，这些丰富的自然、人文景观是旅游者进行山水写生的最好素材，使其通过与自然的接触，更直接地了解自然，感受自然，同时陶冶性情，释放压力（图 4.19）。

第四节
森林人家旅游产品开发策略

为最大程度地满足游客的旅游需求,制定合理有效的旅游产品开发策略是发展旅游经济的关键手段。结合森林人家旅游特性,从食、宿、住、游、娱、购六大旅游元素出发,提炼总结,形成符合森林人家定位的旅游产品开发策略,具体如下。

一、打造乡土性的森林人家特色餐饮

森林人家旅游产品应着重突出森林生态的特点,因地制宜,找准产品定位。森林人家大都远离城市,乡土气息浓郁,打造森林原生态、无污染的森林人家特色餐饮,非常有利于吸引游客前往旅游地体验。采摘森林绿色健康产品,品尝具有地方特色小吃,体验烹饪森林美食的乐趣,既满足当前旅游者的普遍需求,同时增加林农大户的收益,带动地方经济增长。从游客体验角度,森林人家特色餐饮,既能享受到天然无污染的绿色食品,也能体会到乡村淳朴的民俗风情。在打造乡土性的森林人家特色餐饮时,要注意充分挖掘当地美食文化,体现个性与特色,同时要注意改善卫生状况,提升服务质量,为游客提供安全、健康和美味的特色餐饮。

二、追求生态化的森林人家住宿设施

森林人家旅游,是一种全新的生态旅游模式。其具备优美的自然生态环境和质朴的乡村生活气息,以突出的生态资源吸引游客游玩,因此,森林人家旅游产品要突出其生态化的特征,森林住宿作为不可或缺的部分,追求生态化的森林人家住宿设施,更好地体现淳朴的地方文化特色,从而使游客乐意参与其中,流连忘返。森林人家包含森林和乡村两大特性,在旅游产品开发时,需要更加注重保留自然、生态的居住体验。同时,森林人家住宿设施的建设,也要从改善乡村人居环境方面考虑,在生产经营过程中,通过提高对环境的保护和旅游资源的充分利用,提高当地居民和游客的安全感,营造宜居舒适的人居环境。

三、完善便捷性的森林人家交通网络

提升道路交通的可达性是驱动旅游经济发展的重要手段之一。森林人家大都偏居一隅,地理位置较为偏僻,公共旅游交通工具十分短缺,其所依托的森林内部交通条件较不发达,道路窄小,崎岖陡峭,存在许多待解决的安全隐患问题。因此,要想更好地开展森林人家旅游活动,就需要先解决交通问题。完善便携性的森林人家交通网络,实现良好的通达性,加强城乡相互之间的循环交通,为森林人家旅游产品的开发提供条件。首先,需要打造方便完善的交通体系,将森林人家的内部空间与周边城镇的主干道相连,尽量缩短游客往返森林人家旅游地的时间。其次,做好交通引导工作,增设由城市直达森林人家旅游地的公交线路,便于游客的出行。最后,森林人家内部的交通设计尽量保持森林人家地方特色,如路面的铺设应因地制宜地选择符合乡村特点的材质,辅以行、游等引导标识。在一些规模较大的森林人家旅游地,可以适当增设一些简易交通工具,如自行车、小巴士等(图4.20)。

四、设计多样化的森林人家旅游路线

随着经济发展,人们的生活水平和消费水平逐渐提高,对旅游产品的需求持续上升,对旅游地和游憩体验的要求也在慢慢提高(刘枭 等,2016)。

从长远的眼光来看,森林人家的开发价值较高,因其具有鲜明的资源特色、优渥的生态环境和淳朴的风土人情。因此,森林人家应利用自身资源优势和人文资源的吸引力,丰富旅游路线的可选择性,提升森林人家旅游产品的文化内涵和旅游产品的品质。森林人家旅游路线的设计要满足多样化的要求,首先应对旅游地进行整体规划,对不同旅游线路的组织要合理科学,以满足不同游客的旅游需求,其次,要注意游客在整个旅游地的合理分布,避免因过度开发而导致局部区域环境遭到破坏。

图 4.20 森林骑行(黄海 摄)

图 4.21 福建省三明市森林景观（黄海 摄）

五、开发特色性的森林人家旅游体验

在当前体验经济的大背景下，人们对于旅游产品的需求正在逐渐发生转变，大多数游客已经不再满足于传统的标准化旅游，特色的旅游活动体验成为旅游产品开发的新风尚。森林人家旅游产品，旨在通过引导游客的体验参与，使游客亲临森林环境中，引发人们与自然和谐相处的思考，是一种高层次的新

第四章 森林人家的旅游产品开发

型森林休闲方式。开发特色性的森林人家旅游体验，不仅能够使游客近距离体验森林资源的神奇，使身心得以放松，也能够提升森林人家旅游的实际价值。在开发特色性的森林人家旅游体验时，要善于发现游客的潜在需求，塑造不同的旅游体验，拓宽体验的广度，增加体验的深度，提高游客的满意度和重游率，同时可以尝试融入科技技术，激发游客的好奇心，提升旅游产品的档次，推动我国森林体验产品的高速发展（图4.21）。

六、开展丰富性的森林人家旅游项目

传统的森林旅游经营模式过于单一和雷同,森林人家旅游产品的开发应该抓住游客求知、求新和猎奇的心理特征,开展多样性、个性化的旅游项目,并按照市场的需求推陈出新,不断打造出新型旅游产品(陈静,2008)。在开展丰富性的森林人家旅游项目时,要重点突出产品的个性化、创意化以及丰富性,着重营造森林人家氛围,从根本上引导游客的旅游欲望(图4.22)。

图 4.22　游客森林徒步(黄海 摄)

广西阳朔县大源林场旅游产品开发

一、森林人家概况

2006年国家林业局批准广西国营阳朔县大源林场设立为国家级森林公园,定名为"广西阳朔国家森林公园"。广西阳朔国家森林公园位于阳朔县东北部的兴坪镇境内,面积3391.7公顷,森林覆盖率达85.4%。公园拥有丰富的水资源,有溪涧26条,大小瀑布19处,水体景观是公园的特色之一。所以要按照生态优先、有效保护,节约资源和知识有价和注重特色主题,市场导向,以人为本等原则,结合公园的区位、资源和市场发展潜力以及旅游发展态势,将其建设为主题特色突出、高知名度、景观优美、设施完善、规范管理和各种利益协调发展的集森林生态旅游、森林观光游览、生态休闲度假、森林康养、消夏避暑、森林户外康体运动和科普教育于一体的综合性城市森林生态旅游胜地。

通过对旅游资源的综合分析,从生态环保功能以及休闲游憩功能入手,要将其旅游形象设计理念从视、听、嗅、行为四个方面进行设计。将林场划分为森林旅游、生产试验、生态保护三大功能进行生态资源保护与旅游开发,达到资源保护与森林人家发展同步进行的目标。

二、旅游产品开发策略

1、生态观光观赏类旅游产品

公园风景优美,景观丰富,具有较高的观赏价值。基于现有的人行步道和小径,计划适当修复小径,补添护栏等安全设施,并将亭子、观景台和观景长廊等休憩区设置在道路两侧景观视线较好的位置。同时,对各个生态景点的环境解说系统进行完善,使生态观光类旅游产品的文化内涵更加丰富。

2、户外体育休闲运动健身类旅游产品

目前,户外体育休闲运动健身类产品在国外较受青睐,随着人们物质水平的逐渐提高,越来越多的人选择以运动来增强和改善体质的生活方式。因此在国内这类产品也开始逐渐受到越来越多人的欢迎,并将成为中国旅游产品未来的重要发展方向之一。基于阳朔国家森林公园的自然环境条件,创建了龙颈河森林生态漂流产品,此外可设置林中漫步、爬山、龙颈瑶溯溪、伍家河溯溪、生态旅游探险、自行车之旅、电动车之旅、滑水、骑马(或牛和驴)或马(或牛和驴)车和钓鱼等户外体育休闲运动健身类旅游产品。

3、森林游憩避暑类旅游产品

森林公园具有丰富的地形地貌，良好的空气条件，夏天气温低适合避暑，可开发森林游憩避暑类旅游产品，可在不同景点和空间设计亭廊、石凳、石桌、秋千或吊床等，供游客休憩和观景，还可设计一些户外野营、森林寻宝、生存谷、森林迷宫、素质拓展、天然游泳池和生态瓜果园等森林游憩类旅游产品。

4、休闲度假康体保健类旅游产品

森林公园具有优质的自然环境和山水风格，森林里的负离子和植物精气可以强身健体，对许多疾病起到预防和改善作用，有丰富的康养保健功能。森林还具有优质的空气、舒服的气候，因此可设计开发一些草药类药浴、百草园、山泉康养、森林康养休闲度假、民俗体验馆和森林自然美食（如野花、地衣、野生花果、野生笋）等旅游产品。

5、科普生态环保类旅游产品

公园具有奇特的地形地貌，且生物多样性丰富，对于科学和环境保护教育具有很高的价值。且从市场环境上看，桂林、阳朔、柳州以及周边市县的小学、中学和高校都比较多，因此可用作规划成学校科普实践基地，还可作为各个年龄段学生的科普生态和环境保护研究基地。除此之外，将"珍稀植物园"设置在生产实验区，便于对公园的植物品种进行集中展示。

第五章
森林人家的经营与管理

　　森林人家的经营要明确定位，把握客源，选定产品，制订营销方案，要有一定技巧。森林人家的管理要做好人员管理、安全和卫生管理、餐饮服务管理以及效益管理等。

第一节
森林人家的经营

经营思路直接影响森林人家的整个经营活动，良好的经营思路包括对市场、资金和业务等多方面的分析。其主要分析包括：①森林人家区位条件，主要有森林人家的选址、交通状况、所在社区情况等；②森林人家客源市场情况，即森林人家的客人来源结构情况；③森林人家服务功能，包括服务方式和项目，是单一服务式还是综合性服务；④森林人家经济效益分析；⑤森林人家服务项目运行情况，包括服务产品的设计、服务项目的价格、运营细则等；⑥森林人家发展战略规划等。

一、确定森林人家的经营定位

森林人家经营定位要从自身的资源与环境条件出发，确立经营方向与模式。森林人家的经营宗旨，实质上是经营思路的狭义设计，可以包括经营目标、方针、主要顾客群的确定。其中目标市场的定位尤为重要，即对产生客源市场的地区做进一步深入系统的调查。主要调查以下几个方面：①经济是繁荣稳定且发展看好，或是无发展潜力。②常住人口情况。③外来人口情况。④居民的收入情况，能用于在外流动就餐、旅游的资金数额。⑤政府机关、社会团体、学校和企事业单位的分布情况。

⑥地区中现有少数民族数量、分布。⑦地方文化背景以及居民的受教育程度。⑧现有森林人家的类型、分布以及经营情况（吴雅婷，2010）。

调查的方法有询问法、观察法、实验调查法、抽样调查法等，可以到别的森林人家调查，了解其经营品种、生意状况，广泛收集资料和意见；也可以邀请一些代表人物参与座谈，从中得到所需要的数据和基本情况。

森林人家属于刚刚起步阶段，在调研已有的森林人家市场的同时，还要充分了解与借鉴其他同类旅游企业的经营经验。从已有森林人家经营情况可以发现，有的是以区位为优势，有的是以经营品质为优势，有的是以风味美食为优势，也有的是以本身的客源保证为优势，还有的则是以综合的、长时间的信誉为优势。

根据森林人家经营竞争优势的分析，就可针对自己的实际情况，确定目标和经营思路，一旦证明了思路正确之后，还要持之以恒地坚持下去，以保持经营思路的连续性。

二、确定森林人家的客源

通过所在地区的经济发展、人口结构与特征、社会文化发展程度、森林人家的竞合关系，重要的是掌握所在地域游客消费习惯以及旅游市场结构，进而对森林人家的类型、目标人群进行确定。当前森林人家经营分析相对缺失，需要通过市场调研，对本地区以至其他地区市场的分析，来掌握这一地区的经营情况和消费特点，从而分析出自己的优势。

依托不同资源与环境条件设立的森林人家可以选定不同的服务对象。如森林人家设在森林风景区周边，要吸引前来赏景、摄影、登山的游客，可以围绕景区特色提供食宿服务。如森林人家所在地以花卉观赏，蔬果采摘为特色，就要抓住以家庭出游为主的消费者。在游玩的同时，游人可以就地买花、摘果及花卉观赏等（吴雅婷，2010）。如森林人家在森林温泉康养区，就可以吸引有健康、养生需求的游客，可利用自身优势服务，推广温泉、康养活动服务项目等。

在深入的现场调研与地区基本情况调查基础上进行森林人家的目标定位，如森林人家类型、档次、目标人群等。其中，森林人家的目标群体定位可能是一个细分市场，也可能包括几个细分市场。常见的目标群体有：①中低收入人群，有定期外出游玩的习惯，平均每年出游1~3次；②中高档消费人群，主要出游动机以健身、赏景等为主，人均消费较高；③单位团体、学校、家庭等集体；④对健康有强烈需求的人群，他们远离城市，在森林中参加康健活动，此类人群由于在森林中有食宿、康养课程、养生餐等需求，消费较高，他们主要以康养、修养身心为主。

还要调查本地现有森林人家的数量、规模、分布，以及其经营状况等相应情况，分析这些森林人家能否满足消费者需要，消费者需求的哪一方面未能得到满足，以此来确定森林人家经营的目标、类型与方针，以实现科学定位。

三、确定森林人家特色产品

为使森林人家办出特色，除一般森林旅游的行、住、食、游、购、娱、养等活动外，还要依靠地理位置和自身资源条件来开办具有地域特色的服务项目，如美食、垂钓、棋牌、篝火晚会等。一些依托民俗或民族旅游区为主要特色的森林人家，还可开发一些具有民俗或民族特色的活动，如骑马、唱歌、参观民居等，以吸引游人。具体详见第四章。

（一）特色项目

从自身环境、地理位置开设特色项目，是森林人家成功的因素之一。可以依托森林人家所在区域的各类资源开发出具有当地特色的旅游项目。

（二）特色餐饮

餐饮是森林人家非常重要的一部分，这是最初森林人家设立的初衷之一。森林人家经营得好，必定有自己独特的餐饮项目。森林人家特色餐饮项目，要聚焦好一个或几个品种的农家菜，并在"味"上下功夫。第一，要确定好菜品特色，保证好基础菜"味"好，再选几种做出特长，以此带动其他品种。第二，要选好品种，不随大流，立足森林以及地方特色。第三，不能仅靠"新奇"的形式和少见的原料来吸引人，要地道味和地方料。

独特的餐饮，就是要满足人们"吃"的需求，即所谓"特色餐饮"要具有吸引人的特点。经营森林人家，首先，考虑的餐饮菜品是森林以及当地特色品种菜，以满足人们基本的需求；其次，就要考虑人们还能吃到创新菜，不断进行菜品的更新和换代；再次，要根据森林人家菜的人文历史、文化渊源和历史见证等特性，借用原始烹饪用具和现代烹调手法，集可食性、文化性、康养性、娱乐性于一体。

四、确定森林人家的营销方案

营销方案是指销售方为了取得预期成果开展的各种营销策划与部署。合格的营销方案策划书要有问题分析、项目市场状况、解决对策等方面的策划，要讲究科学性和可操作性。

森林人家营销是以森林景观资源为基础，将森林人家旅游思想、产品、服务的构思、形象、定价、促销、分销的计划与执行过程等要素进行链接，凸显竞争优势，创造品牌，塑造形象。森林人家营销策略是指为实现森林人家产业的盈利，而采取的一系列市场开拓的策略和方法。

森林人家的营销方案可以参考以下几个内容：①整体性分析，如地区的旅游市场结构、行业动态、居民消费习惯等。②森林人家的优劣势，以及面临的机遇和挑战等方面剖析。③整个环境 PEST 分析，即政策、经济、社会、技术等方面进行分析。④战略方案与战术规划，战略方案包括市场布局、经营、运作模式，战术规划包括森林人家的定位、类型、风格。

（一）整体性营销策略制定

森林人家应制定整体性营销策略。森林人家整体性营销策

略要以时代新理念为引领,在科学规划基础上,综合开发森林旅游资源;利用先进技术,采取科学手段,使用合理定价,采用合适渠道,大力拓展客源市场;用好各种媒介,特别是要用好互联网等新媒体,打造森林人家品牌,扩大森林人家品牌影响力,持续提升森林人家的知名度和美誉度,助推景区健康持续发展(图5.1)。

图 5.1　福建省龙岩市天明森林人家(黄海 摄)

第五章　森林人家的经营与管理

(二) 具体营销策略与计划推广

森林人家在经营中，要以森林人家总体营销策略为指导，针对各阶段的营销目标，推进与落实各项具体营销策略和计划。

1. 产品策略推广

旅游产品是指满足旅游活动所需的各单项旅游产品的总和。旅游者从离家到景区消费，再返回家中，要经历许多环节，涉及多项内容，不仅有交通要求，还要吃、住、购、娱等。一个完整的旅游景区产品应包括吃、住、行、游、购、娱六要素，各旅游项目之间要相互关联，形成一条完整的旅游产业利益链条。

产品策略是营销组合中最基本的策略，经营者要用心开发森林人家的产品。在针对森林人家产品相关内容的设计上，第一是吃、住、娱、养等具体方面的设计；第二是森林人家景观营建、建筑风格等外在环境产品的设计；第三是从附加利益与价值出发，向游客提供兼具功能性与实惠性的产品（陈婕，2010）。此外，森林人家的产品创新是保持生命力的关键。因此，森林人家应根据自身特色，摆脱乡村旅游、渔家乐等一般旅游产品的同质性，在产品和服务上寻求差别，建立自己稳定的目标市场。

2. 价格策略推广

价格策略是一种实现最大利润的定价办法。具体表现在产品定价时，要基于供求关系以及不同类型消费者的购买能力。产品定价在满足市场需要的同时，也要保证经营者能够有足够的利润空间，这是实现经营总目标的保证。一般来说，市场需求会随着价格上涨而下降，价格下降而需求增加。

合理的价格政策，会影响森林人家的供求关系及消费者的满意程度（陈婕，2010）。森林人家在制定价格策略时要考虑目标人群的消费能力，注重价格的灵活性，既要规避价格过低而持续亏损的现象，也要防止价格虚高而打击了人们的消费热情。此外，森林人家的价格定位与其他乡村旅游相比，也要具有合

理性，才能更好地体现其优势。因此，可以参考渔家乐等其他乡村旅游产品价格，统一制定吃、住、娱、养等产品价格。首先森林人家的经营管理可以制定更全面的价格审批制度。其次，在合理的范围内利用让利、折扣、兑现等营销方式来调节淡季与旺季的游客数量。最后，从消费者出发，制定满足不同文化背景、经济实力的消费者的价格策略。

3. 促销策略推广

促销策略是指通过各种促销手段，向目标受众传递相关信息，激发消费者购买欲望，促成产生购买行为。通常，经营者采取两种方式以恰当的价格向目标市场提供资讯。一种是人员推销，即通过销售人员，与客户面对面沟通，促进销售；另一种是非人员推销，通过包括广告、公共关系和市场促销在内的大众媒体同时向许多消费者传播信息（孙冠中，2011）。这两种推销方式各有利弊，起着相互补充的作用。

森林人家的产品或服务中有许多竞争对手，包括整个旅游市场中的森林公园、乡村旅游景点和休闲农业公园等。当产品供应超过市场需求时，森林人家经营者就会产生潜在消费者可能转向竞争者购买类似商品的压力，而通过宣传促销，凸显自身的优点与特色，是留住客户，扩大销售，获取竞争优势的有效手段。针对不同客户群体、不同区域市场，选用相应的媒体宣传、人员推销、展销会宣讲与展示等，引导和劝说潜在消费者，将反映森林人家特性的核心信息传递给目标受众，引导和鼓励消费者，赢得市场认可。

4. 渠道策略推广

在开发森林人家产品时，市场营销的重点应转移到寻找最佳方法，以有效地向消费者传播产品信息。管理者必须依靠特定的销售渠道才能更有效地与游客沟通。森林人家大多在郊区或农村地区，可以通过建设森林人家网站以及微信公众号，用好抖音、快手等新媒体，加大自身宣传，直接吸引游客前往；还可以采用间接营销渠道，积极与文化旅游部门合作，与地方政府合作，与媒体合作，与旅行社合作，将自身纳入区域旅游线路；与周边或沿线景点合作，共同拓展市场。

5. 公共关系策略推广

有效的公共关系可以影响更大范围的群体，森林人家经营者可以用好公共关系宣传这一方式，搞好与目标公众的关系，特别是激发潜在消费者对森林人家的好感。森林人家要积极参与公益活动，要热心为区域社会经济发展做贡献。要积极与各种新闻媒体合作，及时将本森林人家的正能量活动广为宣传，扩大森林人家的知名度与美誉度，进而赢得更多目标公众对森林人家的支持，激发他们前往森林人家消费的意愿，拓宽森林人家的客源。

五、森林人家的经营诀窍

（一）定位于大众消费

森林人家要服务老百姓，大部分定位于大众消费，以物美价廉去赢得消费者喜爱。森林人家之所以生命力旺盛，就是大众化的结果。因此，要顺应大众需求，适时推出众多、面广的大众消费项目。

（二）突出一个"林"字

森林人家以林业为主要载体，需要突显一个"林"字。让居住高楼大厦的城市居民、紧张高节奏的城市工作者，深入森林，体验大自然，回归大自然，在自然中放松身心（图5.2）。一方面，森林人家的游客不再对一般的旅行感到满意，希望通过某种参与获得愉快的旅行体验。另一方面，由于游客具有"追求新颖"和"追求差异"的心态，因此游客希望能够在安全、整洁和卫生的前提下拥有更新颖的体验和感觉，并了解当地的民俗特征。森林人家旅游位于森林中，经营者和游客采用一对一的服务方式营造出像家庭一样的温馨氛围（唐峰陵 等，2006）。

(三)不断创新服务项目

随着森林人家的发展,因地制宜创新服务项目,不必只局限于传统的森林体验、采摘、品尝等项目,可根据自身的资源条件开发一些新颖的项目。在旅途中,进行挑战性项目的培训,以提高个人耐力并增强团队合作精神,使游客放松身心,同时增强团队合作精神并提高团队的整体战斗效率。如森林中野营、户外拓训等项目是集旅游与培训于一体的新型森林人家项目,可以缓解人们的工作压力,此类项目对场地和器材的要求并不高,一些天然景点都可以开展这些项目(张文莲 等,2014)。

(四)创造森林人家主打菜肴

主打菜肴往往是森林人家所在地的农家招牌菜,也是决定客源的重要因素。如可以将民间菜肴挖掘出来,创制出一系列乡土味菜肴,根据当地客人的口味,进行改良,可以吸引更多顾客。森林人家经营者应根据当地特产及自身条件去营造自己的主打菜品,或选择新颖独特的原料,或改良当地传统菜品,或借鉴外地制作手法,或研制出独家特色菜品,让客人去选择、品尝。为了迎合当今更多客人用餐要求,森林人家经营者还应想客人所想,围绕特色菜做文章,均可刺激餐饮消费,从而巩固自己的顾客群体(晓书 等,2004)。有条件的森林人家可以成立菜品研究小组,一方面研究民间菜销售情况,指导森林人家菜肴创新;另一方面在森林人家内部定期举行创新比赛活动,将其中创意新、口味好的民间菜充实到菜单中。

(五)自然淳朴亲情服务

让顾客满意是每一位森林人家经营者追求的目标。服务是影响经营好坏的重要因素,而传统的、程序化的服务不会给消费者留下太深的印象。一些突出个性、亲情化的服务方式越来越受到客人的称赞与认可。成功的森林人家管理者不再强调热情的服务,而更多地倡导"自然而简单"的服务风格,并且正

图 5.2 福建省龙岩市梁野山森林景观（黄海 摄）

第五章 森林人家的经营与管理

在努力使客人产生"家"的感觉,从而缩短与顾客之间的心理距离。

"把客人当亲人"的服务原则。凡是进森林人家消费的客人,不论是当地居民还是外地宾客,也不论是实惠型的还是高档型的,服务人员都应给以同样的亲情服务。从顾客角度出发,尽可能将顾客的餐饮视为自己的饮食,并热情地担任客人的顾问。服务人员的一言一行都折射出以诚待客、以情留客的服务宗旨,让光临的每一位顾客都从心里感到舒服。

服务中也要尽量提高文化水准,特别是当地森林人家的森林资源、自然风景、宗教文化、民间传说和民族风格等知识要全面了解;服务人员熟练掌握游玩常识,讲解中语言要曲折生动、幽默又有激情,提高客人的游乐兴趣,服务水平要贯穿在行、住、食、游、购、娱整个过程中,各项服务不要脱节,特别要给游人安全警示,一些危险地方要设有安全提示说明,将游人的需求和安全放在第一位。

(六)经营方式灵活多样

采取多种创新的经营方式,吸引消费者。在保持森林人家特色的同时,形成独特的经营方式。例如,"透明式经营",将森林资源、游乐项目及农家菜品可在前厅明档陈列,实行展示性经营。每项活动、项目的流线标记清楚,另外,森林各类菜品价格及制作方法也要全部标写清楚,让顾客在餐厅选择消费时,价格透明,吃得安心。再如,森林人家可以推出"累积卡"积分制度,从而来吸引回头客,即将游客每次光临森林人家消费的金额累积到一定分数,可以享受游森林人家的奖励或更多消费折扣等(杨永杰 等,2011)。

在特色森林游览上,可按季节和节日策划活动,也可根据季节及顾客的消费心理有计划地推出各种森林活动,如森林文化节、美食体验周等。总之,森林人家的管理要以客户为中心,并及时引入灵活多变的管理方法,以确保森林人家能最终赢得并占领市场。

(七)管理实效化

森林人家的管理不能只在表面,要落到实处。在营业高峰期,各级管理人员要身临现场与员工站在一起,在各自负责的区域实行走动管理,及时了解客人需求,了解员工的工作心理,及时解决各方面出现的问题。在例会上,经理与服务员要及时沟通,把出现的问题及顾客要求及时通报,属于共性的问题要求每位员工引以为戒,既可减少工作失误,又便于提高业务水平。日常生活中,要关心员工的生活要求及工作需要,如森林人家每月集中为员工过生日,奖励有突出贡献的员工,为员工宿舍配备浴室、暖气,开设阅览室、棋牌室等来丰富员工的业余文化生活。"没有满意的员工,就没有满意的服务",森林人家经营者善待自己的员工,员工就会尽职尽责去干好工作,照顾好有各种需求的顾客,从而形成森林人家的良性发展(李屹兰 等,2011)。

第二节
森林人家的管理

一、森林人家的人员管理

近年来，森林人家产业的规模逐步扩大，几个先行省（自治区、直辖市）如福建、浙江、广西、四川、重庆等，从业人员数量也有了显著的提高。以重庆市为例，重庆市森林人家从2013年开始启动，全市发展森林人家共计1575家，其中市级455家，区县级1120家，森林人家已经带动25000多人就业，年接待游客约900万人次。由此可见，森林人家从业人员已达到相当数量，那么对其进行科学合法的管理，已然成为森林人家的管理环节中不可缺少的一部分，是适应现代行业、企业发展要求，推动森林人家劳动人事管理走向规范化的必要条件。

（一）人员管理的任务和原则

1. 人员管理的任务

森林人家人员管理是通过人与事的优化配置，来提升经营效益。而为了实现事得其人、人尽其才、才有其用的目标，森林人家需要进行一系列特定的管理活动。总体来说，可以将森林人家人员管理的任务概括为以下几点：①人员管理规划；②招聘与配置；③培训与开发；④薪酬与绩效；⑤员工关系。

2. 人员管理的原则

森林人家人员管理不仅需要像现代企业管理一样，达成人与事的优化配置，把森林人家的整体目标和相关人员的个人目标结合起来，发挥员工的主观能动性，还需要兼顾到森林人家生态、绿色、可持续的属性。这就对人员管理和人员素质提出了更高的要求，要注重以人为本，树立团队精神。

（二）森林人家人员管理的具体内容

1. 人员管理规划

1）森林人家人员管理规划目标

森林人家通常地处林区，相对偏僻，招聘人才相对困难。要充分用好现有的劳动力资源，稳住一定数量的具有特定技能、知识结构和能力的森林人家工作人员，建立一支训练有素的劳动力队伍。

2）组织机构设置

企业组织机构是按照组织机构原则进行设置，以组织任务和目标为出发点，以活动分析划分为依据，分配好企业内部各组织职能。

森林人家的组织机构相对来讲较为简单，其中我们探讨的经营者一方的机构设置，分别是经理－领班－服务人员（包括厨房人员、专门人员）等，并且主要由老板和经理负责，形成经营者－领班－其他三种人员的逐层向下监督的制度。森林人家组织机构需要遵守的原则主要有专业分工和协调原则、责权利相结合原则、任务与目标原则。

具体来说，即形成森林人家自上而下的管理和监督等级，各司其职并且互相协调配合，使得森林人家在接待、导览、宣传等经营活动上合理有序地进行；各级员工在职务上有应承担的义务，做分内应做的事情。

3）人员供给需求分析

从森林人家内部因素来看，随着森林人家规模扩大，其人力资源需求量也相应增加，同时工作人员的自然流失、跳槽等因素也影响人力资源的需求；从森林人家外部因素来看，影响森林人家劳动力供给的外部因素主要：人口政策及人口现状、劳动力市场发育程度、社会就业意识和择业心理偏好等。

2. 人员招聘与配置

1）员工招聘

根据森林人家经营战略计划的要求，选择最佳人才，并聘请合适的人员以将安置在合适的位置。通过需求分析，预算编制，招聘计划制定，就业信息发布和管理，简历屏幕，面试通知，面试准备和组织调整，面试流程实施，面试结果分析和评估，最终候选人决定和任命通知；森林人家组织的面试主要是小型面试，对于经理和领班可以采用无领导小组讨论、公文筐等测试，其他服务人员则主要进行情景模拟测试、心理测试、劳动技能测试。

2）根据人员供需情况，制定人员需求表

人员需求表包括所需的员工部门和职位、职位描述、职责、权限、必要的人员和招聘方法、员工的基本信息（年龄和性别、所需的教育和经验、所需的技能、专业知识以及其他需要说明的信息）。各部门根据用人需求情况，由部门负责人填写《人员需求申请表》，报经理批准后，交人事部，由人事部统一组织招聘。

3）招聘方法

森林人家的招聘主要是通过委派各种在线/离线劳工/就业机构和招聘网站来进行的，也可以直接招聘。

4）录用人员试岗

招募从事试点工作的人员：首先，熟悉工作内容、性质、职责、许可、利益和规范；其次，了解森林人家行业的相关文化、政策和规章；再次，熟悉森林家族的小环境、工作环境和劳动力环境；最后，要熟悉并掌握工作过程和技能。

3. 培训和开发

森林人家管理人员的培训和开发是指通过组织学习和培训手段来提高服务人员的工作技能、知识水平，从而使服务人员

图 5.3　首届森林人家管理培训班（黄海 摄）

的个人素质更好地满足其业务需求并提高服务人员的工作绩效。经过正规培训的员工，才能尽好岗位职责，提供应尽服务，使游客得到基本满足。森林人家为寻求更进一步的发展，人力资源素质的提升就首当其冲。森林人家应该有意识地对员工进行指导，指导其进行职业生涯规划。

培训主要针对森林人家员工业务水平进行，目的是能让员工熟练地掌握所在工种和职位要求的知识、技能、操作方法、操作步骤等内容，掌握得越精细越好。比如保洁员在森林人家的职责，不仅是客房内的打扫，公共区域也要注重卫生，辖区设备如家电家具等情况也需要注意报备，客人的财物也需要保持关注，个人形象和待人接物的礼仪也是礼貌的体现。首届森林人家管理培训班如图 5.3 所示。

4. 薪酬与绩效管理

1）薪酬管理

薪酬是指雇员为森林人家提供劳力而获得的各种货币和实物报酬的总和。建立工资和福利制度，包括制定工资策略、工作分析、工资调查、工资等级和工资确定。影响工资管理的因素：①内部因素包括公司运营的性质和内容、公司的组织文化、公司的支付能力以及员工的位置。②外部因素包括社会观念、当地生活水平、国家政策法规、人力资源市场状况。

2）绩效管理

绩效评估是评估森林人家员工的工作状态，通过反映员工在组织中的相对价值或贡献来评估人员的工作成果。同时，这也是对人们日常工作的有目的性和组织性观察、记录、分析和评估。绩效评估的目的：①评估员工绩效。②建立有效的绩效考核体系、程序和方法。③让森林人家的员工，特别是经理，熟悉绩效评估的操作。④推进绩效考核体系。⑤改善和提升整体业务绩效。

对于管理人员而言，绩效评估能更好地了解员工的工作目标和期望，并直接获得员工工作效率等有效信息。

对员工而言，绩效评估可以促进员工对自身职责和工作目标的理解与把握，为他们提供解释困难和误解的机会，以及了解自身工作水平和发展前景。

森林人家可采取开放式考评，由上级和同级进行评价，并且参照平时游客的建议、投诉、留言、评价等进行考评。

5. 员工关系管理

1）劳动关系管理

员工关系在森林人家中主要就是劳动关系管理。"劳动关系管理"传统上就是解决森林人家签合同、解决劳动纠纷等内容。劳动关系管理是对人的管理，这是企业与员工思想、信息交流的过程。根据国家的法律法规，并且通过规范化、制度化的管理，使劳动关系双方的行为得到规范，权益得到保障，维护稳定和谐的劳动关系，促使森林人家的经营稳定运行。在森林人

家行业中，劳资关系主要代表森林人家所有者（老板），业务经理（经理、主管等），普通员工和工会组织在生产和业务活动中的各种责任、权益。

劳资关系管理的基本原则：考虑各方利益的原则、通过协商解决争端的原则、基于法律的原则、防止劳资纠纷的原则。

2）权利义务关系

员工的权利：平等的就业和职业选择权、工资权、休息和休假权、工作安全和健康保护权、职业技能培训权、社会保障权和劳动争议解决权。员工的义务，包括按照质量和数量完成生产和工作任务，并学习政治、文化、科学和技术专门知识。遵守雇主的劳动要求、规章制度，积极融入公司（森林人家）文化，并维护雇主的机密性。

雇主的权利：依法选拔、雇用、调动和解雇雇员，依法确定企业的组织，任命和解雇企业的管理人员，并依法提供薪酬和福利，赔偿和惩罚员工。

雇主的义务：依法雇用、分配和安排员工工作，确保工会和工人会议行使职权，根据员工的劳动质量和数量支付劳动报酬，并进行教育，抓好培训，改善工作条件，做好劳动保护和环境保护工作。

（三）岗位和人员配备

一般的森林人家配备由经营者、领班、服务人员等组成。小型的森林人家以小户"家庭式经营"为主，除了少数专门人员以外，其他工作和技能通过自我培训来完成和提升。随着经济发展和国家、政府政策的保障，森林人家逐渐也会有联合化、专业化的趋势。这更需要其结构完整、分工精细、彼此合作、联系密切。

1. 经营者

经营者就是老板和经理，作为经营决策者和生产组织者，老板和经理需要确认经营目标、制订实施方案，承担经营和盈利的主要责任。在森林人家持续经营的过程中，起到统筹、指挥、协调、监督的作用，以人为本，对全体人员做好培训和开发，提升员工整体素质，并为员工提供工作保障。同时，经营者需要注重检查和监督各项工作的落实和进程，掌握营业状况、资金状况，负责成本的监控。经营者的责任十分重大，需要对森林人家的财产安全和人身安全负责，对卫生和社会保护等事项负责（国家旅游局规划财务司，2015）。从而使经营的森林人家，既展现森林人家绿色、生态发展的大理念，又展示自己特色的小理念，给人以森林的安谧、原始的回归感，又要不失去"人家"的温暖、亲切感。

2. 领班

领班起到承上启下的作用，协助经理制定服务标准和工作程序，确保程序和标准实施，每天向上反馈经营服务情况。对于森林人家日常出现的临时情况，由领班及时处理，酌情上报。

3. 服务人员

服务人员又可以分为厨房人员、服务员、专门人员等。

厨房人员可分为厨师长、掌勺人、配菜员、洗碗工等。厨房人员负责配餐、供应饭菜，做到色香味俱全的同时严格保证饭菜质量和食品安全。厨房内部清洁工作应由厨房工作人员完成。

服务员可分为迎宾人员、餐桌服务、收银员、保洁员、客房服务员等。服务人员负责迎接、恭送，微笑服务，注意仪态，能够尽量满足客人的合理要求；注意细节，给人留下一种宾至如归的感受，让游客感受到森林人家中"家"的温暖。

专门人员可分为维修工、安保员、导览员等。专门人员讲究专业性，维修、安保和导览尽量招聘专业人士，提供精准到位的服务。如导览员，在拥有扎实导游常识、技巧的同时，应该对当地民风民俗、森林人家自身特点优势、主打景观服务有深入的了解。

二、森林人家的安全与卫生管理

（一）安全与卫生管理的重要性

近年来，森林人家发展迅猛，但环境卫生、安全保障等方面还不尽如人意，仍然存在消防设施不足、卫生环境较差、食品管理不规范、证照不全等直接影响游客生命健康的隐患。在接待服务设施方面，对厨房、餐厅、厕所、公共信息图形符号还没有具体规定；在环境保护方面，空气、噪声、饮用水、污水排放、油烟排放等还达不到国家强制性标准（李海平，2006）。

有人认为，森林人家的安全工作是依附于服务而产生的，它不直接产生利润，属于非生产部门，因而将之作为"二线"部门而轻视之。这种看法无疑是片面的，森林人家安全工作的好坏，不仅直接关系到森林人家的正常运转，也在很大程度上影响森林人家的经济效益。实际上，森林人家作为人们食宿及娱乐休闲等各种活动的公共场所，森林人家的安全贯穿森林人家管理的全过程，不仅关系到森林人家的声誉和效益，也关系到宾客的人身财产安全与健康，因此，森林人家的安全就显得非常重要，主要表现如下。

1. 森林人家安全是提高客人满意度的重要保证

安全是人类最基本的需求之一。与其他游客一样，森林人家的客人也有避免人身伤害和财产损失的安全要求，并要求保护和尊重自己的权利。游客在旅游中，比平时更加关心自身的生命安全、财产安全和心理安全（张海虹，2006）。因此，从经营角度出发，为客人提供一个安全的环境以满足他们的安全期望，是森林人家进行正常经营管理和提高服务质量的基础。

2. 森林人家的安全工作直接影响森林人家的社会经济效益

森林人家经营者要有保证消费者安全的服务设施和服务标准，否则，可能因安全问题而引起消费者投诉、索赔，甚至要承担安全工作的法律责任，这些都会影响森林人家的社会经济效益。

3. 森林人家的安全工作有助于提高森林人家员工的积极性

安全工作不仅是对客人安全,还牵涉森林人家员工的安全。如果森林人家及员工缺乏相应防范和保护措施,很容易出现工伤事故,将打击森林人家员工的工作积极性和工作效率等。

(二)森林人家餐饮卫生的重要性

在当今每个人都在寻求健康的时候,健康和安全对森林人家产业的重要性是显而易见的,对大多数森林人家的消费者或是经营者而言,这是至关重要的一环。但归根到底,可以从以下几个方面来了解卫生的重要性(侯莹,2009)。

1. 森林人家餐饮经营的基本保证

森林人家餐饮经营提供的产品最基本的是菜肴、饮料和其他食品。其加工销售的食品、饮料等必须清洁、卫生、安全、无害,这是森林人家餐饮业生产经营的基本保证。

2. 维护森林人家餐饮消费者利益的需要

对于森林人家餐饮公司来说,要获得客户信任,首先要解决的问题就是保护森林人家餐饮消费者的个人利益,这就要求生产和销售的食品必须安全卫生。因此,食品防疫部门和卫生部门必须对森林人家餐饮公司的食品卫生进行监督,以确保森林人家餐饮业的卫生和安全。

3. 维护森林人家员工卫生健康的需要

如果森林人家在卫生差且环境污染严重的地方加工制作食品,不仅会威胁森林人家食品的卫生,甚至可能影响森林人家企业员工的健康。因此,确保森林人家餐饮业的卫生和安全不仅是森林人家餐饮公司发展的基本保证,而且是保护森林人家餐饮业消费者利益的需要,同时可以维护食品加工人员的卫生安全与身体健康。

4. 保障森林人家餐饮企业利益的需要

如果森林人家餐饮公司加工和销售的食品中含有对人体有害的成分,危害消费者,森林人家公司就要承担一定的道德和法律责任,为程度较轻的受害者提供必要的经济赔偿。

因此，从有效保护森林人家餐饮公司的利益角度出发，餐饮产品的卫生不可忽视，确保森林人家消费者、饮食公司和企业职工的利益。

（三）森林人家的安全措施

安全不仅包括人的人身、财产安全，而且还包括客人的心理安全及员工和森林人家的安全。一般来说，森林人家安全工作中不安全的因素可以分为两类：一类是森林人家企业内部存在的不安全因素；另一类是在森林人家的消费客人自身存在的不安全因素。森林人家客房房门应配备防盗链、门禁、紧急疏散图，并在浴室中采取有效的防滑措施。房间必须有服务指南、住宿指南、防火指南等。合格的森林人家需要为房间安装电子门锁，并为公共区域安装安全监控系统（杨立新，2009）。

1. 客房安全方面的要求

（1）森林人家必须保护客人的隐私。除日常清洁、设施和设备的维护或在紧急情况下（例如火灾）外，未经客人允许，工作人员不得进入客人房间。

（2）森林人家所有门锁均应符合安装规范，固定牢靠，确保锁与门、框配合严密，安全可靠。

（3）森林人家服务人员要有明确的责任，不得擅自动用客人物品。打扫房间要"开一间，做一间""完一间，锁一间"。客房卫生间必须采取有效防滑措施，浴缸应配备防滑垫，并有提醒客人小心滑倒的标识（李德波，2011）。

（4）住客退房离店后，服务人员要认真检查房间内有无遗留的火种，有无有害物品及客人遗忘物品，完成上述工作后再做卫生。

（5）森林人家服务人员不得泄露住店客人信息。对要求会见住店客人的宾客，要验看证件并征求被会见人同意后方可允许进入。来访客人必须在规定时间前离开客房。

（6）服务人员要注意发现可疑情况，迅速通报危险信息，随时提醒客人照看好钱、物，防止盗窃发生（蔡碧凡 等，2010）。

2. 餐饮卫生安全方面的要求

饮食卫生是餐厅提供饮食服务非常重要的组成部分，餐饮经营者应特别注意餐厅服务的环境卫生。无论设备和条件有多少限制，都需要检查卫生状况，为客户提供食品安全并创造良好的就餐环境。

3. 基础设施安全的要求

森林人家道路应该平整便于行走，有必要的路灯设施，对于周围环境的安全应加以提醒注意。同时，室外电闸要有保护箱，木质电箱须包衬铁皮，拉设临时电线要经安全保卫部同意，由指定电工安装并限期拆除。森林人家经营户在游客入住前，对水、电及房屋内设施进行安全检查（天津市农村工作委员会，2014）。

4. 娱乐项目方面的安全要求

森林人家主要的娱乐项目有棋牌、游泳、草靶场、荡竹排、骑马、垂钓、羽毛球、乒乓球、荡秋千等，此外，还有参与性的活动，如采摘果实、干农活、种菜等。对于游客人身可能造成伤害的项目要事先提醒客人注意安全，并有明确的警示标识。对可能损害客人人身和财产安全的场所，森林人家应当采取防护、警示措施。例如，秋千的最大承受力，竹排的最大承载重量应有明确的说明，对于娱乐活动要有相应的人员在场给予必要的指导。

5. 消防安全方面的要求

火灾直接威胁森林人家内客人和员工的生命财产及森林人家的财产安全。森林人家要按消防设计规范要求配备数量充足、类型正确的轻便灭火器材，灭火器材码放位置要明显、易取、完好、有效。设有程控电话，一个计算单元内灭火器数量不少于2个，消防设施有灭火器、黄沙等。

6. 治安安全方面的要求

维护森林人家正常经营秩序，禁止卖淫、嫖娼、赌博、吸毒、贩毒等违法犯罪活动，协助配合公安机关查破案件。加强工作人员的安全教育工作，要警惕不法分子混进森林人家，防止外部偷盗、内外勾结和旅游者自盗行为的发生。

（四）森林人家的卫生要求

森林人家虽然是要体现森林、野趣的特色，同时，要强调卫生工作。森林人家要培养员工的卫生意识，只有全体人员具备了高水平的卫生素质，才能搞好森林人家的全面卫生。为了使森林人家保持较高的卫生标准，真正做到整齐清洁，使客人生活在一个干净优美的环境之中（图 5.4），森林人家卫生管理主要应抓好以下几个方面。

图 5.4 上海佘山国家森林公园内森林人家

1. 抓好个人卫生

森林人家工作人员要有健康证，衣着整洁，个人卫生习惯良好。餐厅服务人员的健康必须符合规定，患有皮肤病或手部有创伤、脓肿者，以及患有传染性疾病者应待病好后才能上岗工作。

1）服务员的外表形象

服务人员的整体要求是着装整洁，符合规范；勤剪指甲，保持手部、面部的清洁卫生；加强锻炼，保持健康的身体，展示良好的精神风貌。

2）服务员的语言卫生

污言秽语、恶语伤人，当然是不卫生的，具有不文明语言的服务员会给顾客造成语言差的印象，使森林人家的整体形象受损。

2. 抓好公共卫生

森林人家要注意公共卫生，搞好绿化，森林人家每一个地段、每一道走廊楼梯都要随时清扫，保持公共场所各部位的干净整齐。公共卫生要做好以下几个方面：①远离污染源，距暴露垃圾堆（场）、坑式厕所、粪池25米以上，保持环境整洁。②消毒、更衣、洗涤、防鼠、防蝇、防尘、排污、垃圾和废物存储设施均应符合卫生要求，并具有清除蚊蝇、鼠和其他害虫繁殖条件的设施。③厨房的最小使用面积不小于8平方米，并且有防水、防潮、可水洗的地板，例如，墙裙和瓷砖。④食品存放场所和设备应保持清洁。食品应分类、分区，并定期检查，配备必要的冷藏设备，并应妥善处理变质或超过保存期限的食物。⑤森林人家若经营凉菜应设专用房间。凉菜间设置及凉菜加工应符合《餐饮业食品卫生管理办法》要求。⑥厕所马桶必须为水冲式，卫生间要有流动水的洗手设备，旱厕必须置于生产经营场所的25米以外。

3. 抓好客房卫生

客房的被罩、床单、枕巾等要做到一客一换，保持干燥、整洁。客房内天花板光洁明亮，无蜘蛛网、灰尘等，地面整洁、卫生、美观。注意消毒工作，做到物品无破损，床上无毛发、污迹，表面干净，无客人使用过的痕迹。卫生间清洁无异味，窗户玻璃、镜子、画框明亮，各种物品摆放在方便客人使用的位置。

4.抓好餐饮卫生

1）森林人家餐厅的清洁

森林人家餐厅应保持清洁，各种饮料和摆放在柜台上的食物应保持干净整洁。饭厅需要经常清扫，地板每天用拖把清洁。如果铺有地毯，则每月要进行两次彻底的吸尘和消毒，以防止灰尘积聚。桌布要每日换洗、消毒，如有破损，则应立即更换，不可继续使用（李海平，2006）。

2）森林人家厨房清洁

保持厨房清洁卫生，无异味、无积水、无死角，布局合理，餐具卫生，要配备消毒和冷藏设施。要消灭老鼠、蟑螂、蚊、蝇。餐具及配备必须"过五关"：一洗、二刷、三冲、四消毒、五保洁，隔夜未使用的餐具要重新消毒。厨房卫生应做到以下几点：①厨房内应保持清洁、干净，不可堆放杂物。②保持空气流通和适度的照明亮度。③工作人员不要坐在工作台上。厨房内禁止吸烟，进食。④厨房不应有灰尘和油渍的积聚，垃圾应分开处理，紧紧密封垃圾袋口。⑤加强消毒工作，防止食物中毒。⑥厨房灶台照明要使用防潮灯，使用筒灯（俗称牛眼灯），要有隔热、散热条件。⑦液化气罐不得露天存放，不许在楼道内使用，使用煤气灶时不能离人，离人必须关闭阀门。

此外，只有加强厨师和其他员工的管理，才能达到厨房卫生标准。应做到：①厨房工作人员应注意个人卫生并养成良好的卫生习惯。森林人家的经理必须严格要求厨房员工，并经常向他们进行良好厨房卫生思想和观念的教育，以便他们清楚地意识到搞好餐饮工作的重要性。②厨房工作人员如患有传染性疾病时，应立即停止工作。

3）森林人家餐厅设备的清洁

有些设备是客户可以直接看到的，如果不注意卫生，将会影响客人的食欲和餐厅形象,不仅会影响顾客的健康,也是餐馆运营的隐患。设备清洁包括以下几个方面:①为了使空调设备达到合格的清洁标准,达到去除多余水蒸气和恒温的目的,使相对湿度和温度达到一定标准,应适时对空调设备进行清洁。②炉灶和厨房用具必须保持清洁,使用后必须立即清洗。③冰箱、冰柜等制冷设备应定期除霜和清洁,不要存储过期的食品。④垃圾收集的设备和抽油烟机也应定期清洁和维护。在洗碗之前,使用橡胶刮刀将多余的油污刮到水槽中,然后将其放入洗碗机中进行清洁,这样更易于清洁和节省用水。注意清洁剂的用量,过少将无法清洗干净,过多将使清洁剂残留在碗碟上并危害人体健康。

4)饭菜饮料新鲜无变质

食品卫生方面应注意以下几点:①不得出售腐败变质、酸败、霉变、生虫、污秽不洁或感官性状异常的食品。②不得出售法律、法规禁止使用的高毒农药或使用农药后尚未超过安全期采摘的蔬菜、水果及其他可食用农产品。③不得出售病死、毒死或者死因不明的禽、畜、兽(包括野味)、水产动物,未检验或检验不合格的肉类及其制品。④不得出售毒蘑菇、河豚等有毒动植物及被有毒有害物质污染的食品。⑤不得出售国家禁止食用的野生动物食品。⑥不得出售无产地、厂名、生产日期、保存期限等商品标识的包装食品和超过保存期限的食品。

5. 抓好检查督促等管理工作

1)加强卫生管理

为了使森林人家的每个工作人员都知道卫生的重要性,森林人家的经理必须不断进行检查监督。森林人家管理人员应经常检查餐厅内外的卫生状况,服务员的卫生状况以及厨房和厨师的卫生状况。一旦发现问题,应立即进行纠正。

2)森林人家员工之间相互监督

餐厅经营者必须向员工灌输"卫生质量,人人参与,相互监督,共同提高"的理念,以便员工之间可以相互监督并接受他人的监督。

3）应注重提高员工卫生素质的培训

森林人家的卫生需要长期保持和改善，有必要教育员工时刻注意卫生工作，以保持良好的卫生习惯。因此，加强员工卫生培训是改善餐厅卫生的有效途径。

三、森林人家餐饮服务与管理

餐饮管理涉及的内容很多，包括餐饮的规划管理、餐饮的经营管理及餐饮综合控制管理等。其中规划管理包括餐饮的市场定位，餐饮设施的规划、设计与布局，菜品菜单设计；经营管理包括采购餐饮管理、生产管理、服务管理和销售管理；综合控制管理指饮食的营养与卫生控制、餐饮成本控制等。

餐饮是森林人家服务的重要组成部分，既是森林人家旅游的卖点之一，也是森林人家实现经济效益的重要渠道（蔡碧凡 等，2010）。

（一）散客零点服务

一般来讲，森林人家餐饮服务分为团体用餐服务和散客零点服务两种。

所谓散客零点服务是指不提供固定桌次，客人可任选座位，按菜单随意点菜，给餐厅付款的一种就餐形式。一项完整的餐饮服务应由餐前准备、餐中服务、餐后收尾等几部分工作组成。

（二）团体用餐服务

团体用餐服务在森林人家更为多见，是森林人家的餐饮重点。团体用餐是指通过一定形式组合起来，按固定进餐标准、就餐规格，定时提供餐食的一种集体就餐形式。通常由团体主题活动的需求、旅游团队的需求和大型团体活动的需求确定。团体用餐有多种用餐方式，例如，圆桌聚餐式、份饭包餐式和自助餐式等。不同的团体包餐，其标准不同，档次不同，人数不等，就餐方式也不同。因此，形成了菜肴数量的不同，菜肴品种的档次不同，因而为其提供的服务方式也不同。

团体包餐与零餐相比，除了有着以上区别外，在服务方面，还具有更加突出的特征，即每个团体的用餐人数是固定的，用餐标准固定，开餐桌数固定，开餐时间统一，菜肴统一，用餐速度较快，顾客可以轻松地形成统一意见。

与散客零点服务一样，团体包餐服务也由餐前准备、餐中服务、餐后收尾三个环节组成。

四、森林人家的效益管理

森林人家的效益管理是森林人家管理中的核心，能增加森林人家的林农收入，决定了森林人家经营能否持续。森林人家的效益管理主要包括财务管理、财务会计、效益预测、价格定位四个方面。

（一）财务管理

1. 森林人家财务管理目标

森林人家财务管理目标主要有三点：

（1）避免出现经营亏损。森林人家主要以农民个体投入为主，需要保证森林人家营业收入足以覆盖建设森林人家的投入与后续运营的支出，避免出现因资金财务问题使经营出现亏损。因此，建立严格的资金管理制度对刚从农业跨至服务业的经营者有极大的帮助作用。在资金的支出、审核上要加强管理，避免漏洞。

（2）获取必要的收益。帮助农民在不破坏森林生态环境的前提下实现增收是森林人家创办的最初目的之一。通过合理、有效运用资金，才能使农民获得收益，这就需要森林人家经营者根据自身情况控制成本，在投入相对较小的情况下获取最大的收益。

（3）筹集发展所需资金。森林人家最初由每家每户单独经营，往往由一栋农民自有房屋改造而来，是单独的一个旅游点。在进一步发展资金到位的情况下，森林人家运营者则可以通过更新客房设施，提高餐饮服务质量，美化周围景观，开发旅游新项目等来满足消费者需求。

2. 财务管理法则

1）财务预测和决策法则

财务预测是根据以往森林人家财务运营过程中各项资料数据，结合森林人家现有情况以及森林人家未来的财务走向趋势的预计和估算。财务预测是财务决策的前提和基础，是编制财务计划表的依据。财务预测一般有4个步骤：①制定财务预测目标；②收集、整理、归类相关行业历史财务数据信息；③根据分类后的数据资料进行分析和比较，根据这些数据走势情况预测其未来趋势；④检验预测结果，并参照自身情况与其他类似行业走势对各项误差进行修正（李诗宇 等，2006）。

财务决策是财务管理的重要环节，森林人家的经营者可以根据在财务预测中所做出不同的方案里选出既切合实际又兼顾效益的最优方案。对森林人家而言，财务决策决定了经营者所要经营的森林人家的投资与收益、档次与定位、价格与利润。

2）财务计划和控制法则

财务计划和控制，是在财务决策之后所要进行的具体工作。财务计划是指把经营者已选择的决策方案做一个翔实的实施计划，在时间的安排、资金的周转、执行人的实施三方面具体落实实施计划，做到资金收入计划和资金支出计划二者的综合平衡。财务控制则是对整个财务计划实施过程对资金收入、支出、往来等方面进行有效的监控，主要是对计划中涉及财务的部分进行监控和审核，避免出现失误而影响财务计划，最终实现财务目标。

3）财务分析法则

财务分析是指经过财务计划实施后，经营者对森林人家运营一段时间后得到的历史财务相关报表进行分析，从而对森林人家的经营状况、收益成果以及经营中的不足之处作出评估。财务分析应着重对森林人家的经营能力、盈利能力、偿债能力和发展能力进行分析。

财务分析方法主要有技术分析方法和基本分析方法。技术分析方法主要依靠森林人家以往财务状况、同期其他森林人家以及相关行业财务趋势数据来评价森林人家的经营状况和财务状况，用定量的方式可以直观地反映出森林人家经营的水平。基本分析方法是运用全面观点观察问题，从相互联系中分析各个因素对森林人家财务状况的影响程度，通过广泛收集森林人家的财务变化的客观因素的资料，从森林人家内部、外部全方位因素来评价森林人家的经营状况。

（二）财务会计

森林人家财务会计是其经营管理活动中的重要环节，财务会计是以货币计量为基本形式，运用会计的专门方法，对森林人家经营在财务资金方面进行连续、系统、完整的登记、核算和监督的一种管理活动。会计工作的目的是向森林人家的运营者及外部监管有关部门提供森林人家财务状况和经营成果的数据信息，也是向税务部门缴税的依据（雪石，1999）。

森林人家是旅游产品的经营活动，这种市场运作下的经营中会计核算是不可或缺的。资产负债表是表示反映运营中财务状况的报表，能够反映产业资产、负债和所有者权益之间的关系。其公式是：

$$资产 = 负债 + 所有者权益。$$

资产负债表左方反映森林人家的资产，右方反映负债及所有者权益，左右方合计是相同的。

损益表是反映森林人家在一定时期内经营成果的会计报表，表现森林人家月收入、费用和利润，它所依据的会计平衡公式是：收入－费用＝利润。

在编制财务报表过程中务求数据真实，计算无误，内容完善，报送及时。为了保证森林人家财务报表真实可靠，财务报表需由经营者或者主管人员及时审核签字，并按相关要求向有关部门及时报送。

（三）效益预测

森林人家的效益预测是从运营者主体利益出发，兼顾环境效益以及生态效益，用财务分析的方法，以货币为计量单位，对运营森林人家的投资和回报情况进行分析和推测，这种估计是以市场调查为前提，以森林人家特色营销策略为出发点，对森林人家前景趋势做出的评价。通过这种评价，可为森林人家经营者进行财务决策、计划、控制提供帮助。

效益预测包括投资数额预算，未来盈余估算。

1. 投资数额的预算

森林人家投资前，经营者需根据自身情况对森林人家开业所需资金做一个合理的预算，其中包括对场所的装修预算，环境改造的预算，服务设施器材的购买预算等。许多林农是在政府与银行的支持下开办森林人家的，其初始启动资金不足，所以有部分资金是拆借来的，这种在承受较小风险的情况下可以于外部借取一定资金来完善投资，但不必拆借过多使资金闲置、风险增加。

2. 盈余估算

盈余即森林人家运营产生的利润，对盈余的估算能正确分析未来森林人家赚取利润的能力。

企业一般使用以下四个指标反映其盈余能力：

（1）销售毛利率，这是毛利占销售收入的百分比，其中毛利是销售收入与销售成本的差值。其计算公式如下：

销售毛利率 =（销售收入 - 销售成本）/ 销售收入 ×100%

（2）销售毛利表示产品售价扣除销售成本后的部分，其中一部分用于维护森林人家的运营，一部分要向税务部门缴纳税款，剩余部分便是纯利润。森林人家的经营需采用先定毛利率的方法。一般旅游市场产品毛利率大多在 35%~45%。如果毛利定价过低,则不足以使森林人家可持续地经营下去,如果定价太高,则不能满足消费者的利益诉求,最终被市场所淘汰。

(3)销售净利率,是净利润与销售额的百分比,净利润指毛利润扣除运营费用与税款后的利润,其计算公式为:

$$销售净利率 =(净利润 \div 销售收入)\times 100\%$$

净利润最能直观反映森林人家的盈利能力和经营者的增收状况。森林人家在经营过程中,可以通过提高服务品质等措施

图 5.5　武夷山竹海(黄海摄)

提高收入，提高效率的措施降低费用，最终实现提高利润率的目标。

（4）资产净利率，是森林人家运营产生的纯利润与其资产总额的百分比。这是森林人家运营者需要掌握的最重要的一个指标，它把森林人家的盈利能力与投资总额相比较，从中看出投资的效益。其计算公式为：

资产净利率＝（净利润÷平均资产总额）×100%

其中平均资产总额是指运营前与运营后这一段时间的资产

平均数额。资产净利率能够反映经营者回收投资资金的速度与风险，资产净利率越高，资金回收周期就越短，风险就越小。

（四）价格定位

森林人家的价格定位涉及旅游消费的各个环节。主要包括饮食、住宿、交通、观赏、游玩等几个方面。森林人家的定价必须从实际出发，根据自身特点设计定价。

饮食价格是指森林人家内加工食品向消费者出售并提供饮食场所、餐具和服务所收取的费用。主要包括森林人家经营者自制的特色菜肴，食用土特产和饮品等。森林人家以天然土特产为特色，进行食物加工后服务于广大消费者，其价格水平有着特殊性，根据森林人家的地理位置与档次，食材的珍稀程度，操作人员的技术层次，饮食服务的价格出现不均衡多层次的特点进行定价。

服务价格是指森林人家直接向消费者提供包括住宿、向导、餐饮等劳动服务所向消费者收取的费用。服务价格一般由服务成本、经营利润和税金组成，服务价格与服务标准息息相关。森林人家的服务价格应以服务成本为基础，遵循市场经济，考虑供求关系来制定。

旅游价格是指消费者在森林人家及周围风景、名胜古迹等旅游资源、游乐设施游玩时所支付的费用数额，森林人家在制定旅游价格时应考虑以下几个方面：①森林人家应根据自身所处的地理位置划分旅游收费，不同地区的旅游景点观赏价值都有所不同，这部分价值反映在景观知名度、旅游设备、服务水平等方面。②森林人家应根据旅游市场的需求来制定与调整旅游价格，不同的季节，旅游市场呈现的热度也有所不同，淡季供大于求可以适当下调旅游价格，反之则适当上调旅游价格。③森林人家应根据自身资源与服务质量合理地制定旅游价格，实行按质论价，按照合理收费的规则制定旅游价格。

第六章
森林人家的品牌建设

　　森林人家品牌是旅游品牌的一种，本章主要包括了旅游品牌与森林人家品牌、森林人家品牌形象管理、森林人家品牌宣传三节内容。品牌建设应当做好定位，根据森林人家的资源和旅游产品特性进行思考，打造适应市场的一套品牌。对森林人家的品牌管理要考虑其外在与内在形象两个方面，内在形象包括森林人家的精神与产品质量，外在形象包括品牌宣传、市场反应等内容。当品牌有了完整的思路和定位后，通过不同的渠道和价格策略，针对不同人群进行推广，达到品牌的效益最大化。

第一节
旅游品牌与森林人家品牌

一、旅游品牌

品牌是产品的具象代表，在现代营销理念中，品牌是营销的核心与灵魂，它可能囊括了一种产业、一类产品、一系列商品等综合内容。现代营销学之父飞利浦·科特勒认为，品牌是一种名称、术语、标记、符号或图案，或是它们的组合，以识别消费者或某群消费者的产品或服务，并使之与竞争对手的产品或服务相区别（陈放，2002）。旅游品牌具有结构性，包含某一单项产品的品牌、旅游企业品牌、旅游集团品牌或连锁品牌、公共性产品品牌、旅游地品牌等（蔡善柱，2004）。由于旅游产品的不可移动性，也决定了旅游产品需要旅游品牌的支撑，它体现着旅游产品的个性及消费者对此的高度认同。

随着城市化进程的加快，人们对于自然的追求程度也越来越高。同时，旅游支出在人们总支出中的占比也逐渐提高，但旅游是一种预消费产品，它无法像传统消费活动一样形成一种付款即走的快消费形式。因此，旅游品牌的建立为提高旅游产品知名度、扩大市场占有率、培养稳定客户方面将起到重要作用。

(一)提高产品知名度

旅游品牌作为旅游活动、旅游产品宣传的有力手段,以名称、术语、标记、符号或图案的形式建立起了消费者的记忆和识别点、感知点,从而提高其知名度(陈静,2008)。品牌通常以消费者易接受、喜闻乐见的形式出现,对于消费者的信息认知来说不仅需要起到输入性作用,还需要起到输出性作用,使得消费者更容易对品牌进行交流和宣传,从而提高品牌的知名度。旅游品牌也不例外,为旅游产品打开旅游市场、提高知名度发挥着重要作用(姜思宇,2013)。

(二)扩大市场占有率

旅游需求是指一定时期内、一定价格水平上,旅游者愿意且能够购买的旅游产品或旅游服务的数量(冯学钢,2006)。旅游消费的目的,一方面是为了自身的休闲需求,另一方面是带有猎奇、从众成分的需求。旅游产品要抓准旅游需求和旅游目的,在一定程度上能够刺激消费、提高满意度,从而扩大市场占有率。进一步讲,良好的旅游品牌,能够吸引相对良好的资源条件,各方面投入也将逐渐增多,是一个滚雪球的过程,也是提高市场占有率的保障。

(三)有利于培养稳定客户

在品牌经营的过程当中,旅游产品逐步得到认识和认可,品牌印象在消费者心中不断深化。对于消费者来说,一个熟知的旅游品牌有助于帮助识别、导购、降低心理感知风险的功能。品牌包含的一系列产品、服务以及背后故事,不仅容易增强团队的归属感,更好地做好旅游服务,也能够为消费者创造更多物质和精神的价值,以此培养稳定的客户群体,形成良性循环。

二、森林人家的品牌

建设森林人家品牌,在一定程度上可以缓解旅游产品核心功能不可忽视的缺憾。森林人家是一种新型的旅游发展模式,其品牌在经营主体、配套环境、运营模式、运营效果、文化内涵等方面与现有旅游模式存在较大差别(陈登丰,2008)。森林人家以农林资源为经营背景,注重良好的生态环境,倡导生态旅游,将自然的环境、优良的服务、淳朴的乡风民俗、森林文化相融合。森林人家为消费者搭建了与大自然亲密互动的平台,实现人与自然和谐发展。

(一)森林人家品牌的专有性

森林人家品牌是区别于其他景区、农家乐的标识,是用以识别森林人家旅游产品、商品或服务的。品牌需要通过法律的认定,享有品牌专有权,其他企业、场合不得占用、仿冒。因此,森林人家品牌也具有排他性,作为一种速记符号与产品类别信息一同储存于消费者头脑中,而森林人家品牌也就成为他们搜寻记忆的线索和对象。

(二)森林人家品牌的价值性

森林人家品牌具备开拓市场的能力,这种能力是一种无形资产,可带来更多利益和效益。因此森林人家可利用品牌的作用开拓市场形成张力,展现和提升其价值。

(三)森林人家品牌的象征性

森林人家需要通过品牌使消费者对其增加识别度和记忆度,而这一特征强度通过有形的载体——文字、符号、图案来增加,还可以通过森林人家的服务、商品质量等间接载体来增强。因此森林人家品牌的象征性需要增强载体的实力,达到独特的效果(陈婕,2010)。

（四）森林人家品牌是一种承诺和保证

森林人家品牌提供了森林人家的价值、利益和特征基础，带给消费者强劲的价值利益，以满足消费者的需求与欲望，以赢得消费者的忠诚，取得他们长期的信赖与偏好。

三、森林人家的品牌建设要求

森林人家特点鲜明，已发展成为市民周边游的新趋势，具有良好的市场前景。目前，森林人家在福建经过了十几年的发展，逐渐走向全国，但多数森林人家均依托森林公园、旅游景区等，容易与这些概念混淆。另外，森林人家的建设还存在着缺少文化性、互动性、缺少资金投入等问题，对于森林人家品牌建设来说是一个较大的难题（陈静，2008）。

福建省森林人家品牌建设

为了达到品牌建设的目的，福建省在森林人家品牌建设过程中要坚持科学统筹，规划先行；规范建设，统一管理；加大宣传，扩大影响等原则。

（一）制订实施方案

为了借鉴国内的成功经验，进一步促进森林人家休闲健康游的发展，福建省林业厅组织有关人员对浙江、江苏、四川和重庆等地"农家乐"经营及发展状况进行全面考察。同时，在全省各地开展了专题调研，以更好地了解福建省乡村旅游的基本情况，形成了推进森林人家的实施方案。全省森林人家建设经历了"调研、启动、推广和规范管理"四个阶段。

（二）编制发展规划

规划和设计按照高起点、突出特色的原则，与全省"海峡西岸乡村游""5155"计划（即在全省培育和推出50个旅游名镇、100个旅游名村、

50个A级旅游区、50个工农业旅游示范点)相对接,指导森林人家建设。

(三) 制定管理规范

福建省先后制定一系列管理规范,如《森林人家管理暂行办法》《森林人家建设指导意见》《省级森林人家示范点扶持资金使用管理办法》等。与此同时,《森林人家基本条件》与《森林人家等级划分与评定》已通过专家评审,作为福建省地方标准颁布。这些森林人家管理规范的颁布,使森林人家的管理和建设有章可循,并将森林人家推上统一规划、统一管理、统一标准、统一营销的轨道。

(四) 实行授牌经营

各级森林人家管理部门对森林人家经营户进行资格审核、准入许可,并将符合规范的乡村旅游点纳入森林人家管理范围。在品牌授权过程中,对经营户实施严格的考察和审批,实行动态跟踪管理,对不符合要求或不达标的经营户实行摘牌处理。在此基础上,开展森林人家等级评定,逐步提升森林人家的品牌效应。

森林人家的品牌管理包括品牌的建立、维护和巩固的过程,加强品牌的管理,使得森林人家能够得到消费者的认可和青睐,提升森林人家的市场竞争力。森林人家品牌管理需要考虑如何在保证自身利益的前提下为消费者提供最饱满的服务,需要考虑实现品牌承诺的途径与措施。品牌管理的过程综合而复杂,具体包括以下几个方面:

(1) 产品管理。在品牌的保证下,森林人家提供消费者满足吃、住、行、游、购、娱的场所、服务、商品等,旅游产品和服务丰富、新颖、有特点。内容可参考本书第四章。

(2) 市场管理。管理森林人家品牌在市场中的空间容量、动态变化、占有率和影响力。这就要求品牌市场管理对消费者的需求敏感、对市场构成敏感,才能为开拓市场提供保障。

(3) 形象管理。森林人家品牌形象包括外在形象和内在形象,品牌形象管理包含了形象定位、传播、维护等等。

(4) 组织管理。在管理森林人家品牌时,需要进行资源配置、结构优化和人力资源训练等管理,使得管理团队能够有组织有纪律地、专业地进行管理。

森林人家品牌建设是一个系统的工程，从整体经营架构到每个环节设计、实施，再到品牌形象设计、推广、营销，均需要系统地考虑与设计。在经营过程中让游客感到"物有所值"是基本要求，也是树立品牌的基础。经营者不断提高旅游产品的质量是树立森林人家品牌的坚强后盾。经营者应当把品牌建设融入各个基层工作中，以高质量地完成度积累品牌美誉度。

四、森林人家的品牌管理思路

森林人家的品牌管理应当基于消费者忠诚的思路（李森 等，2007）。具体内容如下：

（1）对森林人家进行实质性的措施前，必须先进行市场分析，从品牌战略角度出发，了解森林人家目前在旅游市场中的优势与劣势，机遇与挑战。进行深度客源分析，对于客源的地理分布、需求喜好详尽把握，包括了解消费者所在地理区位的森林休闲条件、社会条件、气候条件以及相关旅游促进政策，了解客户需要何种休闲环境、康养内容。

（2）市场分析之后，需要结合品牌形势对森林人家品牌做出品牌定位，对同类型、相似类型的品牌做适当的分析与延伸，而品牌策略也应当根据消费者的需求变化而变化。消费者购买的是自身需求的集合，森林人家的旅游产品应当重点匹配客户需求，吸引客户。

（3）打造的森林人家旅游产品在正式推广之前，应当对产品、价位、促销手法进行测试，可以小范围运作，观察市场反应，以小见大，预测全面推广后的市场反应。基于测试结果，森林人家应当及时对旅游产品重点做出内容调整，对于产品、成本、促销价位综合考评，以保证在满足消费者需求的同时产生利润。

（4）打造忠诚度高的森林人家旅游品牌。品牌忠诚度高，意味着消费者对于该品牌有所依赖；当消费者有森林休闲、森

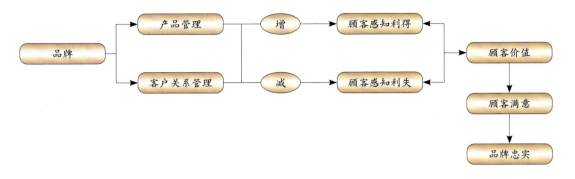

图 6.1　打造忠诚度高的森林人家品牌管理思路

林旅游、森林康养等需求时，就会首先想到森林人家。建立和维持消费者的忠诚度比赢得新消费者要容易得多，付出的成本也更低。忠诚的消费，将加大身边人参与森林人家活动的概率，该影响程度也比人们通过广告对森林人家的认识更加强烈和直接，且该方式能够大大提高人们对森林人家品牌的好感度和熟悉程度（图6.1）。

人们对于品牌的认识通常通过品牌宣传与促销，对于森林人家此种新型的旅游发展模式的品牌，大部分消费者还很陌生，且很容易将其概念混淆，这就要求森林人家的品牌宣传和促销更加精准，但运行成本难免会增高。提升森林人家品牌的消费者忠诚度，能够促进消费者重复消费，为森林人家做最好的宣传，潜移默化地影响周围的人。森林人家提供的自然环境、完善的设施、轻松的氛围与平台，具有的社交功能将吸引有此类需求的消费者组团参与，更加突出森林人家品牌管理中消费者忠诚度的重要性。

第二节
森林人家品牌形象管理

品牌形象是品牌资产的核心，它相对于"具象"而言，是存在于人们心目中的、通过感知活动所获得的对某一具体事物的印象。在激烈竞争的市场中，品牌已成为人们选择商品的重要依据。森林人家品牌形象是消费者通过感知活动所获得的对森林人家"硬件"和"软件"形成的整体印象和评价，森林人家品牌形象的构建和设计是吸引潜在消费者的重要因素。而更有效的森林人家品牌形象设计可以帮助消费者更加直接地捕捉到兴趣点和价值差异，从而逐步识别森林人家的内涵和产品。

一、森林人家品牌形象的设计原则

（一）旅游市场需求化

旅游产品形象设计必须跟随市场需求，且不同的游客群有不同的旅游需求，产品形象设计要富有变化又统一，避免缺少生机，必须牢抓目标市场的定位，实行具有特点的营销策略来提升自身的竞争力（陈婕，2010）。

（二）自然资源特色化

森林人家旅游必须依托于森林资源。不同地域的森林资源也各具特色，寻求森林人家的资源特色化是突出森林人家旅游产品形象的重要途径。通过精确的定位，达到与他人不同的品牌形象和效果。同时，森林人家品牌形象设计需以农、林为基础，探索地方特色的民俗文化、自然资源，通过口号宣传来加强游客的认同感，满足游客的审美情趣。

（三）文化内涵主题化

旅游产品的发展在于文化内涵与主题思想的创造，通过运用综合手段，积极开发具有健康向上、地域文化特色的旅游产品。因此，在进行森林人家旅游产品形象设计时，文化遗产的挖掘非常重要。将森林人家旅游地的自然景观与文脉相组合，设计出与森林文化相关的主题旅游、特色旅游和民俗旅游。

（四）形象设计时代化

森林人家的旅游产品形象设计应紧贴时代潮流，以反映游客需求的热点、主流与趋势。体现出"传统的观光型旅游→度假、探险、生态等专题性旅游""单一性旅游→多元性旅游""大众型旅游→个性化旅游"与"被动式组团游→主动式自驾游"等转变趋势。

二、森林人家品牌形象设计的外在形象

森林人家品牌形象设计可分为外在形象和内在形象，其中外在形象包含品牌标识系统、品牌信誉、旅游产品功能、可进入性。

（一）品牌标识系统

森林人家要利用品牌名称和品牌设计的视觉现象引起消费者的注意和兴趣，便于消费者选择，有利于将森林人家品牌的价值内涵展现出来。人们对森林人家品牌的偏好往往取决于视觉传递，因此，树立良好的品牌视觉形象是非常必要的，这也是确定其在消费者心中地位的有效途径（王磊，2018）。

品牌标识系统是可视化的、具象的，包括森林人家的标志、环境系统的配色、售卖商品的包装等。森林人家品牌的标志能够帮助人认知并联想，使消费者对森林人家产生积极的感受、喜爱和偏好；森林人家品牌标识语的作用在于为森林人家产品提供联想以及强化品牌的名称和标识物（孟繁羚，2009）。

福建森林人家标识的视觉形象

福建森林人家标识（图6.2）图文并茂，简洁大方，搭配以墨绿色和橙色，清新自然，具有亲和力。该标识的图形部分是应用树枝和树干组合成"森林"字样，屋顶是用墨渗化而成的森林背景，标识的文字部分是用橙色"人"字屋檐与"家"字篆刻窗户共同组成一个房子形象，融入大森林的怀抱之中，也表明了森林人家追求的是以人为本的人性化服务，充分体现了中国古代"天人合一"的思想，再加上轻松活泼的英语书法字体"Forest Home"，既有浓郁的中国传统文化特色，又体现对外开放的时代感。主色调为橙色，给消费者以温暖、亲切，有一种回家的温馨感觉。森林人家品牌标识整体设计简洁、大方、高雅、自然（陈婕，2010）（图6.2、图6.3）。

森林人家品牌的标识语也应当更加明确该森林人家的资源与优势，相当于一句广告词，让人产生记忆点，提升森林人家的精神与形象。森林人家感知形象塑造的内涵必须来源于地方独特性，来源于森林人家所在地的地脉和文脉，唯有充分挖掘和深刻分析森林人家所在地的自然景观和文化背景，发现和提取地方性的元素充实到森林人家塑造中，才能出奇制胜，回味无穷。标识语示例见表6.1。

图6.2 福建森林人家标识

图6.3 森林人家标识的应用——城口县四合院大巴山森林人家

表 6.1　标识语示例（引自陈婕，2010）

名称	标识语口号
沿海城市周边森林人家	碧海蓝天绿森林　闽山福地是我家
闽东畲乡风情森林人家	畲乡风情　非品不行
闽西客家、红土地森林人家	踏上红土地　甘为客家人
闽北、闽中森林生态森林人家	畅游绿王国　今生不白活
古村、古镇森林人家	八闽古镇　历史见证

图 6.4　森林人家标识的应用（黄海 提供）

（二）品牌信誉

森林人家的品牌信誉也是外在形象的一部分，该部分既具体又抽象。具体在于森林人家本身需要打造具有特色的旅游产品、拥有成熟的服务和管理内容，以此打出名气；抽象在于市场的反馈、消费者的认知和评价，无一不塑造着品牌的信誉形象。

（三）旅游产品的功能

森林人家旅游产品的功能主要为满足消费者功能性需求的能力，这一具体内容使得消费者在接触森林人家时，立刻感受到该品牌的特征与功能。该部分作为森林人家品牌外在形象的核心内容，应当精心打造，策略营销。森林人家旅游产品设计的内容详见本书第四章。

（四）可进入性

森林人家的可进入性一方面为现实中的便利性，如选址、交通等；另一方面为消费者对于森林人家的实际感受与心理预期之间的距离。森林人家品牌形象设计既要保持森林人家的特色，还要结合消费者的心理需求，树立让大众接受的、接地气的旅游品牌形象。如何在时间距离、经济距离和情感距离上更接近消费者，是品牌形象成功的关键。

三、森林人家品牌形象设计的内在形象

森林人家品牌形象设计的内在形象，包括品牌的核心价值、产品形象、品牌定位，主要体现品牌的独特魅力。

（一）核心价值

森林人家的核心价值也是品牌内在形象的关键因素，是经营理念、道德规范、价值观、社会影响的一种集中体现。其价值既体现在社会公众、消费者对森林人家品牌的接纳程度、认知与评价；也体现在森林人家的精神风貌，对消费者和员工产生潜移默化的影响。

（二）产品形象

森林人家旅游产品的开发不仅要走本土化、大众化的方针来满足广大消费者的旅游需求，还需要强调心理、生理等个性化要求和情感诉求。随着社会经济发展，人们对于旅游产品的需求不断提高，更多走向了无形感受和精神寄托。提升森林人家旅游产品形象，有利于"留得住人"，促进消费者进行深度旅游。

图 6.5　福建省漳州市红树林特色景观（黄海 摄）

（三）品牌定位

森林人家的内容要求森林人家需要根据目标市场的结构特点对旅游产品进行品牌定位，突出品牌特点。当森林人家找准品牌定位，也是品牌内在形象的一个定义，有目标、有目的地进行推广宣传，激发更多消费者的旅游需求，扩大品牌影响力（图6.5）。

森林人家品牌设计的原则要求能营造森林人家品牌的特色并影响消费者。可见，品牌的形象设计要结合消费者的心理需求，力图使品牌达到统一、稳定的内外部形象，具有直观、简洁、易记的特点，从而起到良好的情节联想的效果，潜移默化地影响消费者的旅游需求。

第三节
森林人家的品牌宣传

森林人家品牌需要多样化的信息传播途径，将品牌形象、要素、产品等信息准确形象地传达给消费者，如何按照消费者更愿意接受的方式进行宣传是森林人家品牌宣传的关键（陈静，2008）。市场营销活动受到内部和外部因素的影响和限制。

一、森林人家的宣传思路

旅游营销是旅游产品、旅游服务和创意的开发、定价、促销、分销和售后服务的规划和实施。它着重于创造和实现符合旅游者个人和旅游企业组织目标和价值交换的一种过程。旅游市场营销包括商品销售、市场调查研究、生产与供应、创造市场要求和协调平衡公共关系等职能，它是发展旅游事业的重要环节（陈婕，2010）。市场营销应用于森林人家旅游，则森林人家营销是以森林景观资源为基础，将森林人家旅游思想、产品、服务的构思、形象、定价、促销、分销的计划与执行过程等要素进行连接，提升整体竞争力，从而塑造出森林人家良好的整体品牌形象。

森林人家休闲健康游属于乡村旅游的范畴。游客大多是来自城镇的居民，一般出游时间较短，仅1~2天，交通工具以汽

图 6.6 森林人家宣传标识牌（黄海 摄）

车为主。鉴于森林人家的形象和产品，以及与市场竞争对手对抗的需要，必须开发出富有竞争力的产品、制定合理的价格、宣传渠道和促销政策以刺激市场需求。图 6.6 展示了森林人家宣传标识牌放置于路边加强洋畲村示范点宣传。

（一）整体性营销策略与计划

森林人家应制订整体性的营销策略，以总体的营销策略为指导，完成各阶段的营销目标。森林人家整体性营销策略要以全新的营销理念为指导和科学规划为保障；要以先进的营销技术为手段，积极培养省内外客源；以合理的价格促进景区的健康发展，并以品牌营造为手段打造森林人家的品牌形象。森林人家为实现其营销目标，应当成立专门的营销机构，要充分利用现代营销手段，通过建立森林人家宣传网络渠道，树立森林人家品牌形象，充分利用互联网等加强广告媒体宣传，开展公关促销，举办特色森林节赛事活动等建立全方位、多层次、立体性的森林人家营销体系，全面提升森林人家的知名度（陈丽军 等，2011）。

森林人家作为一个新兴的森林产业，根据总体的营销策略，各阶段的具体营销目标可以分为"三步走"：①品牌形象构建期。

此阶段是森林人家作为新兴产业，树立品牌形象的阶段。其方式有很多，例如，在网上公开有奖征集森林人家宣传口号、标识牌，动用全社会的力量为森林人家形象口号出谋划策，并借此机会进行宣传；借助国家林业和草原局等平台，大力宣传森林人家，力争在国内各个省（自治区、直辖市）树立森林人家的品牌形象；把森林人家的促销与森林人家品牌建设紧密结合。例如，统一配送明显标识的服装、餐具、旗幌、灯笼、布品等。②品牌形象提升期。随着森林人家的品牌形象逐渐被游客所接受，要进一步提升森林人家的品牌形象，重视森林人家的资源保护，进一步完善森林人家规划项目建设，重视对服务人员的培训，引进具有先进理念的人员参与开发和管理。③品牌形象发展期。随着森林人家的基本建成和健康发展，有必要利用先进的营销手段和技术加强对其他客源市场的渗透，提升森林人家的知名度和吸引力，吸引更多游客，使森林人家的品牌形象深入人心。

（二）具体营销策略与计划

1. 产品策略推广

旅游产品是指满足一次旅游活动所需的各单项旅游产品（单项旅游服务）的总和，它的构成复杂，内容丰富。一个完整的旅游景区产品应由六部分组成：行、住、食、游、购、娱，各旅游产品之间要相互关联，形成一条完整的旅游产业利益链条。所谓产品策略是指在制订经营战略时，明确提供什么样的产品和服务去满足消费者的要求。主要包括商标、品牌、包装、产品定位、产品组合、产品生命周期等方面的具体实施策略（周婷，2017）。

产品是森林人家生存发展的资本。产品的设计上应注重整体产品设计，首先是核心产品，即森林人家的吃、住、娱、康养的设计，其次是森林人家建筑、林区环境、价格等形式产品的设计，最后从物质、价格、心理等方面适时向游客提供附加利益与价值。产品的创新是不可或缺的部分，森林人家应根据当地的特色，将个性与共性相结合，寻求产品的差异化，使森林人家的产品和服务的质量、性能等明显区别于农家乐、渔家乐，从而建立自主的、稳定的目标市场。在正式施行森林人家绿色生态旅游经营试点前，必须完成相关经营场所卫生、环境、饮食以及服务的强制性试行标准检验。传统的乡村旅游较少考虑景点的环境敏感性，因而森林人家将成为乡村旅游产品可持续发展的一个亮点。

2. 价格策略推广

价格策略就是根据购买者各自不同的支付能力和效用情况，结合产品进行定价，从而实现最大利润的定价办法。定价目标是以满足市场需要和实现企业盈利为基础的，它是实现企业经营总目标的保证和手段，同时，又是企业定价策略和定价方法的依据。价格会影响市场需求，在正常情况下，市场需求会按照与价格相反的方向变动。价格上升，需求减少；价格降低，需求增加（陈婕，2010）。

价格是森林人家进入旅游市场的敲门砖，合理的定价和价格政策，可以影响森林人家的供求关系及消费领域的满意程度。森林人家要采用合理灵活的价格策略来吸引游客，既要避免因价格过低导致森林人家旅游的损失，又要防止因价格过高造成"门可罗雀"的局面。森林人家产品的定价不仅要对于自身价值是合理的，对于农家乐、渔家乐等乡村旅游同产品线内的其他产品来说也应该是合理的，这一点颇为重要。因而在参考乡村旅游产品线内其他产品价格的基础上，建立餐饮及住房价格体系对所有森林人家经营户的其他盈利经营项目，执行价格审批制度利用让利、折扣、兑现等方式，调剂淡季与旺季的游客数量，如出现淡季不淡、旺季更俏的火爆场面时，应当针对不同地域和消费者群体，制定合适的价格策略，来刺激旅游者的消费需求。

3. 促销策略推广

促销策略是指企业通过人员推销、广告、公共关系和营销推广等各种促销手段，向消费者传递产品信息，引起他们的注意和兴趣，激发他们的购买欲望和购买行为，以达到扩大销售目的的活动。企业将合适的产品，在适当地点、以适当的价格出售的信息传递到目标市场，一般是通过两种方式：一是人员推销，即推销员和顾客面对面地进行推销；另一种是非人员推销，即通过大众传播媒介在同一时间向大量消费者传递信息，主要包括广告、公共关系和营销推广等多种方式。这两种推销方式各有利弊，起着相互补充的作用。良好的促销策略，往往能起到多方面作用，如提供信息情况，及时引导采购；激发购买欲望，扩大产品需求；突出产品特点，建立产品形象；维持市场份额，巩固市场地位等（陈婕，2010）。

在整个旅游市场上，森林人家的产品或服务存在诸多同类的竞争者，如农家乐、农业园等，在产品供给的现实和潜在生产能力大于市场需求的情况下，森林人家的生产者都面临由于游客可能购买同类产品而使自己的产品无法销售的威胁，这种威胁日趋尖锐，而促销就是消除这一威胁的有力手段（陈婕，2010）。根据森林人家的特点和信息，通过各种媒体宣传、人员推销、展销会等吸引和说服的方式，传递给旅游者，促使其了解并信赖森林人家所蕴含的丰富效用，引导消费，可以采用以下几种促销方式，有意识地针对不同客户群，组织开展各类主题生态旅游优惠活动。

1）高科技促销

充分发挥互联网高速、即时、互动、全球性、全天候的营销优势，通过建立森林人家网站、拍摄短视频等方式实现森林人家经营户与消费者之间的信息共享，提高营销效率和效果。

2）特色促销

通过旅游促销推广森林人家旅游产品，通过社会名流，吸引新闻媒介关注。

3）营业推广促销

营销人员通过价格优惠、赠送礼品等方式向目标市场开展推广促销活动，以刺激游客的旅游需求，同时通过销售分红、让利等方式调动相关企业或中间商的积极性。

4. 策略推广

品牌策略是一系列能够产生品牌积累的企业管理与市场营销方法，简言之，品牌就是一个可依赖的，而且被消费者所确认的、新产品的标志。品牌建设是企业的重大决策,需要加以战略管理,制订合理策略。品牌策略的核心在于品牌的维护与传播,与传统品牌营销方式相比,如今品牌营销方式有电视、报纸、户外广告、公关等多种类型。

森林人家产品市场营销的重点是寻找何种传送方式,将产品信息有效地传播给消费者。在市场经济背景下,森林人家必须依靠一定的销售渠道才能更有效地向游客提供产品信息。在森林人家的品牌促销实践中主要采取的措施如下:

1)媒体造势宣传

作为一个新兴的旅游产业,森林人家的知名度、认同感未达到平均水平。因此,森林人家企业需要造势以提高其知名度,可以结合平面媒体、广播、电视等媒体渠道开展立体宣传(中国生态学会旅游生态专业委员会,2010)。

2)开展专题活动

开展有关于森林人家的专题活动,例如,召开森林人家启动仪式和现场推动会(图6.7),推出森林人家文化展演、森林人家艺术品展示等活动,从而引起人们对森林人家的关注。

图6.7 2008年9月20日福建省森林人家现场推动会(黄海摄)

3）利用互联网资源

当今，人们习惯于通过互联网来开阔视野，及时了解时事新闻等。森林人家的品牌建设中也应与互联网相结合。除了建设官方网站、通过互联网向社会征集、评审，确定并注册森林人家商标等传统网络宣传以外，也可利用多种促销平台，例如，在淘宝、携程等购物、购买服务的平台上上传旅游产品信息，促进消费者订购。另外，在森林人家场景下拍摄生活视频网络日志等艺术创作作品，表达旅游产品的核心内容以及精神内容，利用抖音、快手等短视频平台，推广到更多用户端口，达到网络宣传的目的。

4）宣传与推广品牌

森林人家宣传与推广品牌是塑造自身及产品品牌形象，使广大消费者广泛认同的系列活动过程，主要目的是提升品牌知名度。通过向社会发布征集森林人家品牌宣传策划方案并评审出最佳的品牌宣传方案；投入专项资金，对森林人家品牌进行系统宣传和推广（陈登丰，2008）；将森林人家宣传与乡村旅游的推广渠道对接，逐步提升大众对森林人家品牌的认知。

5）营销旅游产品

通过多种方式进行旅游产品的营销，例如，福建森林人家采取与旅行社合作的方式，由福州国家森林公园榕树王森林旅行社牵头，利用福建省具有影响力的旅行社组织森林人家特色旅游线路，进行营销推广。

5. 权力策略推广

在森林人家旅游经营项目正式实施之前，有必要全面引入并实行行为识别系统和视觉识别系统。行为识别是一种动态的识别形式，通过各种行为或活动将森林人家旅游的理念贯彻、执行。视觉行为是运用系统的、统一的视觉符号系统如森林人家的徽标，对外传达森林人家旅游的经营理念与信息，是森林人家旅游识别系统中最具有传播力（陈婕，2010）的宣传方式。

6. 公共关系策略推广

旅游公共关系的关键是要与目标受众保持良好关系。这些组织和个人是森林人家生存和发展的基础,赢得目标受众对森林人家的支持可以激励他们购买森林人家旅游产品,并进一步扩大森林人家的旅游影响力(陈登丰,2008)。

1)与媒介公众的关系

森林人家旅游公关人员应妥善处理与新闻媒体的关系,通过新闻媒介权威性、客观性的宣传向公众展示正面形象。第一,公关人员可以邀请电视、新媒体、报纸、杂志等有关记者来访考察,使新闻界了解森林人家的动态。第二,充分挖掘森林人家产品深度和宣传活动的新闻价值,善于制造新闻,从而达到宣传目的。第三,开通客户投诉专线,提升品牌服务质量。第四,与各省级电视台深度合作,深入森林人家景区摄制专题节目,并策划"关注绿色、关注森林"大型公益活动。

2)与政府公众的关系

在森林人家的建设和经营活动过程中,政府公众是一个有效的协调机构和信息库。政府的引导与调控有助于森林人家各项建设和经营活动的顺利开展。因此,公关人员应准确贯彻政府的政策,确保森林人家的经营活动在许可范围内,同时与政府主管人员保持联系,及时汇报工作获得政府信任。

3)与相关企业公众的关系

森林人家旅游涵盖了吃、住、行、游、购、娱六个方面,这六要素的相关企业成为森林人家旅游发展的支撑点。因此,有必要与旅行社、宾馆、饭店、交通运输等相关企业保持良好的关系,遵守互惠互利的原则,确保森林人家的客源和服务。

4)与社区公众的关系

社区是森林人家生存和发展的直接环境。为了使森林人家旅游有天时、地利、人和的生存环境,应极力争取当地社区的支持和配合。第一,要积极维护社区的环境,减少和治理噪声、空气、污水等污染。第二,要帮助解决社区居民的就业问题,提供就业岗位和机会。第三,要积极参与社区公益事业,适时参与社区的捐赠、赞助活动,赢得公众的好感,提升森林人家的形象(陈婕,2010)。

《奔跑吧！宝贝——走进埄头森林人家》活动在深沪湾森林公园举行

2015年11月14日，由晋江市农业区划办、晋江电视台《彩虹桥》栏目组、晋江埄头国有防护林场、森林人家音乐餐厅联合举办的《奔跑吧！宝贝——走进埄头森林人家》活动在深沪湾森林公园举行。活动以小组竞赛形式进行，分为拼七巧板、单走钢丝、丛林答卷等。来自晋江市第二实验小学五年级（6）班的5支代表队共25人参加了竞赛。本次活动很好地发挥了森林公园的场地优势，把游戏挑战和体验大自然充分结合在一起。

该活动是森林人家与媒体、社会公众关系的良好体现，结合教育内容，将品牌宣传打出去。埄头森林人家很好地发挥了森林公园美、自然资源佳的特点，通过举行活动，也间接推广了森林人家的影响力。

2017"最美森林人家"评选活动在网络上进行

由福建省林业厅指导，福建省生态文化协会主办，东南网承办的2017年度"最美森林人家"评选活动于2018年初进行。通过网络形式的宣传与评选，从福建省30家森林人家中进行投票，最终福州旗山森林温泉森林人家、厦门金光湖森林人家、莆田笛韵森林人家、莆田秋水谷森林人家、泉州安溪县志闽桫椤谷森林人家、宁德福安市荡岐山庄森林人家、三明大田翰霖泉森林人家、中国虎园森林人家（龙岩上杭梅花山）、龙岩武平县云礤森林人家、南平建阳高堂森林人家10家单位获此殊荣。荣获2017年度"最美森林人家"称号的10家单位将陆续在东南网、福建林业公众号、福建省林业厅官方网站、福建森林旅游网等媒体平台上，以图文、视频、互动专题等多种表现形式进行宣传。本次"最美森林人家"评选活动采取了微信大转盘抽奖的形式，提供森林人家的门票、抵用券、体验券等奖品，微信单条突破10万多人次的阅读量，取得了良好的宣传效果。

二、森林人家的宣传措施

森林人家的品牌促销可从以下几个方面采取措施。

（一）媒体造势宣传

森林人家可在商标的征集伊始开始造势，或者结合当地与旅游相关的热点时事进行造势。同时通过大众传播媒体宣传的方式开展立体宣传。媒体广告包括电视广告、网络广告、户外广告、广播广告、杂志广告、报纸广告等，多途径投放以确保森林人家品牌宣传的广度。图 6.8 示摄影师拍摄收集森林人家宣传素材。

图 6.8　摄影师拍摄收集森林人家宣传素材（黄海 摄）

目前，森林人家品牌系列促销措施得到了社会的广泛关注，众多省内外主流媒体争相宣传报道森林人家品牌，福建电视台的《新闻启示录》《财富论坛》《热线777》等栏目先后推出森林人家专题访谈与互动体验节目。《福建日报》刊发《森林人家品牌初显》；《中国绿色时报》刊发《森林人家成为福建生态旅游热门品牌》；《中国林业产业》刊发《森林人家——中国非公经济发展的一道亮丽风景线》，使森林人家品牌的知名度不断提升。

（二）开展专题活动

售卖方可与中间商共同组织相关促销活动，现场将森林人

家的旅游产品面向消费者进行推广介绍，使消费者产生直观感受，促进购买行为。例如，召开森林人家启动仪式和现场推动会，推出"体验中国顶尖生态"的2007年十佳最值得体验森林人家评选和绿色之旅的线路评选等活动（图6.9、图6.10）。

图6.9　2007年十佳最值得体验森林人家评选和绿色之旅的线路评选活动宣传册

图6.10　2007年十佳最值得体验森林人家评选和绿色之旅的线路评选活动网页

（三）直接促销

产品传统的促销方式为面对面推销，如在街上发传单，但对于旅游产品来说，该方法相对成本高、效率低。目前森林人家可借鉴的新的促销方式有：

（1）向中间商、消费者、消费团体直接邮寄宣传材料。

（2）电话拜访直接促销，吸引消费者产生意向或产生预订行为。

（3）网络直销，通过旅游APP、森林人家官网（需要申请注册如"森林人家.com"和"森林人家休闲健康游.cn"域名）进行直接促销。

（四）推广品牌

森林人家销售推广不仅仅是面向消费者的销售推广，还是面向行业的销售推广。另外，森林人家销售推广还需要面向中间商，如旅行社，组织中间商熟悉业务、给予价格折扣、提供宣传手册等（陈登丰，2008）。

（五）品牌形象宣传

1. 形象定位

森林人家宣传时要认真审视自己的形象，从而确立在市场中的位置，展现给大众不脱离现实的形象，以准确的品牌形象有效参与市场竞争。

森林人家形象定位需要考虑到：①森林人家团队的凝聚力和企业文化，有利于员工产生对森林人家的认同感和归属感；②投资者对未来发展的信心；③为消费者、社会公众提供森林人家的辨识度和选择条件；④政府的积极支持和评价；⑤健康的竞争环境，重视同行评价，共享市场空间；⑥媒体对森林人家的正确、客观评价与传播。

2. 形象导入一般程序

由于依托环境的不同，森林人家的旅游产品特征、市场结构、经营特色和管理水平方面的差异，其形象定位与导入方式应当有所不同。森林人家形象导入流程如图6.11所示。

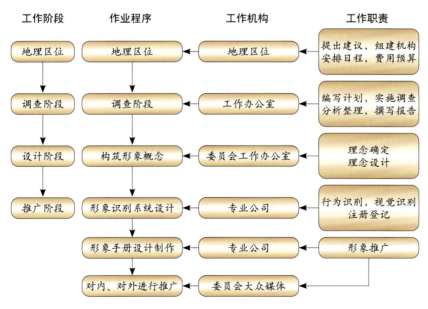

图6.11　森林人家形象导入流程（王伟伟，2003；冯学钢，2006）

3. 形象宣传类型

采用各种广告宣传方式使抽象的形象具体化、现实化，进而使森林人家旅游形象深入人心。具体可采取以下几种宣传方式（陈婕，2010）：

1）主题宣传

主题是森林人家宣传的核心也是产品推广的卖点。可以通过聘请导演以及摄像、旅游专家等共同制作主题宣传片，作为主打旅游广告并选择在电视、新媒体等进行播放。

2）专题宣传

专题是主题的深入与拓展，要制作系列森林人家旅游专题节目在本省和相邻主要省份电视台、广播电台、网络自媒体等进行定期定时播放。

3）网络宣传

网络宣传是现代和未来时代信息的主要载体，要充分利用中国森林公园网、各省的旅游网、森林旅游网等进行宣传。同时，要建立和完善森林人家网站，使其成为各省森林人家的形象窗口。相比其他媒体，网络最大的好处就在于它的互动性，更容易吸引年轻人的注意，同时对于森林人家的经营者来说，也更容易通过数据渠道把握当下森林人家的宣传效果与消费者关注的热点，及时做出经营策略的调整。

4）系列宣传

系列宣传将上述几类宣传结合起来，此外，打造森林人家的整体品牌形象还需要运用宣传册、地图、明信片、邮票等实物的形式进行系列宣传。可视化宣传的作品要向消费者展示森林人家的整体概念和消费点，从而提高森林人家品牌的知名度。

第七章
森林人家的示范与建设

目前部分省（自治区、直辖市）已经出台了相关建设文件，制定了森林人家相关标准，为森林人家规范化管理和健康发展奠定了基础。经过16年的发展，有一些省（自治区、直辖市）森林人家已经初具规模，本章通过介绍部分省（自治区、直辖市）森林人家准入条件、相关规范文件、示范与成效，为森林人家建设提供借鉴。

第一节
部分省份森林人家的基本条件

2018年3月,国务院办公厅下发了《关于促进全域旅游发展的指导意见》(国办发〔2018〕15号)。该文件要求各地积极发展森林人家"森林小镇"。这标志着森林人家创建工作已经上升到国家战略层面,森林人家的创建不再仅仅是林业部门的工作职责,而是各级地方政府实施乡村振兴战略的主要抓手。全国各省(自治区、直辖市)都根据自身情况发展开发森林人家品牌。截至2019年,全国现有黑龙江、浙江、安徽、福建、江西、湖南、广西、重庆、四川、贵州等多个省(自治区、直辖市)开展了森林人家建设(图7.1),浙江、安徽、福建、广西、重庆等出台了森林人家相关的申请政策。

(一)福建省

2007年4月27日,福建省质量技术监督局颁布《森林人家基本条件》(DB35/T 730—2007)地方标准,自2007年5月1日起正式实施。标准中对从业资格、经营服务场地、接待服务设施、经营管理、从业人员五个方面提出了准入要求。其中主要的基本条件为需要持证经营;区域森林环境良好,负氧离子达到1000个/立方厘米以上;厨房使用面积大于12平方米,离垃圾临时存放点、公厕大于20米。就餐使用面积大于30平方米等要求。在该标准的基础上福建省林业调查规划

图 7.1 福建省龙岩市武平县梁野山森林人家（黄海 摄）

院、省国有林场管理局进一步起草了《森林人家等级划分与评定》（LY/T 2086—2013），并由国家林业局在全国层面颁布文件，随后废止了《森林人家基本条件》（DB35/T 730—2007）标准。

（二）安徽省

2007年，安徽省旅游局与省林业厅联合发文，在全省森林公园、自然保护区、国有场圃、乡村林场和具有良好生态环境的林区建设"森林旅游人家"。安徽省颁发了《安徽省"森林旅游人家"基本条件》，文件包括安徽省"森林旅游人家"的基本要求、环境要求、餐饮要求、住宿要求四个方面。其中要求经营场所绿化率达30%以上，建筑层数不超过3层，具有30平方米以上的餐厅或20个以上的餐位等内容。

(三) 湖南省

2018年4月，湖南省依据国家林业和草原局发布的《森林人家等级划分与评定》，结合省情况，发布了《森林人家建设与评定规范》(DB43/T 1425—2018)。该标准规定了森林人家的术语和定义、基本条件、专用标志与等级评定等基本要求。湖南省森林人家基本条件在国家林业局所规定的基本条件上，增添了环境保护要求，并对场地面积、森林覆盖率、建筑材料、接待服务设施等方面进一步细化：如场地面积大于500平方米，场地绿化率≥30%等（湖南省林业标准化技术委员会，2018），严格规范全省森林人家申报条件。

(四) 重庆市

重庆市为规范森林人家的申报管理，2015年8月，重庆市林业局印发《重庆市森林人家申报管理办法》。文件明确提出经营点在申报时需满足的五个条件：①经营面积不低于500平方米，经营场所建筑布局与周边自然环境相协调，装饰、装修有特色，民俗风情浓郁；②经营场所周边森林生态环境优良，绿化面积20亩*以上；③年接待游客不低于5000人（次），有必要的旅游接待服务设施，环境卫生整洁，经营场地无安全隐患；④管理规范，服务态度良好，近两年无游客有效投诉事件；⑤具有工商、税务、卫生、消防等国家相关部门认可的运营资质。同时，文件对森林人家每年一次的申报流程进行详细阐述（重庆市商务委员会，2015）。重庆市城口县人民政府还出台了《关于推进"大巴山森林人家"建设工作的实施意见》，为重庆市各县级森林人家的建设提供了参考依据。2022年11月，重庆市林业局组织开展了《重庆市森林人家申报管理办法》修订工作。《修订稿》中将申报的经营面积调整为面积不低于200平方米。

---

*1 亩 ≈ 667m²，全书同。

（五）浙江省

2015年，浙江省林业厅出台了《关于推进森林特色小镇和森林人家建设的指导意见》，明确要求：森林人家的创建单位为行政村或自然村等；森林人家所在区域森林覆盖率须达70%以上，所在地实施美丽乡村、森林区镇、特色文化村落保护等建设，乡村自然景观和特色文化村落受到较好保护；森林人家周边需设置森林古道、健康森林群落等提供休闲养生场所，配备相应的游憩、体育、娱乐等休闲设施，同时可结合竹林、果园、茶园、花木等生产基地开展参与式农事体验活动；森林人家开展民宿餐饮服务的总接待床位数量不少于100张，总接待餐位数量不少于100个，并符合相关规定要求。2022年11月1日，浙江省发布了浙江省省级地方标准《森林人家建设规范》（DB 33/T 2544—2022）。其中指出森林人家需要具备森林风景资源丰富，区域森林环境良好，森林覆盖率70%以上；空气洁净清新，森林康养场所空气环境质量达到HJ 633—2012规定的优良天数大于350天，空气负氧离子浓度年平均值达到QX/T 380—2017规定的Ⅰ级标准，不低于1200个/立方厘米等基本条件（浙江省林业标准化技术委员会，2022）。

（六）广西壮族自治区

2012年4月，广西森林旅游工作会议在南宁召开。同年，广西壮族自治区林业厅与旅游局共同启动森林人家旅游品牌建设试点工作，出台了《广西森林人家旅游品牌建设指导意见》，印发了《广西森林人家旅游品牌建设试点实施方案》（以下简称《实施方案》）。《实施方案》中提出森林人家试点需具有良好的森林生态环境，区域内森林覆盖率达65%以上；具有一定的发展基础，已经开展森林旅游业务两年以上，水、电等基础设施具备，道路交通能与二级公路相连接；具有一定市场条件，年接待游客在1万人次以上；具有良好的区位条件，与城镇距离50千米以内等相关条件。

(七)贵州省

为助推国家生态文明试验区建设和大生态战略行动,贵州省于2019年12月发布并在2020年2月实施《贵州省森林人家建设标准》(DB 52/T 1458—2019)(以下简称《标准》)。《标准》规定具有民营苗圃、家庭林场、林业专业户、林业艺术家庭、乡村客栈及个人承包10公顷以上林地的家庭,或田园综合体,或合作社,能为游客提供标准中所列服务的经营单元,可以向林业主管部门申报直接认定为森林人家。同时标准针对省内森林人家的绿化、环境、主要服务人员、森林休闲服务、住宿服务等指标进行规范(贵州省林业标准化技术委员会,2019)。

(八)黑龙江省

2019年,黑龙江省发布地方标准《森林人家旅游服务规范》。该《规范》指出经营点应办理工商营业执照、卫生许可证、消防许可证等相关证照;服务场地要具有浓郁的林区风情,接待区域地面应因地制宜地进行合理化处理,宜保留原有生态环境,包括植被、溪流、池塘、湿地、山石等;餐饮场所的桌椅、用具、餐具等应具有当地森林特色,食品原料应保持新鲜、卫生、安全、有森林特色;服务人员应熟知本地风土人情和主要旅游资源,能正确回答游客的相关问题;提供采摘活动服务人员应熟知相关果菜、菌菇、坚果等品质、成分、特点及营养保健知识等(黑龙江省质量技术监督局,2019)。

第二节
森林人家的评定与管理

一、森林人家的等级评定标准

依据国家林业局制定的《森林人家等级划分与评定》(LY/T 2086—2013) 行业标准，对森林人家的等级划分和评定进行了详细阐述，从等级划分、星级基本条件和等级评定等方面规范了森林人家等级划分和评定标准。

（一）等级划分

等级划分采用星级方式，从低到高分为五个等级，依次为：一星级、二星级、三星级、四星级和五星级。森林人家星级标志为绿色五角星。

（二）星级指标内容

（1）经营服务场地：用地面积、接待设施规模、绿化率、其他指标。

（2）接待服务设施：综合服务设施、会议设施、客房、厨房餐厅、公厕、车场、标志与标识。

（3）环境保护：空气质量、噪声质量、饮用水质量、污水排放、油烟排放、各项设施设备符合国家环境保护的要求。

（4）服务质量要求：安全管理制度和应急预案、各项岗位责任制和服务质量标准、服务操作规范要求以及从业人员要求等。

（5）服务项目要求：①娱乐类：歌舞厅、卡拉 OK 厅或 KTV 房、棋牌室、游戏室、婴儿看护及儿童娱乐室、定期进行歌舞表演。②健身体育类：桌球室、乒乓球室、室外运动场、游泳池、钓鱼、健身设施。③科普教育类：阅览室、林事体验、户外教室。④商务类：多功能厅、上网服务、文印、传真、复印等商务服务。⑤医疗类：医务室。⑥其他项目：庭院花园、引导服务、导游讲解服务、其他设施。

（三）等级评定

1. 申请

（1）营业一年以上的森林人家经营单位或经营者可以申请等级评定。

（2）申请一、二星级森林人家，申请者应向县级林业行政主管部门或受其委托的组织提出申请；申请三星级森林人家，申请者应向地市级林业行政主管部门或受其委托的组织提出申请；申请四星级森林人家，申请者应向省级林业行政主管部门或受其委托的组织提出申请；申请五星级森林人家，申请者应向国家林业和草原局森林公园管理办公室或受其委托的组织提出申请。某些特色突出或极具个性化的森林人家，其条件若与本标准规定的高星级条件有差距，申请者可直接向林业行政主管部门或受其委托的组织提出申请。

（3）申请材料。申请者应向林业行政主管部门或受其委托的组织提交森林人家星级评定申请书和经营单位或经营者基本情况等有关材料，申请材料格式见附录一《森林人家等级划分与评定》附录 C、附录 D。

2. 受理

相关林业行政主管部门或受其委托的组织对申报材料进行审核。

3. 评定

（1）对符合条件的申请者，相关林业行政主管部门或受其委托的组织应组织三位以上专家进行现场核查。

（2）现场核查采用逐项评分方法，有分档记分的，对应该档次给分；无分档记分的，有项给分，无项不给分。评分项目和分值见附录E《森林人家星级评定评分标准》。

（3）评定分值为参评专家的平均分值。

（4）在满足相应星级基本条件的基础上，各星级对应分值如下：

一星级 450~549 分；

二星级 550~649 分；

三星级 650~799 分；

四星级 800~899 分；

五星级 ≥ 900 分。

（5）评定结果需报省级林业行政主管部门备案。

4. 授牌

标志牌和证书由国家林业和草原局森林公园管理办公室统一规范，省级林业行政主管部门统一制作。相关林业行政主管部门或受其委托的组织应根据所评定的星级授予申请人相应星级的标志牌和证书。

二、部分省份森林人家的管理

随着我国改革开放的日益深化，社会主义市场经济体制的建立逐步完善，法制环境不断改善，已形成一个鼓励绿色创业、保护森林旅游的良好法治环境。但我国森林人家法治建设薄弱，现有森林人家规范管理相关法律法规主要以《中华人民共和国森林法》和《中华人民共和国环境保护法》等法律法规为依据，尚未颁布国家层面以森林人家为主的管理法规。下一步应以现有的文件、标准为基准，根据有关法律、法规、规定，结合各地方实际，制定规范管理办法。

（一）福建省

福建省森林人家实行"统一领导，分级管理"。各级森林公园和森林旅游管理办公室负责本行政区域内的森林人家管理，其主要职责是编制发展规划、制定行业规范、受理和批准森林人家加盟申请、评定森林人家等级和规范市场秩序，并建立森林人家联席会议制度，与相关行政管理部门共同做好森林人家管理工作。福建省于2009年6月发布并于7月实施《森林人家规划技术规程》（DB35/T 949—2009），该标准规定了森林人家规划的术语和定义、总则、内容和要求、文件编制等。标准适用于新建、改建及扩建的三星级（含三星级）以上森林人家，同时也可作为三星级以下森林人家的参考标准。2014年，福建省出台了《福建省森林人家管理办法》，详细规范了福建省森林人家设立、管理、监督等内容，让福建省在开展森林人家管理

泉州市森林人家管理实践

泉州市林业局从2010年开始，基于《福建省森林人家等级评定与划分标准》，以"政府引导，市场运作，企业（大户）投资，职工参与，农户联动"为原则，对泉州市森林人家等级评定工作做出具体规定，推动星级评定工作。此外，泉州市还通过示范点带动，积极发动农户企业等社会力量参与森林人家建设。泉州市在内地村成立原始森林人家作为"共享民宿"首个试点，探索"村集体＋合作社＋村民"的共同发展模式，打造一个乡村休闲场所，开展"走进贫困村，援手乡村游"活动，进一步加大脱贫攻坚力度。泉州市加大扶持力度，对新授牌的森林人家经营单位给予项目补助5万元，对评为三星级以上（含三星级）的森林人家经营单位给予项目补助10万元。截至2019年，泉州共确定了91处森林人家。森林人家的开发建设，不但解决了村民就业，而且带动了周边农村种养殖业的发展，有效带动贫困户增收致富，助推精准扶贫，推动全市森林保护和生态旅游较好发展。

和等级评定方面有据可查，便于相关管理部门对其进行统一的监督、检查、考核与验收。

（二）安徽省

为了丰富森林人家产品内涵，规范旅游经营行为，保障旅游者的合法权益，安徽省林业厅、省旅游局颁发了《安徽省"森林旅游人家"基本条件》。就安徽省"森林旅游人家"的环境、餐饮、住宿等方面提出经营管理要求，并对授牌"森林旅游人家"实行期限认证、动态管理，以期为游客提供吃、住、游、购、娱等服务的健康休闲型旅游产品。

> **宣城市森林人家管理实践**
>
> 宣城市生态资源丰富，气候条件宜人，森林覆盖率为59.46%，空气中负氧离子浓度高，山形地势和山地气候孕育了康养型小气候。在第二届林业经济与政策高峰论坛上发布2021年度中国"绿都"评价研究成果，宣城市连续两年位居中国"绿都"综合评价前十强。宣城市充分利用"中国优秀旅游城市"品牌优势，积极推行"森林+"模式，充分利用青山绿水、古道故居、古树名木等资源，积极培育森林生态旅游新业态新产品，辐射带动乡村住宿餐饮、林下种植养殖、零售等产业的发展，截至2022年1月，共建成森林人家136个。

（三）湖南省

为规范湖南省森林人家管理，提高森林人家服务质量，促进森林人家健康持续发展。2018年，湖南省林业厅颁布《湖南省森林人家管理办法（试行）》，管理办法细化强调了湖南省森林人家设立、管理、监督等内容。其中，指出森林人家必须符合森林公园总体规划要求，建设用地必须符合乡镇土地利用总体规划，建筑一般控制在三层以下。森林人家等级实行动态管理，由省国有林和森林公园管理局每年组织有关部门和专家对已评定等级的业主进行复核,对不符合标准的,限期整改、处罚(湖南省林业厅,2018)。

(四)重庆市

为进一步鼓励和管理森林人家,2015年重庆市林业局所颁发的《重庆市森林人家申报管理办法》中提出,经认定的森林人家可优先享受国家和市级林业贷款贴息政策、市级林业产业资金补贴等相关扶持政策,并针对森林人家的服务质量、森林人家标志等监督管理问题进行了细化。同时管理办法中规定若有弄虚作假、骗取森林人家称号等不法情形,将取消森林人家称号,自取消之日起两年内不得再申报。2022年修订的《重庆市森林人家申报管理办法》对扶持政策进行了修改,指出经认定的森林人家,区县(自治县)林业主管部门可根据经营主体硬件设施及森林景观提档升级改造投资等,按不低于5万元/户标准予以奖补。同时,可优先享受涉林补助资金、乡村振兴有关资金等其他扶持政策。规定森林人家经营者应悬挂统一的森林人家标志。

城口县森林人家管理实践

重庆城口县是全国唯一获得"中国生态气候明珠"称号的县城。早在2011年,城口县就出台了《城口县人民政府关于推进"大巴山森林人家"建设工作的实施意见》,依托大巴山旖旎的风光、宜人的气候、丰富的自然景观、多元的物种资源、特色的民俗红色文化,城口县坚持做实乡村旅游、做强景区旅游、做精红色旅游,全力推进亢谷、黄安坝、红军纪念公园、山神漆器等国家5A级、4A级景区建设,突出"森林"和"人家"特质,大力兴办改造、提档升级大巴山森林人家。截至2021年年初,全县共培育以"大巴山森林人家"为主的乡村旅游扶贫集群片区7个,直接和间接带动3000余户贫困户脱贫增收。

(五) 浙江省

浙江省省级地方标准《森林人家建设规范》(DB 33/T 2544—2022) 指出，森林人家的管理建立专门的组织机构和管理制度，对森林人家进行统一的经营和管理；制订防汛、防台风、防火、防地质灾害、食品安全等公共安全及其他突发事件的应急预案，并设有避灾场所等综合管理措施（浙江省林业标准化技术委员会，2022）。

> **湖州市森林人家管理实践**
>
> 近年来，浙江省湖州市不断加强生态公益林建设，带动和促进了全市森林生态旅游、农家乐的持续发展，广大林农收入不断增加，取得了良好的经济效益、社会效益和生态效益。通过一系列的林业重点工程建设，湖州乡村绿化水平明显提升，农村环境面貌得到显著改善，森林城镇、森林村庄、森林单位、森林人家等，一个个如雨后春笋般茁壮而起。当地通过规划探索森林旅游、休闲养生、民宿经济等发展模式和新型业态，重点培育一批省级林业特色小镇和森林人家，做好"生态+"的文章，将绿水青山变为金山银山。2019年全市建设12个省级林业特色小镇和26个森林人家。

(六) 广西壮族自治区

森林人家作为一种新型的乡村旅游产品，2008年，广西壮族自治区针对乡村旅游，下发了《广西乡村旅游区（点）质量等级划分与评定》文件。文件将乡村旅游的基础设施、安全、卫生、服务等方面作为星级划分的依据，为日后森林人家的质量等级划分与评定奠定了基础。2012年出台的《广西森林人家旅游品牌建设指导意见》，对于经营服务场地选择、接待服务设施、服务项目、给排水、供电、邮政、通讯系统、环境保护措施等方面提出具体要求。2018年，广西颁布了《广西壮族自治区星级森林人家评定办法（试行）》，进一步规范了广西星级森林人家评定工作，推动了广西森林人家建设，促进了森林旅游业快速发展。

（七）贵州省

2018年贵州省发布的《贵州省森林城市建设发展规划（2018—2025年）》中提出，到2025年，贵州将建成19个国家森林城市以及2万户森林人家。该规划明确了贵州省建设森林城市发展体系的发展布局、建设内容等，将构建"一核、两带、三区"的贵州省森林城市发展格局。其中，在建设森林城市过程中，贵州省将开展森林城市、森林小镇、森林区寨、森林人家四个层次的创建活动，构建层次丰富、特色鲜明的森林城市建设体系与格局。根据该规划目标，贵州将通过积极发展以森林生态旅游、森林康养、森林疗养等为主的生态旅游，以及以特色经济林、林下经济为主的生态产业，采取"旅游+扶贫""产业+扶贫""景区+扶贫"的模式，推动脱贫攻坚。

黔南布依族苗族自治州森林人家管理实践

为贯彻国家"五大"发展理念，打造更加宜居宜业的绿色家园，黔南布依族苗族自治州把森林城市建设作为生态文明建设的重中之重，编制完成《黔南布依族苗族自治州国家森林城市建设总体规划》（2018—2030年）。2017年12月，黔南正式启动国家森林城市建设项目。相继开展了美丽黔南林业提质增效三年行动计划、城市品质提升三年行动计划、污染防治攻坚战三年行动计划、农村人居环境整治三年行动计划和多彩黔南靓彩行动等系列行动计划。截至2022年，黔南森林覆盖率达66%，成功创建47个国家森林乡村、6个省级森林城市、60个森林乡镇、251个森林村寨、6个景观优美森林村寨、633户森林人家。

第三节
森林人家的示范与成效

经过二十多年的发展，我国森林人家从零散的自发开发到政府引导规划发展，从小规模开发到具有一定行业标准的产业化发展，从单一的营销方式到利用互联网等多渠道整合营销，从地方到省上至国家，逐步形成了具有中国特色的森林人家开发模式，并随着时代的进步呈现出新的发展趋势。2018年2月4日发布的中央一号文件《中共中央 国务院关于实施乡村振兴战略的意见》中，对实施乡村振兴战略进行了全面部署，提出了实施休闲农业和乡村旅游精品工程，建设一批设施完备、功能多样的休闲观光园区、森林人家、康养基地、乡村民宿、特色小镇等相关意见。从文件中对实施乡村振兴战略的一系列意见看，发展乡村旅游已成为农村发展、农业转型、农民致富的重要渠道。而其中被认为是乡村旅游重要组成部分的森林人家，则在中央一号文件中以国家战略形式被公开提出（新华社，2018）。

一、首创森林人家，福建省森林人家示范与成效

福建省作为首创推出森林人家这一旅游产品概念的省份，省林业厅和省旅游局结合福建省森林旅游资源的优势，提出建设和

发展森林人家健康休闲游。政府加强对森林人家规划、宣传等方面的支持，引导森林人家的良性发展。为此，2007年，福建省林业厅与省旅游局建立了森林人家休闲健康游联席会议制度，并成立森林人家休闲健康游专家咨询组，密切部门的联系与沟通，搭建共同推进的平台。森林人家建设以林农为主体，结合企业大户投资，遵循市场规律运作。森林人家经营户在政府引导下形成有利条件，努力加强自身建设，提高服务水平、社会信誉度和市场竞争力。同时，动员各部门共同关注和扶持森林人家，使它成为福建乡村旅游的一面旗帜（中国生态学会旅游生态专业委员会，2010）。

通过积极运作，森林人家已成为一张靓丽的森林生态旅游名片，成为福建乡村旅游的新热点。2020年初，福建省林业局会同民政厅、卫健委、总工会、医保局联合出台《关于加快推进森林康养产业发展的意见》（以下简称《意见》）。《意见》提出，到2022年，创建省级以上森林康养基地50个，四星级以上森林人家达到30个；到2025年，争取创建省级以上森林康养基地100个，四星级以上森林人家达到50个。与此同时，福建省通过扶持森林人家等绿色产业促进脱贫工作，截至2021年年初，全省森林人家共计749个，带动建档立卡贫困户346户，户均年增收18190元。

二、森林人家在全国推广与示范

（一）安徽省森林人家建设成效

自2008年起，安徽省林业厅和旅游局开展一系列"森林旅游人家"创建和命名工作。2007年、2013年、2016年安徽省先后开展了三批"森林旅游人家"创建工作，全部予以授牌并颁发证书。"森林旅游人家"是安徽首创的森林旅游品牌。近年来，随着安徽千万亩森林增长工程等一系列林业生态工程的实施，全省各地的森林面积快速增长，涌现出大量新型林业经营主体。

这为发展"森林旅游人家"奠定了良好的基础。"森林旅游人家"是以森林公园、国有林场、乡村林场、家庭林场等森林环境游憩景观为依托，利用森林生态资源和乡土特色产品，融森林文化与民俗风情于一体，为游客提供物美价廉的生态旅游产品，对于丰富人们生态体验、提高森林复合利用价值、增加林农收入、促进旅游扶贫具有重要意义。截至2016年，安徽省"森林旅游人家"经营户总数已达593家。

（二）湖南省森林人家建设成效

湖南省森林旅游以森林公园为主体，森林人家、森林康养等项目为辅。森林旅游逐步成为人们观光游览、休闲运动、健身康养的理想方式。森林人家品牌的打造是依托优质森林资源，积极开展生态教育和自然体验，适度开发资源友好型生态旅游活动，全力加快森林旅游产业发展的重要手段。2021年10月，湖南省林业局启动了湖南省首批森林人家"上星"评定工作，截至2022年7月，湖南省首批星级森林人家名单完成公示，全省共诞生2个"五星级森林人家"、21个"四星级森林人家"。

（三）重庆市森林人家建设成效

重庆市从2013年启动森林人家建设，2015年出台了《重庆市森林人家申报管理办法》。2013—2018年，重庆市林业局对森林人家经营户进行财政补助。根据《重庆市森林人家申报管理办法》，凡是经认定的市级森林人家可享受市级林业产业资金补贴，其额度根据各区县具体情况，1~5万元不等。截至2021年年初，重庆市累计创建全国森林旅游示范县6个，建成森林康养基地31处、绿色示范村1449个、森林人家3751家，激活了青山绿水的富民效应，惠及建卡贫困户近46万户，超过135万贫困人员参与林业生态建设。

（四）浙江省森林人家建设成效

浙江省规划构建"一心五区多群"的森林康养产业总体布局。

森林人家作为森林康养产业中重要部分，建设依托"两山理论"发源地的优势与特色，不只是停留在绿化上，还十分注重综合治理，实现了"美丽村庄—美丽经济—美好生活"的三美转化。截至 2020 年，全省已命名森林特色小镇 49 个、森林人家 328 个，共有 60 多个县市区、500 多个乡镇、2000 多个行政村、34 万人直接从事森林休闲养生经营活动，带动社会就业人数 136 万人（浙江省林业局，2020）。

（五）广西壮族自治区森林人家建设成效

广西 2012 年启动森林人家旅游品牌建设试点工作，选择一批森林旅游特色鲜明、管理规范、建设质量高、经营效益好的森林旅游点作为试点，让游客体验"住森林人家、吃绿色食品、吸清新空气、赏森林美景、品自然山水"的森林旅游新形式（孟萍，2012）。广西贫困地区大多旅游资源丰富、自然生态环境优美、文化生态保存比较完整。近年来，广西精准实施旅游产业扶贫政策。截至 2020 年年底，广西创建了 41 个中国美丽休闲乡村、263 家自治区级休闲农业与乡村旅游示范点、多家森林人家等标志性旅游融合品牌，使乡村旅游与一二三产业融合发展不断深入。

（六）贵州省森林人家建设成效

贵州省认真贯彻落实习近平总书记关于"着力开展森林城市建设"的重要指示，以生态文明理念为引领，积极践行"让森林走进城市，让城市拥抱森林"的宗旨，牢固树立创新、协调、绿色、开放、共享的新发展理念，加快城乡绿化步伐，增加森林资源总量，丰富生态产品供给，高质量推进森林城市的建设，取得了实实在在的成效：贵州的森林面积已达 520 亿亩，森林覆盖率达到 59.95%，累计创建国家级森林城市 2 个、森林乡村 273 个，省级森林城市 43 个、森林乡镇 169 个、森林村寨 993 个、森林人家 3900 户。

第八章
森林人家建设与发展的示例

　　从2006年年底福建省首次提出森林人家建设以来,森林人家已历经18年的发展,从地方品牌逐步走向全国,各地涌现出一大批森林人家的典型,现选取部分示例予以介绍。第一节森林人家促进产业转型,是基于森林人家所处区位、所面对的客源、所提供的旅游产品的不同角度,分别介绍了依托城市、依托林场和依托村寨3个类型的发展模式示例。第二节森林人家助力乡村振兴分别展示了3个在产业发展模式上具有借鉴价值的村寨型森林人家示例。第三节森林人家推动扶贫脱贫,选取了3个具有借鉴意义的基于抱团发展、个体发展和生态产业发展的模式示例。

第一节
森林人家建设促进产业转型

一、依托城市发展森林人家——浙江省磐安县沪上人家森林人家

（一）基本概况

浙江省磐安县沪上人家森林人家属于城市依托型森林人家，位于浙江省金华市（浙江省中部），地处长三角南翼经济区和浙中城市群经济区两大经济区，距离周边发达城市较近，距杭州、温州、宁波3个城市都在2小时以内车程。借助温杭铁路的开通，由磐安至上海的行程也缩至2小时以内。2016年，针对上海客源，磐安县推出了以向头村、滕潭岗、陈界村等自然村为代表的"沪上人家"休闲健康养生方案，并于同年下半年开始建设森林人家集聚区项目。

磐安县素有"群山之祖、诸水之源"之称，是首批国家级生态示范区、国家生态县和全国森林旅游示范县，保留着大自然山林的原始风貌，体现出长江中下游地区浓郁独特的山野情趣。磐安县也是中国药材之乡，"家家户户种药材，镇镇乡乡闻药香"，拥有国家唯一一个药用植物国家自然保护区——大盘山自然保护区。同时，磐安县历史人文气氛浓厚，是江南最大的孔氏聚居地，拥有"全国重点文物保护单位"榉溪孔氏家庙，是古代中国耕读文化的典范。磐安县是中国茶文化之乡，拥有

"全国重点文物保护单位"玉山古茶场。磐安县还是中国香菇之乡、中国香榧之乡、中国舞龙发源地（庄艳，2019）。

（二）发展措施与模式

1. 精准客群定位

"沪上人家"，顾名思义，意指上海人在磐安的家。项目范围主要位于地尖山镇廷潭岗村、陈界村和玉山镇向头村，相依于磐安县的高山台地，具有独特的生态环境、乡村旅游和休闲养生优势。结合磐安县得天独厚的自然禀赋，发挥"四江""四山"之源的地理位置，再搭配"中国药材之乡"的优势行业位置，打造长三角地区森林疗养、养老度假地。

在县政府与上海各区县政府的共同谋划下，率先与静安区合作开发"沪上人家"森林休闲养老基地。统筹分析所在地的现状资源及目前森林人家的市场需求，根据因地制宜的规划原则，将"沪上人家"森林人家确立为集"品学药膳、农事体验、观光游览、养老休闲"为一体的城郊型森林人家，为上海的客源提供一个集观赏山水景观、体验农事、听养生讲座、品学特色药膳、参与当地文化特色活动为一体的特色旅游项目（杨莹萍 等，2017）。

2. 规划引领建设

森林人家主要分成农庄体验区、综合服务区、野外探险区、文化休闲区、森林游览区五个区域。

（1）农庄体验区，可感受山水景观、参与农事体验、品学磐安药膳、体验"共享农屋"，还可购买产自磐安的特色中药材生态产品。

（2）综合服务区，主要提供游客会议中心、餐饮、住宿等服务。

（3）野外探险区，可游览磐安别具特色的地质奇观，进茶园亲手采制当季的新鲜茶叶，还配建了各种公共花园，为游人提供游憩空间。

（4）文化休闲区，配建了各种体育活动的场地，如滑雪场、篮球场、羽毛球场、桌球场等,以及各类文化参观项目,如世界非遗"金华婺剧""铜细鞭"。

(5)森林游览区,可进行观光旅游、登山露营等活动,感受五大花谷、森林氧吧等(周文康 等,2017)。

以向头村为例,有着独特的地理位置和便捷的交通条件,磐新线绕村而过,毗邻国家级文物保护单位玉山古茶场,距离风景区夹溪十八涡、水下孔、舞龙峡等仅 5~15 分钟车程,非常适合作为游客的中转站、休息站。向头村现有 108 户,共有农家乐 43 家。村里对 43 家农家乐的院子、围墙进行了统一设计,砌围墙所用的砖石全部采用打磨过的玄武岩。在建设初期,还安排了 3 户农家乐作为试点,专门对院落的摆设和样式进行改造,作为庭院改造的示范。同时建设了新的村口标志,进行整村绿化补植,改造了村口和沿湖的路灯,修建了逾 1000 米的沿湖游步道。村党委书记周平果说:"路灯改造和游步道修建后,游客吃完晚饭出来散步的时候更有安全感了。沿着游步道行走,灯光和湖面反光形成的倒影又成了一道独特的景色,游客们可以借着灯光,欣赏湖景和整个村庄的夜景,增加了整个村庄的观光效果。"

磐安县统一制定了 120 元 / 人的食宿标准,要求挂牌农家乐严格按照此标准执行,在规范市场的同时,也提升了农家乐的品质和规格。

在创造规范、良好的住宿环境的同时,当地还依靠增添娱乐设施以及丰富旅游内涵等方法留住游客。将村后的山地复垦为果园和竹园,位于灵溪对岸还有大规模的铁皮石斛种植园,在水果成熟和铁皮石斛开花的季节,游客可以体验采摘的乐趣。在村尾平整出 600 平方米土地,修建了门球场,让来此休养的中老年游客可以打门球。村前是皇城湖,可以开展垂钓、水上娱乐等活动。于 2016 年下半年,村里将一座在皇城湖边拥有 10 余间店面的综合楼作为第一个改造试点。首先将综合楼改名为望湖楼,内部按照星级酒店装修,一楼可以承接婚宴、生日聚会等大型活动;二楼是标准套房,专门用来接待旅行社游客;三楼为特色商务用房,包括棋牌房、商务大床房,专门用来接待

散客。在三楼的走廊上，设置了露天茶吧、露天咖啡吧，可以让游客一边喝茶一边欣赏湖景。

（三）建设成效与经验

"沪上人家"森林人家的规划和建设找准了当地特色的重点和亮点，定位准确。"沪上人家"森林人家项目是多个自然村构成的集聚项目，项目地原本就是农家乐集聚地，这为森林人家整体发展提供了许多优势，村与村之间可以彼此借鉴经验，互相学习。依托上海市发展起来的森林人家，其民宿产业更加规范以便贴合城市人群生活。打造"沪上人家"这个品牌，既是为了建立一个乡村与城市的合作平台，也是为了适应老龄化趋势，给老年人提供休闲养老服务。

二、依托林场发展森林人家——广西南宁市七坡林场立新森林人家

（一）基本概况

立新森林人家位于广西壮族自治区国有七坡林场自治区级森林公园内，位于广西南宁空港经济区核心区域，是环绿城南宁森林旅游圈子项目之一，在南宁国家经济技术开发区吴圩镇七坡林场立新站，一期规划面积约200公顷，距离南宁市区18千米，距离南宁吴圩国家机场16千米，区位优势明显。立新森林人家建成以来，曾作为全国国有林场会议、全国林业计财会议、中国林场协会会员代表大会等重大会议的现场观摩点并得到了一致好评，入选首批"中国最美森林人家"。森林人家位于森林公园内，周边森林覆盖率超过90%，森林资源丰富，拥有50年以上树龄的连片松树林、全国最高产的速生丰产林、大面积米老排与荷木混交林，褐翅缘鸦雀等保护动物长期在林区繁衍。

森林人家内的建筑物、森林景观等留存着林场知青辛勤劳作的足迹，保存着大量知青劳动成果，具有浓厚的知青文化；瞭

望台60年来见证着森林防火设施向数字化、智能化转变的历程，留下了原国家林业局高德占、周生贤等领导视察的足迹；森林人家旁边坐落着建于南宋年间的古思朗灵大王庙，体现了广大民众对民族英雄、忠义之士的崇拜。

立新森林人家先后被评为"中国最美森林人家""广西三星级乡村旅游景区""广西四星级森林人家"。

（二）发展措施与模式

1. 从林区转变为景区

立新森林人家的建设将广西壮族自治区国有七坡林场（以下简称七坡林场）从林区变景区，资源变资产的实践过程。森林人家是环首府森林休闲旅游圈七坡板块首期推进的子项目之一，主要依托成片松树林、常绿阔叶林等独特自然环境，民俗风情、林间绿色食品、道观、灶头文化等资源，为旅游者提供森林观光、休闲、度假、体验、健身、娱乐和购物等服务，最终建成全国知名的森林休闲文化小镇、林下特色产品交易市场。

2. 总体规划分期实施

森林人家分三期建设，一期开展水系改造、景观步道铺设、房屋改造等基础设施建设；二期计划开展景观资源提升、住宿场地改善（民宿）、娱乐项目设施完善等；三期通过招商引资，规划建成广西乃至全国知名的森林休闲文化小镇、林下特色产品交易市场。

一期工程项目遵循修旧如旧的原则，在保持建筑原有风貌的前提下，建成会议室、餐饮区、灶台文化区、铁皮石斛观赏园、林下木本蔬菜采摘园、户外活动中心、登山步道、森林露营区、森林休闲区、知青住房区等功能区。同时精心打造20个包厢及10个中国传统灶台，配套种植香椿、辣木等森林木本蔬菜，辅以森林食品，为游客提供丰富的森林特色体验。

3. 打造特色森林项目

森林人家以"回归森林、享受大自然"为经营理念，辅以森林食品与基层林业生态为卖点，精心研制推出"簸箕菜""铁

皮石斛菜"及"香椿辣木"等特色森林食品。因此，重点打造了林下经济走廊，大规模种植鸡血藤、巴西人参、玉郎伞、砂仁等药食两用作物，仿原生环境种植了台湾西洋菜、紫贝菜、人参菜、圣女果等特色蔬菜，并且利用大棚技术种植森林蔬菜。森林人家不仅为游客提供铁皮石斛、香椿、辣木、桑葚等林间绿色食品，还有嘉宝果、金捻果、香水柠檬、杨桃等特色水果的采摘，以及有关森林食品的科普知识（罗艳娟，2019）。

（三）建设成效与经验

七坡林场旅游景区逐渐闻名，更多游客纷至沓来。随着乡村旅游的深度开发，当地大批村民也搭上了这趟"旅游列车"，迈进小康生活。

经过多年的努力，通过全力打造森林生态休闲旅游、康养、教育、体验基地，实现林场产业转型升级，发展绿色生态经济。七坡林场基于林业一产稳固前进，向外拓展林业产业链，构建林业一二三产齐头并进的多层次发展格局，深入发展森林资源培育、林下特色种养经济、林板一体化、产业园区、森林休闲旅游、生态肥业、林产化工、花卉种苗、土地综合利用等优势产业，打造属于七坡林场的品牌。2018年林场实现总资产24亿元，经营总收入3.39亿元、利润577.34万元，广大职工生活日益幸福（潘照春，2019）。2019年，全国首批广西首个林业PPP项目落户于此，国储林建设成效显著，成为林业典范，与三立公司合作打造拟投资300亿元的七彩世界森林旅游项目将成为广西旅游标杆。

三、依托村寨发展森林人家——内蒙古额尔古纳莫尔道嘎聚缘森林之家

（一）基本概况

2008年，"内蒙古大兴安岭森林人家牌匾"授予阿尔山、伊

克萨玛、达尔滨湖、莫尔道嘎森林公园、内蒙古大兴安岭旅行社所属6家森林人家。额尔古纳莫尔道嘎聚缘森林之家坐落在内蒙古额尔古纳市莫尔道嘎镇入镇主干道旁。

莫尔道嘎毗邻呼伦贝尔草原和额尔古纳界河，森林旅游、草原旅游和独具特色的室韦民俗风情旅游相互交融。拥有原始森林的独特天然风貌，是目前我国唯一一个也是世界为数不多的保存完好的原始明亮型针叶、阔叶混交林，是不可多得的大自然的杰作。

该森林人家集住宿、餐饮、娱乐等多种功能于一体，被郁郁葱葱的原始灌木丛环抱，建筑形式采用了被当地人称为"木刻楞"的俄罗斯式建筑格调，以大兴安岭特产落叶松为主体建筑材料，具有独特的异域格调。

（二）发展措施与模式

1. 政府主导下的多区联合发展

当地政府对当地条件进行了深入调查研究，根据区域自然条件、经济发展水平、林地资源状况和市场需求等情况，结合国家生态建设保护工程项目以及自治区农牧业产业化和林业产业化规划布局，结合农村牧区产业结构调整和扶贫开发，突出特色林下经济产品的区域发展优势，制定本地区林下经济发展专项规划。

在区域布局上，林区及国有林场发挥优良的生态环境和景观优势，重点发展规模化林产品采集加工、特种动物养殖、林下种植和森林旅游业；农区发挥劳动力富足优势，重点发展集约化、高效化的林下种植、养殖业；沙区发挥光、热充足和沙生灌木优势，重点发展特色种植、灌木根寄生菌药用植物繁育业；将牧区与建设现代畜牧业相结合，重点发展林下养殖、种植业，与草原生态保护均衡发展；将城镇周边与建设城郊景观林业相结合，重点发展林下景观种植、观光采摘森林旅游休闲业。

2. 森林人家推动林下经济发展

林区利用山清水秀、空气清新的森林景观环境和独特的森林草原文化特色，开展森林人家、农家乐、采摘园、生态疗养、森林狩猎等森林旅游休闲活动，以及林下菌、药、果、菜采集加工和畜、禽屠宰加工等森林有机食品生产。

选择一批有条件的国有林场，建设林下种植、养殖、采集、森林景观利用等林下经济生产示范和技术推广示范基地，推行集约化、标准化和产业化经营。通过典型引领示范，推广先进适用技术和发展模式，辐射带动广大农牧民积极发展林下经济。加大林下经济品牌建设，创建名牌产品、原产地登记产品、地理标志产品和森林标志产品，打造"绿色品牌""有机品牌"，提升林下经济产品的竞争力和市场占有率。

（三）建设成效与经验

额尔古纳2019年全年接待游客573.3万人次，实现旅游收入63.9亿元，同比增长5%和12.4%，旅游业向高质量发展迈进。作为一个以生态森林环境为主要吸引游客手段的森林人家项目，生态环境的建设是重中之重。强化生态保护，坚决守住生态红线，实行自然保护区、国家湿地公园与林场、乡镇、农垦企业及相关部门联动机制，落实好各类生态保护措施。森林人家建设也推进了乡村旅游的建设与发展。

第二节
森林人家建设推动扶贫脱贫

一、抱团式发展旅游的精准扶贫模式
——福建省泰宁县水际森林人家

（一）基本概况

近年来，泰宁县积极开展游憩、科普、观光和度假娱乐等森林旅游活动，大力推进森林人家休闲健康游试点项目建设。全县共有森林人家65户，所涉林地面积3100亩，已完成投资2100万元。除峨嵋峰外，梅口乡水际村被确定为福建省首批森林人家挂牌户，共43户分两批被授牌；杉城镇南会村共16户，是福建省首批森林人家建设试点户；另有清水湾等森林人家6户。其中水际森林人家独具特色。

水际森林人家位于福建省三明市泰宁县梅口乡水际村（图8.1），地处福建猫儿山国家森林公园和国家5A级景区大金湖之畔，依山傍水。该森林人家始建于2003年，是由43户农户联合申报挂牌的省级三星级森林人家，入选首批"中国最美森林人家"（池佛兴，2012）。43户农户实行统一管理、统一收费、统一安排，这一抱团式发展旅游的精准扶贫模式已在福建省内广泛推广。

图 8.1　福建省三明市水际村（黄海 摄）

（二）发展措施与模式

泰宁县委、县政府于 1991 年开始实施"旅游兴县"战略，水际村也提出"旅游兴村、产业富村"的发展思路。水际村党支部发动村两委干部、党员入户与村民面对面谈话，仔细分析了水际村的现状资源优势以及未来的发展前景，形成了"水际村经济发展靠旅游"共识。通过对接旅游发展战略，依托水际独特的区位优势和旅游资源优势，村党支部和党员牵头组成了"1 个支部 +3 个协会"的产业发展模式，并有效发挥协会在发动群众、联合经营、科学管理、保障公平等方面的突出作用，实现了村民共同致富，此模式已向全国推广。

按照泰宁县旅游景区总体规划部署和"一户一宅"原则，户型设计为集农户住宿与接待游客于一体的双重别墅型结构，建设农家山庄别墅对外营业。村庄的建筑风格和布局能与自然环境相协调，成为泰宁旅游一道亮丽的风景线。

(三）建设成效与经验

泰宁县梅口乡水际村,一度是泰宁的"鱼米之乡",也一度因为拦河建坝而急速衰败,20年前,是一个"照明靠竹片、吃粮靠回销、用钱靠救济、外出靠划船"的省级贫困村。如今的水际村成为泰宁首富村、全国文明村。

依托大金湖而快速发展起来的旅游业,让水际村实现"贫困村"到"明星村"的华丽转身,不仅列入省、市美丽乡村建设试点村,还先后荣获"全国团中央先进基层组织""国家级生态村""创全国文明村镇工作先进文明村""省级先进基层党组织"等称号,被誉为"三明旅游第一村"(树红霞 等,2015)。

水际森林人家突出"家"的概念,融入自然与野趣,凸显当地淳朴的民俗风情(图8.2、图8.3)。水际森林人家让游客进得来、住得下、留得住,实现了森林旅游从传统的观光型向休闲度假型和参与体验型转变。43户森林人家日接待游客量逾1000人次,不仅有效缓解了大金湖旅游旺季宾馆床位不足的情况,还为一些乐于体验乡村民俗民风、田野情趣的游客提供了好去处(刘燕萍,2016)。

图8.2 福建省三明市水际村景观（黄海 摄）

图 8.3 森林人家生产体验活动（黄海 摄）

二、乡村建设结合旅游扶贫发展模式
——福建省浦城县匡山森林人家

（一）基本概况

匡山森林人家位于福建省浦城县富岭镇双同村，由福建省农业厅和省林业厅于 2004 年共同创办，并在 2009 年福建省森林人家评比中获"十佳森林人家"称号，同年被环保部和林草局分别批准为"国家级生态村"和"国家级森林公园"。

匡山森林人家所在地双同村原是省定革命老区村，位于海拔 800 米的高山上，离城关 40 多千米，全村有 5 个自然村 142 户 566 人。于 2011 年被国家林业局和国家旅游局列为"全国森林旅游示范区"，2012 年 12 月又被南平市评为"美丽乡村"（李妹珍 等，2018）。

匡山地处闽北边陲，浦城县富岭镇境内，与浙江龙泉接壤，因山形"四周奋起、而中窞下，形似筐庐"而得名。2009 年申报获批为国家森林公园，公园总面积达 2014.27 公顷，森林覆盖率为 92.6%。有 1.8 万亩原始次生林，分布着成片的香榧群落、黄山松群落、青钱柳群落等；有数千米长的自然花带，1 万多棵野生杨梅；有南方红豆杉、钟萼木、香樟、半枫荷、伞花木等多种国家级保护植物和猕猴、穿山甲、黑斑肥螈等多种国家珍稀动物。匡山内群山叠翠，怪石嶙峋。主峰木鱼山，海拔达 1450 米；次主峰天山斗，海拔达 1349.9 米，立于祭天香坛侧。大自然的无穷力量造就了"将军出征""伯温遗墨""群蛙聚会""石蜡烛""千年石龟""风动石""双门井""九狮戏水""碧湖羞女"等诸多奇石景观。

（二）发展措施与模式

1. 政府鼓励措施

浦城县成立了创建推动匡山森林人家的工作小组，推动匡山森林人家的建设和发展。

1）充分调动社会力量参与森林人家建设

匡山森林人家，坚持"政府主导、群众主体、全民参与、打造示范"的发展思路，采取"公司 + 旅游办 + 森林人家"的运营模式，发动社区、企业等社会力量参与森林人家建设。特别是通过成立福建北武夷匡山旅游开发有限公司，发动贫困农民参与景区建设，安排子女就业，资助兴办农家客栈，组织民间民俗表演以及发动农户以房屋、山林、土地等资源入股享受分红等形式，享受旅游开发的红利，基本实现户户受益（李姝珍 等，2018）。

2）新农村建设与森林人家有机结合

近年来，双同村将新农村中心村建设与森林人家有机结合起来，共同发展，互惠互利，不仅带动了中心村建设，还促进了当地旅游产业的快速发展。中心村建设按照发展旅游进行规划，共有 9 户森林人家，客房配有电视、电话、热水器等现代化设备，入住体验一流。在森林人家建设基础上，浦城县旅游局根据福建省建设厅、旅游局关于创建特色景观旅游名镇（村）工作的精神，积极开展富岭镇双同村特色景观旅游名村的申报工作（徐世明，2010）。由此，富岭镇双同村以旅游业为主打产业，进行有序的中心村建设。以旅游业带动中心村建设，促进农民增收。

3）重视交通及基础设施完善

在匡山风景区森林人家创办初期，道路不通、居住环境简陋等问题，曾极大地限制了当地旅游业的发展。当地县委、县政府十分重视双同村交通问题，县财政拨款1000万元，修建了长11千米、宽6.5米的景区旅游公路。同时，通过福建北武夷匡山旅游开发有限公司，总投资8000万元，按国家4A级景区的标准，完成了景区游步道、景区宾馆、停车场、游客服务中心等旅游基础设施建设，使布局合理的新农村建设和环境优美的旅游业步入良性发展（徐世明，2010）。

2. 森林人家发展模式

匡山森林人家从吃、住、娱、购、游五个方面进行特色打造。

（1）吃：整个匡山景区为动植物提供了原生态的生长环境，肉质细腻、香味特殊，富含氨基酸、维生素D、钙、铁、碳水化合物的野山菇满山遍野；自然放养的鸡、鸭、鹅等家禽，味美肉鲜；备受曾在此避世修身结庐隐居、大明朝开国元勋刘伯温、章溢、宋濂赞誉的匡山苦菜、苦笋、苦茶、苦锥，触手可及。经现代科学研究证明，该苦菜系列富含杀死人体内肿瘤细胞和抑制肿瘤细胞的单体成分。常年生活在大山深处的匡山人家，用自己的勤劳和智慧精制的匡山粳米果、芝麻糖糍粑等，为客人献上的不仅是一份美食，更是一种山里人的情怀。具有清肺健脾、化痰止咳、健脑益智等神奇功效的野酸枣、野山楂、野枇杷、山核桃、紫杨梅、猕猴桃等水果也是在人们闲庭信步间，便可满载而归。

（2）住：匡山森林人家共建有9户36套客房。9户森林人家依山傍水、错落有致，统一的木制小院、统一的泥墙黛瓦、统一的标房设计，电视机、卫生间等设施一应俱全。整个设计，古朴又大方，卫生又温馨。另外，匡山顶上的"苦斋"宾馆，共有52间客房。

（3）娱：舞狮灯、采茶灯等民间活动，是大山深处匡山人家一种独特的民俗活动。新中国成立前，山里人家过的是一种日出而作、日落而息的农耕生活，只有农闲、逢年过节时才舞狮灯、采茶灯等。但现在的匡山人，已把这种独具匡山特色的民俗文化融入森林人家旅游。匡山的舞狮灯，是一种集民间武术、杂技、歌舞于一体的民间艺术，三种角色——狮头、狮尾、抢灯是最抢眼的活儿。游人可以驻足观赏，亦可自告奋勇加入其中一种角色。"中国剪纸之乡浦城县"的匡山剪纸，刀工细腻、蕴意深刻，飞禽走兽、人间万物，活灵活现，游人可在森林人家的指导下，通过智慧与手巧，剪出惟妙惟肖的图案，并装饰成框带回家，把一段美好的回忆永远留驻在心头。匡山美食系列中的匡山粳米果、芝麻糖糍粑、野酸枣、锥栗干丝等制作方法亦可让游人体验和实践，只要游人来的季节适宜，游人可沿着群山漫道，在匡山人家的带领和指导下，自己采摘、自己制作，品尝自己的劳动成果。

（4）购：匡山森林人家的土特产，便是"购"的最大卖点。甘甜沁人的野蜂蜜，具有清凉解毒、清热败火之功效；粒大肉厚的杨梅干，尝后口留津甜，回味无穷；香脆味美的香榧果，产自那些上百年的香榧家族树；山核桃，一敲一嘣哒，可爱如顽童；猕猴桃，俗称"百果之王"，它有着防癌作用；闽笋、香菇和木耳，既香又脆，绿色又环保；桂花糖，具有"浦城·中国丹桂之乡"的品牌，那是闽北浦城人民献给尊贵客人的尊贵礼物。

（5）游：匡山森林人家的"游"也是独具特色。叠嶂的峰峦、嵯峨的怪石，有壁立如刀削的龙井涧谷，有雄峙近百米的将军出征石、伯温坐骑、古猿观海、群蛙聚会、通天梯、石蜡烛、七级浮屠、伯温遗墨、千年寿龟、金猴送客等奇峰异石，不仅惟妙惟肖，而且寓意深刻。匡山森林人家北坡，古木参天，瀑布成群，一瀑一潭，潭潭相扣，飞溅的水珠，如仙人撒下的漫天珍珠。徜徉林间，偶传婴儿啼哭，那是号称"活化石"的国家一级保护动物娃娃鱼发出的特有的声音。还有国家一级野生保护动物3种、国家二级野生保护动物39种，省级重点保护动物 20 种、省一级保护动物 150 种。这里不仅是人间的天堂，还是动物的乐园。山顶上还有中国工农红军闽北独立师创始人黄立贵、张麒麟等曾在此坚持艰苦卓绝的南方三年游击战时战斗生活过的地方；抬头望，民间传说"上知三百年下知三百年"的刘伯温等结庐隐居的匡庐遗址便在眼前。主峰香坛，云蒸霞蔚，光芒四射，旁边天师庙传来的早课钟声，把匡山的神奇、匡山的神韵，吟诵得如蜿蜒攀爬于崖壁的葛藤，高远又自信。

（三）建设成效与经验

1. 村民收入得到极大提高

经过多年的建设发展，双同村内旅游业成了经济发展的主要增长点，目前形成了"匡山"品牌效应的旅游生态村，主营特色产品的加工以及销售。现在的双同村，家家户户都加工酸枣糕、野山蜂蜜、杨梅干、杨梅酒、笋干等特产，再经过村里统一包装，借由"匡山"品牌效应进行销售，年收入上百万元（徐世明，2010）。

2. 新村面貌得到极大改善

为优化发展匡山森林人家旅游文化氛围，双同村大力加强新村建设。2001 年，双同村以被县里列为建设生态经济走廊和旅游发展的重点项目村为契机，建起农民书斋、匡山陈列室、科技信息室、道德教育室等；建起寿龟休闲公园，配备了 5 套健身器材；恢复了匡山景区古迹，新建、修复唯天在山亭、环中亭、坐看云起亭、拜官亭、迎客亭等。2007 年、2008 年村里争取县、省林业厅等上级部门资金支持 1000 万余元改善基础设施。目前，村道、宽带连通到村，水、电、通讯、闭路延伸到户。

3. 生态环境得到有效保护

20 世纪 70 年代，因村民生计需要，大肆砍伐山林，建起炭窑，使得村周边的山林很快成为秃山。然而，依靠这种"靠山吃山"的发展方式并没有让山里人真正过上好日子，反而带来了田荒、水患。自开展森林旅游以来，村民从森林旅游发展中得到了实实在在的好处，村民不再砍树烧炭，反而自觉组织起护林队，精心呵护景区的万亩山林。为了进一步保护好生态环境，力求走出一条社会、经济、环境可持续发展之路，因森林人家富裕起来的双同村村民从2002年开始，大力实施"沼气工程"建设，至今已建成沼气池100多个，全村100多户，全部用上了清洁环保的沼气。如今，这里的动植物都得到了很好保护，成为人间的天堂、动物的乐园。

三、以森林人家为载体培育增收产业模式
——重庆市城口县大巴山森林人家

（一）基本概况

重庆市城口县，距重庆主城区约400千米，位于大巴山脉南麓。城口县受群山阻隔，曾是重庆脱贫攻坚的"硬骨头"。2015年始，城口县依托良好的生态气候优势，大力发展乡村旅游，建立大巴山森林人家，打造森林人家品牌，当地乡村旅游的知名度和影响力得到不断提升。

城口县现有林业用地426.8万亩，占县域面积的86%；有林地面积322万亩，占林业用地面积的76%；活立木总蓄积量1530万立方米；森林覆盖率达65.3%，居全市第一，素有"九山半水半分田"之说。宜人的生态气候和富足的森林资源，决定了城口县"生态经济化、经济生态化"的发展思路，走出了一条以"大巴山森林人家"为载体，林业产业与新农村建设、高山生态扶贫搬迁、乡村旅游扶贫相融合的新路子。

（二）发展措施和模式

1. 全域谋划森林人家集群片区

在发展理念上，将城口县全域作为一个大的景区来谋划和打造，把城镇和乡村都作为景点来建设，把城乡基础设施和公共服务设施都作为旅游要素来配置，把特色节会、生态资源、农业资源都作为旅游产品来运作，把分散的旅游资源串成线、

连成片，形成处处是风景、处处可欣赏的全域旅游格局。

按照"重点景区 + 全域乡村旅游"发展思路，城口县以乡镇为单位规划了多个森林人家集群片区，每个乡镇一个主题，形成一镇（乡）一品、风貌各异、特色文化凸显、农家氛围浓厚的大巴山森林人家集群片区。

县政府还制定了《关于加快乡村旅游发展的实施意见》和《关于加快全域旅游发展的实施意见》，进一步完善了全域旅游发展政策，统筹乡村旅游各项资金，推动大巴山森林人家由独户分散经营向片区集中发展的规划建设模式转变。

2. 打造原乡特色凸显片区特质

县域内所有景区景点、集群片区、餐饮服务都按照乡村的理念、逆城市化的方式去打造，力求凸显自然之美、原生之美、和谐之美，突出巴山原乡特质。

通过优化多种品牌线路，为旅游者设计各具特色的文化旅游线路，深度挖掘秦巴文化、红色文化、民俗文化，特别是群众生产生活过程中的真实文化，提升旅游的文化底蕴和特色魅力，为旅游注入长久生命力。

厚坪龙盘大巴山森林人家集群片区，基于片区内的龙峡水库，将休闲运动和星空乐园作为主要深入开展的活动项目。该片区高节奏、低成本的规划建设模式，得到市级相关部门的点赞认可。

岚天岚溪大巴山森林人家集群片区，突出"原乡原貌原俗"理念，保留乡村元素，彰显古村落特色，通过传统村落保护利用、民宿升级改造、民俗文化挖掘，打造了不同主题的森林人家。

巴山坪上大巴山森林人家集群片区，依托巴山湖国家湿地公园，以美丽乡村建设为主线推进建设。

3. 农商旅深度融合布局多元产业

充分发挥"大巴山森林人家"连接农文旅的载体平台作用，突出"森林"和"人家"特质，紧扣产业脱贫增收，对森林人家进行改造和提档升级，增强对乡村旅游消费的吸附能力，辐射带动原生态特色农产品生产销售，实现一个平台、双向拉动、多渠道增收（王伟，2016）。

在业态培育上，创新"旅游+"发展模式，促进旅游业与一二三产业融合发展，因地制宜、因时制宜，纵向成链、横向成群，培育旅游发展新业态，增加旅游产品新供给，产生"1+1>2"甚至倍增效应。

与林业产业布局相融合，充分发挥"大巴山森林人家"对农林特色产品的集散功能，大力发展"民宿产业"和"后备厢经济"，促进林特产品变旅游商品，提高产品附加值。鼓励"大巴山森林人家"吸纳建档立卡贫困群众就业，拓宽贫困群众增收渠道。

以"大巴山森林人家"为载体，大力实施乡村旅游扶贫。把每一个高山生态扶贫搬迁集中安置点都打造成一个小型游客接待中心。充分利用高山生态扶贫搬迁腾退的土地和林地资源发展林下经济，大力推广"林上挂果、林地种药、林下养鸡、林间养蜂"等具有观赏性的生态复合型产业发展模式。以企业带基地、基地带产业、产业带农户（贫困户）的发展思路，扶持培育市场经营主体，积极推行"公司+基地+合作社+农户"的产业经营模式，鼓励市场经营主体与林农建立稳定利益联结关系。

4. 政策发力，解决资金难题

大巴山森林人家建设坚持"政府引导、农民主体，突出特色、集群发展，分类经营、自律管理"的原则。鉴于群众普遍贫困，投资能力十分有限，大巴山森林人家降低经营者进入门槛，有利于贫困农户参与。以同时接待20人就餐、10人住宿为起步规模，投入5万元左右即可营业。

同时重在盘活利用既有资源，小规模建设、连片发展和抱团经营的发展模式。四五家农户连片建设，抱团经营，在具备初步的接待能力后，再在后续经营过程中逐步扩大规模、提高水平。

城口县制定了《大巴山森林人家融资担保基金管理暂

行办法》，采取信用担保和贷款贴息的方式，基本上实现了1∶10∶40的比例，撬动更多的银行资本和社会资本投入到大巴山森林人家集群片区建设，解决了资金难题。城口县制定了"大巴山森林人家"星级评定标准和办法，二星级以下的森林人家给予微型企业政策扶持，三星级以上（最高五星级）的森林人家给予10万~20万元不等的一次性奖励扶持。

同时，对"大巴山森林人家"房屋建设、室内装修、配套设施、环境打造等进行统一规划，全程指导，积极引导支持大巴山森林人家围绕"吃、住、行、游、购、娱"，实施通水、通电话、通宽带和改卫生间、改床位、改厨房、改娱乐设施、改畜圈的"三通五改"，确保大巴山森林人家规划布局、风貌设计、功能配套、命名形式、店面招牌、管理服务"六统一"。

（三）建设成效与经验

与其他休闲旅游产品不同，森林人家是森林特色鲜明的"林家铺子"，强调林农的经营主体地位，注重良好的森林生态环境，突出个性化休闲旅游理念，提倡健康的生态旅游形式（陈静，2008）。"大巴山森林人家"每户森林人家接待规模不限，特色各异，吸引了众多都市旅游人群。城口县"大巴山森林人家"集群片区总量达15个，根据行政区域类别和乡村旅游发展实际，每个集群片区的"大巴山森林人家"分别达30户到100户的不同规模。全县"大巴山森林人家"经营户数达2000户，住宿床位数2万张以上，实现年旅游接待能力200万人次，直接从业人员4000余人，带动2万人实现就业（曹力水，2017），旅游收入年均增长35%左右。

城口县森林人家建设创新了森林资源的利用方式，把保护与利用进行了有机结合，把森林人家作为给社会提供的创新公共服务和产品，发挥森林资源的富民、养民、乐民功能，成为一种增进环保、崇尚绿色、倡导人与自然和谐相处的新型森林旅游产品，对推进精准扶贫、开辟林业经济新的增长点、创造普惠性民生福祉起到了积极作用。以创新理念指导森林人家建设，开发多样化森林旅游体验产品。以森林人家为载体，加强与医疗、保健、旅游、教育、文化等部门和科研院校的合作，大力开发森林休闲、森林养生、森林体验、森林文创等新型森林旅游跨界体验产品，指导森林人家兴办"自然学校""森林氧吧"，围绕森林的生物多样性开发富有当地生态文化特色的体验服务和旅游纪念品，提升产品增值服务空间。

政府也提供了对森林人家建设的政策和资金扶持，特别是做好政策叠加，整合林业、扶贫、旅游、交通、建委、文化委等各个行业的资金投入到森林人家建设中。政府还组织开展森林人家示范建设，选择基础条件相对较好的行政村开展森林人家集群示范建设，提供从规划、建设、运营、管理到森林体验和森林养生等休闲旅游产品开发的一条龙指导及服务，打造有品质、有内容的森林人家，形成森林人家品牌，成为重庆的一张名片。

城口县依托"大巴山森林人家"带动贫困群众脱贫致富，实现了生态、经济、社会效益"三赢"，极大地提升了林业产业在促进农民脱贫致富和区域经济发展中的综合贡献率（徐伟，2014）。

第三节
森林人家建设助力乡村振兴

一、森林旅游三级体系的村寨发展模式
——福建省武平县云礤森林人家

（一）基本概况

武平县自然生态环境质量优良，森林覆盖率达 79.39%。空气质量位居全省第三，是福建省首个"中国天然氧吧"。境内有梁野山国家级自然保护区、梁野山国家森林步道、中山河国家湿地公园三张国家级生态名片，获评"全国绿化模范县""国家园林县城""全国森林旅游示范县""全国首批国家全域旅游示范区""国家森林康养基地"。

武平县是习近平生态文明思想的重要孕育地之一。习近平总书记在福建工作期间曾 4 次深入武平县视察，对武平林改和捷文村群众来信多次作出重要指示批示。近年来，武平县深入实施"生态立县、产业兴城、旅游富民"发展战略，2018 年 10 月，武平获评"省级生态县"称号；全县 17 个乡镇（街道）中有 16 个乡镇（街道）获得省级以上生态乡镇命名，其中，万安镇、东留镇、民主乡、下坝乡 4 个乡镇获得国家级生态乡镇命名；全县 214 个行政村中有 190 个村获得市级以上生态村命名，其中 64 个村获得省级生态村命名。武平捷文村被列入"全省践行习近平生态文明思想示范基地建设点"。2016—2019 年

连续四年荣膺"福建省县域经济发展十佳县",2019 年 6 月经省委、省政府批准正式退出省级扶贫开发工作重点县(陈厦生,2019)。武平从林改出发,取得了县域经济绿色转型的成功经验,是乡村振兴县域探索的典型样本,是生态文明建设的生动实践。

云礤村森林人家位于国家级自然保护区梁野山麓,距县城 11 千米,是梁野山景区核心区域,平均海拔 600 米,村庄群峰环抱,上临梁野山主峰,山势巍峨,绝壁千仞,如同世外桃源。梁野山景区面积 3500 亩,主要以观瀑、亲水为特色。整个景区沿梁野大峡谷而建,以云礤村为界,分为上、下瀑布群,瀑布群多为阶梯式的花岗岩山体,坡降大,水流急,充沛的雨量和多变的峡谷,形成各式各样的瀑布和迭水,沿溪而上,景点主要有"神牛瀑""草鞋陂""金鳌瀑""通天瀑""飞鱼瀑""披云瀑""佛光瀑""神龟瀑"等 10 余条姿态各异的瀑布,绵延近 10 里,是东南地区瀑布分布密集、景色美、生态佳的瀑布群,被誉为"东南第一瀑布群"。梁野山景区还是定光佛、何仙姑坐禅成道圣地,客家和仙佛文化底蕴深厚,景区物种资源丰富,有"回归线上的绿色明珠""天然绿色基因库""鸟类的天堂""昆虫的王国""客家人的香格里拉"等美誉。

2017 年 9 月,武平县云礤森林人家合作社被授予龙岩市首届"十佳森林人家"。云礤村森林人家是一个以自然生态环境、农业资源、果树资源、田园景观、休闲度假、乡土文化特色为基础的乡村生态森林乐园,也是梁野山景区的一个重要景点。

2017 年,云礤村已发展森林人家 25 家,从业人员 355 人,年接待游客 60 多万人次,仅 2016 年国庆节期间就接待游客达 19 万人次,森林人家农户平均纯收入 20 余万元,全村年人均收入达 2.1 万元,其中三分之二以上的收入来自森林人家、林下种养、森林旅游康养。2019 年实现村财收入 32.8 万元,农民人均收入 2.4 万元。穷山村成为远近闻名的小康村。云礤村先后被评为"国家级旅游特色村""福建省四星级乡村旅游示范村"。2020 年,龙岩市构建了以森林城市、森林村庄、森林人

家为基本脉络的森林旅游三级体系。龙岩市拥有森林人家218户，占全省三分之一以上，初步形成了闽西客家文化森林旅游区、红色古田文化森林旅游带、红土绿韵体验游的森林旅游发展格局。

（二）发展措施与模式

1. 转化生态资源优势，建设复合型经营森林人家

依托良好生态优势，主打"来武平·我氧你"的城市旅游宣传口号，塑造"养生福地·清新武平"，创建全国森林旅游示范城市和国内知名乡村旅游目的地。进一步推进"旅游+"跨界融合，延长旅游发展链条，鼓励发展森林康养、特色住餐、快递物流、教育培训等新业态，培育绿色发展新动能。把城厢镇云礤村作为重点打造的11个省高星级乡村旅游村之一。

云礤村充分结合村情、林情，以梁野山云礤瀑布群和保存完好的原始生态天然阔叶林等生态景观为依托，主动融入大旅游规划，通过整治农村环境、开展森林人家创建活动，实行统一授牌、集中管理、规范运作，发展吃、住、娱为一体的生态健康休闲游（霍兴华 等，2015）；通过林下养鸡、养羊，种植木耳、香菇、水果、蔬菜等为森林人家和土特产市场提供原生态产品，走出了一条集农业生态、旅游观光、餐饮娱乐于一体的复合型之路（钟茂富 等，2017）。

利用云礤四季果园吸引游客前往采摘，利用云礤村庭院式客栈、自家生产的农产品以及田园风光、自然景点等开发农家乐产品；利用客家传统工艺特制的客家传统美食，构建美食一条街；依托宗教资源，开展祈福主题旅游，开发了吃、住、游、养于一体的养生休闲游。

2. 明确客群发展特色产业，打响森林人家知名度

云礤村专门成立了梁野山四季果园合作社，积极引导村民调整农业产业结构，大力发展生态休闲观光农业。目前合作社入社社员130多人，拥有果园面积300多亩，种植了猕猴桃、杨梅、百香果、葡萄、金橘等水果，吸引大批游客前来观光采

摘。采取"公司＋基地＋农户"的公司制经营模式，设定了最低收购保护价，通过建立收购保护制度来保障农民收入，以原生态绿色食品为产业，以"云中村寨、世外桃源、生态新村、休闲胜地"和"绿色氧吧、清新云礤"打造营销品牌。

借助信息化手段，采取"线上＋线下"多途径进行宣传，推广森林人家旅游体验，吸引更多的游客前来游览。重点发展对象放在了新兴中产阶级，以部分"乐活族""背包客"等资深"驴友"为主要代表，根据他们对森林人家的自然、文化景观体验感知，构建"游览梁野山景区，体验云礤村森林人家休闲健康游"的旅游主题体验线路，再借由这部分代表的宣传，吸引更多的游客到来，逐渐打响森林人家的知名度。

3.规范森林人家经营，保障健康持续发展

充分发挥云礤村森林人家专业合作社和理事会的引导性，制订章程，相互监督，规范食品安全和经营管理。森林人家各户之间通力合作，协调配合，相互监督。政府积极引导，加强从业人员培训，提高森林人家的经营管理和服务水平。政府还建立激励机制，于每年年底进行服务质量综合评比，建立奖罚激励制度，对森林人家各户进行评级（蓝文丰，2014）。联合工商、卫生、旅游、林业、环保、市容等有关部门对森林人家接待点的食品卫生和安全进行定期或不定期检查、整顿，保障森林人家健康持续发展。

（三）建设成效与经验

1.武平县森林人家建设成效

2019年武平县文旅康养产业总收入实现103亿元，获评"国家森林康养基地"。教育培训业发展势头良好，成功争取国家林业和草原局、清华大学、省军区、省委党校等9家单位建立教育教学科研基地，承接县外63批次、3781人次的教育培训。

截至2019年年底，全县获得认证（认定）并在有效期内的"三品一标"数共42个，其中无公害农产品20个，绿色食品6个，地理标志数16个（含地理标志证明商标14个），获评福建省农产品质量安全县。推广林药、林菌、林蜂等九种模式快速发展林下经济,全县林下经济经营面积达145.8万亩,成为国家级林下经济示范基地。出台武平县2019—2021年紫灵芝产业发展扶持政策》,全县紫灵芝种植面积达8072亩。2019年新增林下经济示范基地37个,新增经营面积6422亩,实现产值34.2亿元。

2. 云礤森林人家建设经验

云礤村森林人家开展以来,得到了省、市、县林业局及县旅游、工商、卫生、税务和城厢镇党委、政府等部门的大力支持。各级政府和林业主管部门通过发放印有森林人家字样的工作服装、围裙、太阳伞、灯笼、宣传册,定制森林人家的木质门牌牌匾、森林人家指引牌,树立大型宣传广告牌,建好竹制森林人家旅游山门等,为森林人家进行推介宣传。市、县林业局先后拨付近30万元进行推动发展并统一定制印有森林人家标识的餐具150套,厨边柜51张等发放到各授牌的森林人家;县旅游、工商、卫生、税务、镇政府等部门经常上门进行业务指导、检查、培训,为森林人家健康、持续发展服务(蓝文丰,2014)。

转变过去靠生产木材发展林业经济的做法,积极转变林业发展方式。目前云礤村18家森林人家全部被省林业厅授牌并评为"三星级森林人家",涉及从业人员200多人。经过多年培育,森林人家已成长为广大林区的新兴业态,不少林农的生活因此得到改变。据了解,武平县近800户贫困户通过在森林人家务工,为森林人家提供种养产品等方式实现增收,如期实现了脱贫。

二、依托古色资源的森林村庄建设模式
——浙江省临安区指南村森林人家

（一）基本概况

指南村位于杭州临安区北部，里畈水库上游，属太湖源镇。指南村距临安区约25千米，距杭州市区约70千米。指南村森林人家属于森林文化型森林人家项目，并作为当地乡村振兴的重要途径，2015年开始建设并于2016年列入首批浙江省森林人家命名名单。

指南村历史悠久，村内保留有明、清时期的古民居、古姓邵氏宗祠、古井、烈士墓等景点。其中，以古建筑为主体的村落空间是指南村森林人家建设的核心区域。

指南村所处的指南山属天目山系，为仙霞岭山脉北支。指南村正好处于一古剥夷面上，由于地貌发育过程中有间歇性不等幅抬升的特点，造成中山山原和齐平山山顶等古剥夷面（如平顶山、指南天池）的存在以及河谷阶地的发育，为古村落的人居环境创造了得天独厚的天然条件。

指南村地处中亚热带常绿阔叶林带，村域内有较大面积的天然次生植被，森林覆盖率在93%以上，成为旅行摄影达人心向往之的红叶小镇。村内千年以上的古树众多，有银杏、红枫、铁木、麻栗、马尾松、金钱松、响叶杨等20余种，至今还保留着以300多株枫香、天目铁木和银杏为主的珍稀古树，3棵千年银杏和7棵千年枫香都保存完好。

指南村水景资源丰富，现有毛山坞（库容2万立方米）、红泥坎（1.8万立方米）、吴家水塘（1万立方米）、爱屋水库（8000立方米）、大坑水库（5000立方米）、三八水库（5000立方米）、三八塘（8000立方米，现已干涸）7个主要水库。由于高山夷平面的存在，在适当的汇水区域形成了小型的高山湖泊景观，以村东天池最为典型。村东天池位于海拔600米，面积约7000平方米，平均水深约3米，最深处10米，池水整年碧青翠绿，是个天然的天池。村周围山上终年溪水不断，有大小溪瀑 5~6 处。

以良好的森林古树群为基础，以较高古村落游憩价值景观为依托，因地制宜利用指南村独特的自然生态、气候条件和民俗文化等优势，充分开发森林生态资源和乡土特色产品，融森林文化与民俗风情于一体，让指南村成为"华东地区最美古村落"，江南秋景的典型代表（何晓玲 等，2017）。

（二）发展措施与模式

1. 政府与市场共同发展森林休闲产业

坚持政府引导、企业主体、市场化运作的理念，充分发挥市场在资源配置中的决定性作用，着力深化体制机制改革，激发创业创新活力。积极引进工商资本发展现代林业经济和森林休闲养生业，引导其与林场、农户等建立利益联结机制，实现资源优化配置和集约化、规模化经营。在稳定森林旅游资源权属的基础上，按所有权、管理权与经营权分离的原则，放活经营权，对森林旅游资源实行市场化配置。遵循市场经济规律，对森林旅游资源实行有偿使用，允许森林旅游资源使用权依法抵押、入股和作为合资、合作的资本或条件。

按照浙江省财政支农体制机制改革的要求，加大对林业主导产业、森林旅游休闲业等的财政支持力度。积极争取落实省特色小镇，历史经典产业相关扶持政策。在森林旅游休闲方面重点支持森林景观提升、森林古道修复及森林休闲养生设施、服务设施和配套基础设施建设，支持森林生态文化科普教育设施建设，电子商务及营销服务等。加大土地要素保障，涉及林业生产用房及相关附属设施占用林地的，按《省林业厅关于进一步简化林地审批强化林地监管工作的通知》（浙林资〔2014〕89号）执行。设计旅游休闲、绿色产业项目，按《省国土资源厅等9部门关于开展"坡地村镇"建设用地试点工作的通知》（浙土资发〔2015〕13号）的规定申报。涉及征占用林地的，优先安排征占用林地定额。

加强对森林人家的组织领导和统筹协调，充分利用现有林业特色产业优势、区位优势和市场条件,深度挖掘地方特色和比较优势,以规模化、生态化、专业化和集约化的第一产业为基础,加快发展综合加工利用等第二产业,重点发展森林休闲养生、电子商务产品营销等第三产业和历史经典产业。通过体制机制创新,主体培育壮大,生产要素集聚,推动一二三产业融合发展。加强政府引导和服务保障,在规划编制、基础设施配套、资源要素保障、文化挖掘传承、生态环境保护等方面更好发挥作用。加快发展森林休闲养生业,在抓好试点县的同时,抓紧启动森林人家的培育工作,建立县、乡镇、村三级的森林休闲养生发展新格局,把生态优势转化为富民优势、产业优势,为建设一流的森林休闲养生福地提供经验和样板。

2. 依托古色发展特色森林人家

指南村利用"指南七古"(千年以上的古姓、古塘、古树、古祠、古庙、古宅、古墓),赋予森林人家丰富的文化底蕴。

除了古树、红叶外,指南村森林人家也独具竹乡特色,开设了竹文化园,在院内建设了较多互动性景观,包括竹林迷宫、竹林观景塔等项目设施。

除了对"七古"进行重点保护,还深入挖掘了"太平灯"等传统民俗文化,每逢重大节日都会进行表演(丁梅琴,2017)。根据当地的文化传统、传说,结合指南村森林人家所处的地形、地貌,设置了许多景观小品设施,使得指南村森林人家的景观更加丰富多样、引人入胜。

在指南村森林人家入口即指南村村口,设置了入口广场,该广场主要功能为宣传指南村森林人家的文化,具有标识性和象征性。在入口广场也可举行民俗表演等活动,兼具了集散人流、车流的作用。另一个广场是位于指南村中心的民俗文化广场,通过拆除现有的破旧建筑、整合场地,形成了较集中的游憩景观空间,既满足了游人和村民的休憩需要,又丰富了指南村森林人家的游憩景观内容。除此之外,塘顶广场是指南村森林人家内为了满足停车需求而扩建的广场,其南侧种植有黑松林,北侧结合地形设置了眺望平台、休闲茶座等游憩场地,并在广场绿地设置了一些健身设施。

(三) 建设成效与经验

通过省级森林人家项目打造,指南村的生态环境已焕然一新,带动了农家乐和民宿发展,也让指南村成为临安千里画卷中的"源头明珠"。自2015年开始创建工作以来,游客年均增速在25%以上,森林旅游产业收入接近3000万元,人均收入突破3万元,指南村集体和村民收入可持续增加。

到2017年年底,指南村已建立各类森林旅游景点21处,经营总面积达40多万亩,占有林地面积的12%,农家乐经营床位数达6800余张,2016年实现旅游综合总收入达到138亿元,休闲农业人均年产值从5.0万元提高到6.3万元,亩产值从0.88万元提高到1.49万元。截至2018年年底,指南村共有农家乐66家。2019年指南村共计接待游客40万人次,旅游总收入突破2000万元,农家乐经营户户均收入普遍在30万元以上。截至2020年,村里200多户人家,80%都有自己的农家乐。

在上级林业主管部门现代林业发展产业政策的支持下,在创建森林人家中,指南村始终把"生态经济化、经济生态化"的绿色发展理念融入创建工作中,扎实开展古树保护景区化提升、培育森林食品基地、挖掘森林红叶文化、配套完善森林旅游设施等建设,实现了从"卖柴卖炭"到"卖特色山货"、从"砍树挖山"到"护树护林卖生态"的华丽转身,指南村"村美人富"走出一条现代林业发展新路子(浙江林业编辑部,2018)。

三、一二三产业融合的森林人家发展模式
——重庆市名园山庄森林人家

(一) 基本概况

江津区杜市镇是重庆市最大的花卉苗木种植基地,也是有名的杜鹃花和红花檵木基地。1987年,村民熊建国从山东引进

第一株杜鹃花，带动全镇加入花卉苗木种植行业，迄今已逾30年。随着花卉苗木市场渐趋饱和，农业小镇的花木产业遭遇发展瓶颈，花农们也纷纷转型，建起苗木基地发展乡村旅游（丁梅琴，2018）。

江津区名园山庄成立于2014年8月，占地面积3500平方米，于2015年被评为重庆市森林人家，2016年被评为江津区森林人家。该森林人家位于江津区杜市镇湘萍村，距江津50千米。以种苗花卉资源为基础，依托太公山脉，自然环境得天独厚，交通便捷，是一家集种苗花卉经营、城镇绿化、生态旅游于一体的森林人家。

（二）发展措施和模式

1. 分区发展打造精品森林旅游

江津区以打造精品森林旅游为目标，把工作重点放在培育保护森林资源和森林旅游设施建设两个方面，加速彩色森林旅游升级更新，为群众提供优质的森林生态环境。根据江津的森林资源现状和林业发展情况，将其规划为生态屏障区、生态保护区、生态保育区和生态发展区4个区域，实行组团式发展。生态屏障区由6个镇街构成，分别为几江街道、鼎山街道、德感街道、双福街道、支坪镇、珞璜镇，着重在生态屏障区构建"城郊森林氧吧"。生态保护区由四面山镇、四屏镇2个镇构成，重点打造高标准"旅游度假胜地"。生态保育区由蔡家镇、柏林镇、西湖镇、永兴镇、中山镇、嘉平镇、塘河镇7个镇构成，着重构建木材储备基地。生态发展区由14个镇构成，分别为白沙镇、石蟆镇、李市镇、油溪镇、先锋镇、石门镇、龙华镇、吴滩镇、贾嗣镇、杜市镇、朱杨镇、慈云镇、夏坝镇和广兴镇，"富硒林业特色产业基地"是其重要建设目标，发展具有当地林业特色的产业基地，比如富硒花椒、笋竹、橄榄、种苗花卉等都为当地闻名的特色产业，从而有效促进产业增收，提高经济收入（江津，2016）。

江津区立足"林旅结合"的原则，积极创建森林人家，通过示范带动,大力发展乡村生态旅游,助力乡村振兴。在创建森林人家的同时,结合每一户森林人家的实际情况,有针对性地给予营建果园、花卉苗圃等林业科技方面的技术指导,并予以资金上的扶持。对创建成功的市级森林人家给予每户5万元的资金补助,区县级森林人家给予每户4万元的资金补助。

2. 多元化发展森林人家特色产品

名园山庄森林人家立足多元化发展思路,走出了一条产销结合、林旅结合的成功之路。一是建设种苗花卉基地,把种苗花卉生产作为山庄的第一产业,山庄内常年培育绿化苗木、花卉有50多种,种植面积达156亩,特别是培育的春鹃、夏鹃和西洋杜鹃远近闻名。培育适销对路的种苗花卉,一方面可强化主导产业,增加山庄第一产业收入;另一方面可丰富生态旅游资源,为山庄的第三产业奠定基础。二是深挖种苗花卉经营市场,充分利用"互联网+"信息技术,建立电子商务平台,线上线下销售同步推进;同时加强新品种培育,提升苗木花卉造型品质,以此吸引更多客源。三是不断丰富生态旅游项目,不仅打造好餐饮、住宿、观光等基本的生态旅游项目,还不断拓展休闲垂钓、农事体验、亲子互动等,特别是制作的种苗花卉礼品,深受游客喜爱。

(三)建设成效与经验

江津区杜市镇产业融合发展助推乡村振兴,成功转型花木产业,30余家花木企业从工程苗木销售转型为花艺产品销售,带动花卉加工、庭院设计等产业纵向发展。

升级乡村旅游业,投资300余万元打造美丽乡村,湘萍村被评为"重庆市美丽宜居村庄"。2018年"花木旅游文化节"和"花朝节"双节同庆,开展"祭花神""走花秀""秀花艺""十二花仙游花海"等系列活动,促进游客口碑宣传,接待游客15万人次。

延伸周边产业,以1.8万亩花木产业为依托,以太公山春季赏花体验为抓手,带动镇内"一带四线"的全域发展,拉动夏秋富硒小水果采果游、冬季过年游的全季发展，"太公山枇杷""黑滩脆李""国金甜橙""它萌香猪""池晓乳鸽"等多个特色品牌不断发展壮大，2018年就已实现旅游综合收入1500万元。

森林人家项目的实施使名园山庄的环境得到了更好地改善，丰富了山庄内种苗花卉的品种和品质，提高了山庄内的观赏价值，让游客体验到休闲观光与寓教于乐相结合的新型生态旅游形式。森林人家项目的实施使名园山庄在当地脱贫致富中起到了示范带动作用，不仅带动周边10余农户、花农开展农家乐，而且还吸纳贫困户为其提供就业机会，带动了当地的经济建设。

参考文献

蔡碧凡，俞益武，夏盛民，2010. 农家乐经营与管理 [M]. 北京：中国林业出版社.

蔡善柱，2004. 试论旅游品牌开发 [J]. 安徽师范大学学报（自然科学版）(3)：343-346.

曹力水，2017."森林人家"有奔头 [N]. 经济日报，2017-05-31.

曾行汇，2008. 福建省森林人家品牌发展研究 [D]. 福州：福建师范大学.

柴萌，2021. 集体林权制度改革促进乡村经济振兴——评《武平：全国林改第一县乡村振兴之路》[J]. 林业经济，43 (2)：c97.

陈登丰，2008."森林人家"对乡村旅游影响研究 [D]. 福州：福建农林大学.

陈放，2002. 品牌学 [M]. 北京：实事出版社.

陈婕，2010. 福建省森林人家研究 [D]. 福州：福建师范大学.

陈静，2008. 森林旅游品牌创建初探——以森林人家为例 [J]. 林业勘察设计 (2)：39-43.

陈丽军，卢明强，2011. 哈尼梯田旅游市场营销策略分析 [J]. 资源开发与市场，27 (1)：86-89.

陈厦生，2019. 武平再出发，奋力走好新时代的长征路 [J]. 福建党史月刊 (11)：12-17.

陈文武，田晔林，蒋玮，等，2015. 森林养生旅游产品体系开发及构建研究 [J]. 中国农学通报，31 (25)：1-5.

成捷，2012. 广州市"林家乐"空间布局与设计模式研究 [D]. 广州：广州大学.

程菲，谢红彬，2016. 基于森林人家模式的森林保护与林农生计协调发展初探——以福建省旗山国家森林公园为例 [J]. 台湾农业探索 (5)：50-54.

池佛兴，江建芳，2012. 泰宁："森林人家"旅游品牌效益凸显 [N]. 三明：三明日报.

迟紫镜，2011. 两部门签署关于推进森林旅游发展的合作框架协议 [EB/OL].[2011-5-17] .http：//www.gov.cn/gzdt/2011-05/12/content_1863061.

丁梅琴，2017. 乡村振兴看浙江"森林人家"建设 [J]. 浙江林业 (12)：4-5.

范水生，2011. 休闲农业理论与实践 [M]. 北京：中国农业出版社.

冯学钢，2006. 旅游地理学 [M]. 北京：高等教育出版社.

冯玉超，郑晓阳，兰思仁，2018. 森林公园绿色发展新模式："森林人家" [J]. 闽江学院学报，39 (3)：61-70.

福建省林业厅，2007. 森林人家等级划分与评定：DB35/T 731-2007[S]. 福州：福建省质量技术监督局.

福建省林业厅，2007. 森林人家基本条件：DB35/T 730-2007[S]. 福州：福建省质量技术监督局.

葛飞秀，2006. 新疆土地承载力与可持续发展经济问题研究 [D]. 乌鲁木齐：新疆农业大学.

耿鑫，2009. 福建省森林人家乡村旅游景观规划设计探讨 [D]. 福州：福建农林大学.

贵州省林业标准化技术委员会，2019. 贵州省森林人家建设标准：DB52/T 1458-2019[S]. 贵阳：贵州省市场监督管理局.

郭焕成，刘军萍，王云才，2000. 观光农业发展研究 [J]. 经济地理 (2)：119-124.DOI：10.15957/j.cnki.jjdl.2000.02.025.

国家旅游局规划财务司，2015. 如何开办乡村旅游点 [M]. 北京：中国旅游出版社.

何晓玲，刘力，王燕平，2017. 改建自家老屋做民宿，帅小伙年入百万 [N]. 钱江晚报.2017-12-23.

何新涛，2018. 三门江国家森林公园旅游产品开发研究 [D]. 长沙：中南林业科技大学.

黑龙江省质量技术监督局，2018. 黑龙江森林人家旅游服务质量规范：DB23/T 2221-2018[S]. 哈尔滨：黑龙江省质量技术监督局.

湖南省林业标准化技术委员会，2018. 森林人家建设与评定规范：DB43/T 1425-2018[S]. 长沙：湖南省质量技术监督局.

湖南省林业厅，2018. 湖南省森林人家管理办法（试行）[EB/OL]. (2018-7-30) [2022-7-13]. http://lyj.czs.gov.cn.lycy/15521/content_1350117.html.

黄丽萍，2007. 森林旅游产品定位及其市场开发研究 [D]. 福州：福建师范大学.

黄茂祝，2006. 伊春区域生态旅游资源评价及开发对策研究 [D]. 哈尔滨：东北林业大学.

霍兴华，林萍，邱禄辉，等，2015. 在森林城市中畅快呼吸（上接1版）[N]. 北京：中国绿色时报，2015-05-18.

建设部城市建设司，1999. 风景名胜区规划规范：GB 50298-1999. [S]. 北京：中国建筑工业出版社.

江阜家，2008. 湿地公园旅游资源分析及生态建设对策 [D]. 长沙：中南林业科技大学.

江津，2016. 建设全市城乡林业统筹发展先行区 [N]. 重庆：重庆日报，2016-11-04.

姜思宇，2013. 旅游文化产品设计对旅游景区品牌推广的意义 [J]. 中国商贸 (30)：80-81.

蒋廷杰，2007. 新化紫鹊界景区生态规划 [D]. 长沙：湖南农业大学.

金磊，2006. 泰山旅游资源可持续利用研究 [D]. 济南：山东师范大学.

金攀，严玲玲，陈敏，等，2020. 森林人家建设的探索与实践——以浙江永康大陈村为例 [J]. 园艺与种苗，40 (2)：45-46.

荆书芳，2010. 福建省森林人家体验设计研究 [D]. 福州：福建农林大学.

兰思仁，2009. 福州国家森林公园理论与实践 [M]. 北京：中国林业出版社.

兰思仁，2011. 森林人家是福建森林旅游品牌的创新 [N]. 北京：中国绿色时报, 2011-03-29 (A04).

蓝文丰, 2014. 武平县城厢镇云礤村森林人家发展对策 [J]. 林业勘察设计 (1) : 65-67.

李碧珍, 2001. 休闲经济：如何可持续发展 [J]. 福建金融管理干部学院学报 (5) : 36-40.

李丹, 吴金林, 2008. 福建森林人家旅游品牌建设研究 [J]. 发展研究 (12) : 62-64.

李德波, 2011. 城郊农村如何发展观光农业 [M]. 昆明：云南科技出版社.

李海平, 张安民, 2011. 乡村旅游服务与管理 [M]. 杭州：浙江大学出版社.

李海涛, 严茂超, 沈文清, 2001. 可持续发展与生态经济学刍议 [J]. 江西农业大学学报 (3) : 410-415.

李蕾蕾, 1995. 从景观生态学构建城市旅游开发与规划的操作模式 [J]. 地理研究 (3) : 69-73.

李良美, 1999. 重视生态经济可持续发展的研究 [J]. 毛泽东邓小平理论研究 (3) : 44-50+13.

李妹珍, 刘淑兰, 谭文华, 2018. 美丽中国视域下生态文明村建设探索——以福建省浦城县双同村为例 [J]. 武夷学院学报, 37 (4) : 21-25.

李明泉, 2016. 田野的风社会主义新农村文化建设研究 [M]. 北京：光明日报出版社.

李森, 刘丹, 2007. 基于品牌忠诚的企业品牌管理新思路 [J]. 时代经贸（下旬刊）(2) : 98+100.

李诗宇, 戈福林, 2006. 怎样开办农家乐 农家乐经营必读 [M]. 成都：四川科学技术出版社.

李世红, 宋桂兰, 2002. 悄然走出的休闲经济 [J]. 工业技术经济 (2) : 28-29.

李文松, 2008. 三明市梅列区北山生态风景林综合评价及其营建技术研究 [D]. 福州：福建农林大学.

李析力, 2018. 春天里的大生意 [N]. 重庆：重庆商报, 2018-03-22.

李屹兰，李静轩，2011. 农家乐经营与管理 [M]. 北京：中国农业科学技术出版社.

廖颜姣，2014. 闽西森林城市绿地景观构建研究 [D]. 福州：福建农林大学.

林彬，林贵民，陈静，等，2007. 福建开展森林人家休闲健康游的探讨 [J]. 亚热带资源与环境学报 (3)：88-94.

林凤芳，2016. 体验式乡村旅游产品开发研究 [D]. 福州：福建师范大学.

刘保，2013. 基于畲族文化特色的畲山水森林人家规划 [D]. 福州：福建农林大学.

刘丹丹，2005. 3S 技术在森林公园规划和管理中的应用研究 [D]. 北京：北京林业大学.

刘红艳，2005. 关于乡村旅游内涵之思考 [J]. 西华师范大学学报（哲学社会科学版）(2)：15-18.

刘洪林，2013. 不同抚育措施对山东鲁山国家森林公园风景林美景度影响的研究 [D]. 保定：河北农业大学.

刘芹英，李奕成，2015. 城市居民对城郊型森林公园的森林休闲需求研究 [J]. 科技和产业，15 (06)：5-9.

刘世勤，聂影，2016. 中国森林旅游论 [M]. 北京：中国林业出版社.

刘枭，丁智才，2016. 福建省森林人家乡村旅游模式发展现状及对策研究 [J]. 中国海洋大学学报（社会科学版）(3)：92-98.

刘燕萍，2016. 我国天保工程国有林区转型发展研究 [D]. 北京：北京林业大学.

刘弋，2017. 四川纳龙河森林公园生态旅游资源开发及对策研究 [D]. 雅安：四川农业大学.

卢素兰，2007. 福建乡村旅游的模式——森林人家 [J]. 台湾农业探索 (2)：31-33.

罗能，2003. 旅游产品开发设计系统研究——以江津中山古镇为例 [D]. 重庆：重庆师范大学.

罗艳娟，2019. 广西金鸡山森林公园风景资源评价与开发研究 [D]. 南宁：广西大学.

孟繁羚，2009. 浅谈品牌的形象设计与营销对策 [J]. 北方经贸 (3)：52-53.

孟萍,2012.广西推进森林旅游发展[N].北京:中国旅游报,2012-06-06.

牟秋菊,2008.贵州省"农家乐"经济发展探析[J].贵州农业科学(5):183-184+187.

潘照春,2019.擦亮林业基层组织"政治底色"[N].南宁:广西政协报,2019-1-10.

皮平凡,2005.体验经济时代的旅游产品开发探索[J].学术交流(2):66-69.

祁新华,2003.福建柘荣县景观特征及景观生态规划的研究[D].福州:福建农林大学.

秦威,2014.陶瓷墨水对传统色釉料行业的影响[J].佛山陶瓷,24(09):11-14.

盛蕾,2018.全域旅游背景下敦化旅游发展对策研究[D].长春:吉林财经大学.

史晓明,2004.旅游产品设计与经营[M].北京:中国建筑工业出版社.

树红霞,邱灿旺,2015.泰宁水际:水里捧出"金饭碗"[N].福州:福建日报.2015-11-05.

四川省林业厅,2017.四川省森林康养人家评定办法(试行):川林发〔2017〕30号[EB/OL].(2017-03-09)[2017-03-02].http://LCJ.SC.GOV.CN/SCSLYT/ZCWJ/2017/3/9/85CBC358E704449E85D578186A1EF41F.SHTML.

苏馨花,刘君,马婷婷,2008.森林公园的景观系统规划设计要点[J].中国林业(13):35.

苏亚云,2014.景区吸引力、游憩体验、满意度与忠诚度的关系分析[D].福州:福建师范大学.

苏州质量技术监督局,苏州市旅游局,2006.农家乐旅游服务质量等级划分与评定:DB32/T 941-2006[S].南京:江苏省质量技术监督局.

孙冠中,2011.谈种业营销中的促销策略[J].中国种业(4):24-25.

唐峰陵,2006,林龙飞."新农村"形势下乡村旅游的深度开发[J].江西科技师范学院学报(6):30-33.

天津市农村工作委员会,2014.农家乐经营之道[M].北京:中国农业科学技术出版社.

田川, 2009. 福建省森林人家环境景观营建技术研究 [D]. 福州: 福建农林大学.

田树新, 石峰, 胡嘉滨, 等, 2002. 环境伦理学思想与林业的再认识 [J]. 中国林副特产 (1): 1-3.

佟敏, 2006. 基于社区参与的我国生态旅游研究 [M]. 哈尔滨: 东北林业大学出版社.

王建春, 2003. 旅游规划战略环境评价研究——以章丘市锦屏山旅游规划为例 [D]. 济南: 山东师范大学.

王建文, 2014. 福清市港西森林人家景观与生态设计思考 [J]. 台湾农业探索 (2): 30-34.

王磊, 2018. 品牌形象设计 [M]. 合肥: 合肥工业大学出版社.

王琦, 2006. 风景名胜区风景林规划研究 [D]. 南京: 南京林业大学.

王伟, 2016. 推进生态产业化转型发展 [N]. 重庆: 重庆日报, 2016-08-11 (004).

王伟伟, 2003. 辽宁旅游形象的·策划与宣传推广 [J]. 辽宁经济 (10): 32-33.

王艳林, 2006. 基于资源评价的森林公园景观规划研究 [D]. 长沙: 中南林业科技大学.

吴金林, 2017. "森林人家"生态旅游转型升级的路径——以"26度森林人家"为例 [J]. 闽江学院学报, 38 (4): 67-73.

吴景, 2009. 福建省森林人家认证指标体系及模型研究 [D]. 福州: 福建师范大学.

吴倩妮, 2006. 我国"农家乐"旅游的现状和发展对策 [J]. 长江大学学报 (自科版) 农学卷, 3 (3): 127-130+4.

吴雅婷, 2010. 昆明近郊农家乐室内外空间艺术形态研究 [D]. 昆明: 昆明理工大学.

肖笃宁, 钟林生, 2000. 生态旅游与景观生态学研究 [J]. 科学新闻 (5): 5.

肖君泽, 2008. 农家乐经营管理 [M]. 北京: 中国农业大学出版社.

晓书, 郑兴生, 2004. 怎样开正宗川菜馆 [M]. 四川科学技术出版社.

谢菲, 2015. 酒埠江森林公园景观生态评价与规划研究 [D]. 长沙: 中南林业科技大学.

新华社, 2018. 中共中央 国务院关于实施乡村振兴战略的意见 [EB/OL]. (2018-2-4) [2022.7.13]. http://www.gov.cn/zhengce/2018-02/04/content_5263807.htm.

徐世明, 2010. 浦城县"匡山"旅游村的新农村建设 [J]. 农村财政与财务 (11): 19-20.

徐伟, 2014. 城口县: 深入实施全域旅游扶贫的探索和实践 [J]. 决策导刊 (4): 20-22.

雪石, 1999. 餐馆创办指南 [M]. 北京: 中国劳动社会保障出版社.

杨帆, 2000. 用生态伦理学的观点来开发森林旅游 [J]. 林业资源管理 (2): 49-53.

杨建明, 苏亚云, 2016. 闽侯棋磐寨森林人家游客忠诚影响因素研究 [J]. 林业经济问题, 36 (2): 127-132.

杨炯蠡, 殷红梅, 2007. 乡村旅游开发及规划实践 [M]. 贵阳: 贵州科技出版社.

杨立新, 2009. 商业行规与法律规范的冲突与协调 [J]. 法治研究 (6): 3-8.

杨萤萍, 金玉良, 2017. 培育一方优美生态的乡村乐土 [N]. 磐安: 磐安报, 2017-01-18.

杨永杰, 耿红菊, 2011. 乡村旅游经营管理 [M]. 北京: 中国农业大学出版社.

余谋昌, 1999. 我国历史形态的生态伦理思想 [J]. 烟台大学学报 (哲学社会科学版) (1): 83-91.

余谋昌, 2011. 生态文明时代的地学文化 [J]. 辽东学院学报 (社会科学版), 13 (2): 11-18.

翟付顺, 2008. 省域风景名胜区体系规划若干问题研究 [D]. 北京: 北京林业大学.

张海虹, 2006. 饭店无形服务对宾客体验过程质量的影响研究 [D]. 杭州: 浙江大学.

张海虹, 2006. 饭店无形服务对宾客体验过程质量的影响研究 [D]. 杭州: 浙江大学.

张红, 2013. 刍议北京屋顶绿色中的商机 [J]. 混凝土世界 (9): 96-98.

张互助, 2001. 森林与休闲 [J]. 中国林业 (8): 36-37.

张猛, 2020. 黄桥乡裴庄村入选第二批国家森林乡村 [N]. 周口: 周口日报, 2020-03-12.

张顺, 2007. 论休闲的文化象征与休闲文化的价值导向作用 [J]. 通化师范学院学报 (6): 47-48.

张文莲, 杨志武, 黄本海, 等, 2014. 农家乐经营实务 [M]. 武汉: 武汉大学出版社.

张弦, 2005. 福建文化旅游 [M]. 福州: 福建教育出版社 (7): 173.

张琰飞, 朱海英, 2018. 论职业教育扶贫与产业开发协同机制 [J]. 继续教育研究 (8): 75-82.

张志强, 孙成权, 程国栋, 等, 1999. 可持续发展研究: 进展与趋向 [J]. 地球科学进展 (6): 589-595.

赵丽丽, 2006. 森林公园生态旅游开发研究 [D]. 成都: 成都理工大学.

赵楠, 2019. 沈阳市工业旅游发展战略的理论与实践研究 [M]. 沈阳: 沈阳出版社.

浙江林业编辑部, 2018. 绿满乡村 乐在人家——浙江森林人家创建工作典型经验节选 [J]. 浙江林业 (6): 6-11.

浙江省林业标准化技术委员会, 2022. 森林人家建设规范: DB33/T 2544-2022 [S]. 杭州: 浙江省市场监督管理局.

中国生态学会旅游生态专业委员会, 2010. 中国生态旅游发展论坛5 生态旅游与温泉养生生态产业 [M]. 北京: 中国环境科学出版社.

钟林生, 向宝惠, 郑群明, 2004. 景观生态学原理在生态旅游规划中的应用 [C]// 中国生态学会. 中国·武汉生态旅游论坛论文集. 北京: 中国科学技术出版社.

钟林生, 赵士洞, 向宝惠. 2003. 生态旅游规划原理与方法 [M]. 北京: 化学工业出版社.

钟茂富, 林文东, 2017. 云礤森林人家"绿水青山就是金山银山"[N]. 龙岩: 闽西日报, 2017-07-17.

重庆市商务委员会, 2022. 农家乐等级划分与评定: DB50/T 272-2022 [S]. 重庆: 重庆市市场监督管理局.

周婷，2017. 网店与实体店联合发展与共赢的实现研究[J]. 北方经贸(1)：53-54+65.

周文康，金玉良，周文康，2017. 向头村加快"沪上人家"项目建设[N]. 磐安：磐安报，2017-01-22.

庄艳，2019. 磐安古茶场文化小镇观光茶园景观设计研究[D]. 杭州：浙江农林大学.

邹芳芳，陈秋华，2020. 农户适应森林旅游意愿的影响因素分析——基于福建省16个森林旅游景点调研的实证检验[J]. 林业经济，42(5)：87-96.

附 录

森林人家申请、等级评定、管理办法

(LY/T 2086—2013)

森林人家等级划分与评定

(国家林业局 2013 年发布)

1 范围

本标准规定了森林人家的术语和定义、基本条件、等级划分、星级基本条件和等级评定。

本标准适用于森林人家等级划分与评定。

2 规范性引用文件

下列文件对于本文件的应用是必不可少的。凡是注日期的引用文件，仅注日期的版本适用于本文件。凡是不注日期的引用文件，其最新版本（包括所有的修改单）适用于本文件。

GB 3095—2012 环境空气质量标准；
GB 3096 声环境质量标准；
GB 5749 生活饮用水卫生标准；
GB 8978 污水综合排放标准；
GB/T 10001.1 标志用公共信息图形符号 第 1 部分：通用符号；
GB 14930.2 食品安全国家标准 消毒剂；
GB 14934 食（饮）具消毒卫生标准；
GB/T 15566 图形标志 使用原则与要求；
GB 18483 饮食业油烟排放标准。

3 术语和定义

下列术语和定义适用于本文件。

3.1 森林人家 forest home

以良好的森林环境与游憩景观为依托，能够为游客提供有森林特色的吃、住、娱等服务的场所。

4 基本条件

森林人家应具备从业资格、经营服务场地、接待服务设施、经营管理和从业人员等方面的条件。

5 等级划分

5.1 划分

等级划分采用星级方式，分为5个等级，即从低到高依次为：一星级、二星级、三星级、四星级和五星级。

5.2 标志

森林人家星级标志绿色五角星。各星级标志为：
a) 用1颗绿色五角星表示一星级。
b) 用2颗绿色五角星表示二星级。
c) 用3颗绿色五角星表示三星级。
d) 用4颗绿色五角星表示四星级。
e) 用5颗绿色五角星表示五星级。

5.3 指标内容

5.3.1 经营服务场地：用地面积、接待设施规模、绿化率、其他指标。

5.3.2 接待服务设施：综合服务设施、会议设施、客房、厨房、餐厅、公厕、车场、标志与标识。

5.3.3 环境保护：空气质量、噪声质量、饮用水质量、污水排放、油烟排放、各项设施设备符合国家环境保护的要求。

5.3.4 服务质量要求：安全管理制度和应急预案、各项岗位责任制和服务质量标准、服务操作规范要求以及从业人员等要求。

5.3.5 服务项目

5.3.5.1 娱乐类：歌舞厅、卡拉OK厅或KTV房、棋牌室、游戏室、婴儿看护及儿童娱乐室、定期歌舞表演。

5.3.5.2 健身体育类：桌球室、乒乓球室、室外运动场、游泳池、钓鱼与健身设施。

5.3.5.3 科普教育类：阅览室、林事体验、户外教师。

5.3.5.4 商务类：多功能厅、上网服务、文印、传真、复印等商务服务。

5.3.5.5 医疗类：医务室。

5.3.5.6 其他项目：庭院花园、引导服务、导游讲解服务、其他设施。

6 星级基本条件

6.1 一星级

6.1.1 经营服务场地

6.1.1.1 面积≥500平方米。

6.1.1.2 接待设施规模≥100平方米。

6.1.1.3 绿化率（或森林覆盖率）≥30%。

6.1.1.4 其他指标

其他指标包括下列内容：

a) 生态环境氛围优良，景观特色突出，植物与环境配置得当，有特色、效果好，具有浓郁的林区风情。

b) 建筑结构良好，布局科学合理，接待服务功能完善、齐备。设备设施舒适、方便、安全，完好率百分之百。

c) 建筑通道、楼道以及游客集中的场所符合消防安全要求，经营服务场所按规定配备必要的消防设施。

d) 接待区域地面全部进行合理化处理。

6.1.2 接待服务设施

6.1.2.1 厨房：墙体瓷砖墙裙高于1.8米，并符合下列要求：

a) 布局流程合理，使用面积与接待能力相适应。
b) 地面经硬化处理，防滑、有地沟，易于冲洗，有吊顶。
c) 初加工间、烹调间、凉菜间独立分设并符合卫生要求。
d) 凉菜间有足够的冷气设备和必要的设备。
e) 餐（饮）具洗涤池、清洗池、消毒池及蔬菜清洗池、肉类清洗池独立分设并符合卫生要求。
f) 有食品库房和非食品库房。
g) 有消毒专用设备。
h) 有充足的冷藏、冷冻设施。
i) 有合理良好的通风排烟设施，饮食油烟达标排放。
j) 有完善的防蝇、防尘、防鼠及污水达标排放设施。
k) 有符合卫生要求的密闭废弃物存放容器并保持外部整洁。
l) 有必要的消防设施。

6.1.2.2 餐厅：面积≥30平方米，并符合下列要求：
a) 位置合理，通风采光良好。
b) 地面经硬化处理，防滑、易于清洗。
c) 桌椅、用具、餐具、酒具、茶具等配套。
d) 具有浓郁森林、地方特色的美食。

6.1.2.3 公厕应符合下列要求：
a) 设计合理，与接待能力及服务功能相适应，与周边环境和建筑风格相协调。
b) 男女公厕分开设置。
c) 采光、通风、照明条件良好，有除臭设施，无异味。
d) 公厕内设施洁净、环境整洁，无蚊蝇滋生。
e) 具备辅助设施：手纸框、洗手池（配备洗涤用品）、镜台。
f) 粪便处理：具有有效粪便处理设施。

6.1.2.4 标识应符合下列要求：
a) 按附录B使用森林人家专用标志。
b) 森林人家星级标志置于醒目位置。
c) 按GB/T 15566要求设置公共信息图形符号，且符合GB/T 10001.1的规定。

6.1.3 环境保护

6.1.3.1　空气质量达到 GB 3095 中的相关规定。

6.1.3.2　噪声质量达到 GB 3096 中的相关规定。

6.1.3.3　饮用水质量达到 GB 5749 中的相关规定。

6.1.3.4　污水排放达到 GB 8978 中的相关规定。

6.1.3.5　油烟排放达到 GB 18483 中的相关规定。

6.1.3.6　各项设施设备符合国家环境保护的要求，未造成环境污染和其他公害，未破坏自然资源。

6.1.4 服务质量

6.1.4.1　从业人员应符合下列要求：

　　a) 诚实守信，爱岗敬业，尽职尽责，注重效率，具有服务意识。

　　b) 讲究仪表仪容，礼貌用语，着装统一，佩戴胸牌标志。

　　c) 经专业培训合格，持证上岗。

6.1.4.2　建立健全安全管理制度和应急预案。

6.1.4.3　建立健全各项岗位责任制和服务质量标准。

6.1.4.4　各岗位的服务工作按服务操作规范要求，提供规范化服务。

6.2 二星级

6.2.1 经营服务场地

6.2.1.1　面积≥1500 平方米。

6.2.1.2　接待设施规模≥200 平方米。

6.2.1.3　绿化率（或森林覆盖率）≥30%。

6.2.1.4　其他指标

　　其他指标包括下列内容：

　　a) 生态环境氛围优良，景观特色突出，植物与环境配置得当，有特色、效果好，具有浓郁的林区风情。

　　b) 建筑结构良好，布局科学合理，接待服务功能完善、齐备。设备设施舒适、方便、安全，完好率百分之百。

　　c) 建筑通道、楼道以及游客集中的场所符合消防安全要求，经营服务场所按规定配备必要的消防设施。

d) 接待区域地面全部进行合理化处理。

6.2.2 接待服务设施

6.2.2.1 厨房：墙体瓷砖墙裙高于 2 米，并符合下列要求：

a) 布局流程合理，使用面积与接待能力相适应。
b) 地面经硬化处理，防滑、有地沟，易于冲洗，有吊顶。
c) 初加工间、烹调间、凉菜间独立分设并符合卫生要求。
d) 凉菜间有足够的冷气设备和必要的设备。
e) 餐（饮）具洗涤池、清洗池、消毒池及蔬菜清洗池、肉类清洗池独立分设并符合卫生要求。
f) 有食品库房和非食品库房。
g) 有消毒专用设备。
h) 有充足的冷藏、冷冻设施。
i) 有合理良好的通风排烟设施，饮食油烟达标排放。
j) 有完善的防蝇、防尘、防鼠及污水达标排放设施。
k) 有符合卫生要求的密闭废弃物存放容器并保持外部整洁。
l) 有必要的消防设施。

6.2.2.2 餐厅：面积 ≥ 50 平方米，并符合下列要求：

a) 位置合理，通风采光良好。
b) 地面经硬化处理，防滑、易于清洗。
c) 桌椅、用具、餐具、酒具、茶具等配套。
d) 具有浓郁森林、地方特色的美食。

6.2.2.3 公厕：男女厕位各 ≥ 2 个，并符合下列要求：

a) 设计合理，与接待能力及服务功能相适应，与周边环境和建筑风格相协调。
b) 男女公厕分开设置。
c) 采光、通风、照明条件良好，有除臭设施，无异味。
d) 公厕内设施洁净、环境整洁，无蚊蝇滋生。
e) 具备辅助设施：手纸框、洗手池（配备洗涤用品）、镜台。
f) 粪便处理：具有有效粪便处理设施。

6.2.2.4 标识应符合下列要求：

a）按附录 B 使用森林人家专用标志。
b）森林人家星级标志置于醒目位置。
c）按 GB/T 15566 要求设置公共信息图形符号，且符合 GB/T 10001.1 的规定。

6.2.3 环境保护

6.2.3.1 空气质量达到 GB 3095 中的相关规定。

6.2.3.2 噪声质量达到 GB 3096 中的相关规定。

6.2.3.3 饮用水质量达到 GB 5749 中的相关规定。

6.2.3.4 污水排放达到 GB 8978 中的相关规定。

6.2.3.5 油烟排放达到 GB 18483 中的相关规定。

6.2.3.6 各项设施设备符合国家环境保护的要求，未造成环境污染和其他公害，未破坏自然资源。

6.2.4 服务质量

6.2.4.1 从业人员应符合下列要求：

a）诚实守信，爱岗敬业，尽职尽责，注重效率，具有服务意识。
b）讲究仪表仪容，礼貌用语，着装统一，佩戴胸牌标志。
c）经专业培训合格，持证上岗。

6.2.4.2 建立健全安全管理制度和应急预案。

6.2.4.3 建立健全各项岗位责任制和服务质量标准。

6.2.4.4 各岗位的服务工作按服务操作规范要求，提供规范化服务。

6.2.5 服务项目

应具备 5.3.5 中的 2 项以上。

6.3 三星级

6.3.1 经营服务场地

6.3.1.1 面积≥3000 平方米。

6.3.1.2 接待设施规模≥600 平方米。

6.3.1.3 绿化率（或森林覆盖率）≥40%。

6.3.1.4 其他指标

其他指标包括下列内容：
- a) 生态环境氛围优良，景观特色突出，植物与环境配置得当，有特色、效果好，具有浓郁的林区风情。
- b) 建筑结构良好，布局科学合理，接待服务功能完善、齐备。设备设施舒适、方便、安全，完好率百分之百。
- c) 建筑通道、楼道以及游客集中的场所符合消防安全要求，经营服务场所按规定配备必要的消防设施。
- d) 接待区域地面全部进行合理化处理。

6.3.2 接待服务设施

6.3.2.1 综合服务设施设有商店。

6.3.2.2 厨房铺满瓷砖，并符合下列要求：
- a) 布局流程合理，使用面积与接待能力相适应。
- b) 地面经硬化处理，防滑、有地沟，易于冲洗，有吊顶。
- c) 初加工间、烹调间、凉菜间独立分设并符合卫生要求。
- d) 凉菜间有足够的冷气设备和必要的设备。
- e) 餐（饮）具洗涤池、清洗池、消毒池及蔬菜清洗池、肉类清洗池独立分设并符合卫生要求。
- f) 有食品库房和非食品库房。
- g) 有消毒专用设备。
- h) 有充足的冷藏、冷冻设施。
- i) 有合理良好的通风排烟设施，饮食油烟达标排放。
- j) 有完善的防蝇、防尘、防鼠及污水达标排放设施。
- k) 有符合卫生要求的密闭废弃物存放容器并保持外部整洁。
- l) 有必要的消防设施。
- m) 用具、用品体现地方特色。

6.3.2.3 餐厅：面积≥100平方米，雅间≥2间，并符合下列要求：
- a) 位置合理，通风采光良好。
- b) 地面经硬化处理，防滑、易于清洗。
- c) 桌椅、用具、餐具、酒具、茶具等配套。
- d) 具有浓郁森林、地方特色的美食。

e) 供应品种色香味俱全，符合食品卫生、质量安全要求，具有良好的营养价值。

6.3.2.4 公厕：男女厕位各≥2个，并符合下列要求：

a) 设计合理，与接待能力及服务功能相适应，与周边环境和建筑风格相协调。

b) 男女公厕分开设置。

c) 采光、通风、照明条件良好，有除臭设施，无异味。

d) 公厕内设施洁净、环境整洁，无蚊蝇滋生。

e) 具备辅助设施：手纸框、洗手池（配备洗涤用品）、镜台。

f) 粪便处理：具有有效粪便处理设施。

6.3.2.5 停车场的车位数量与接待能力相适应，场地、道路平整、通畅，并经合理化处理。

6.3.2.6 标识符合下列要求：

a) 按附录B使用森林人家专用标志。

b) 森林人家星级标志置于醒目位置。

c) 按GB/T 15566要求设置公共信息图形符号，且符合GB/T 10001.1的规定。

6.3.3 环境保护

6.3.3.1 空气质量达到GB 3095中的相关规定。

6.3.3.2 噪声质量达到GB 3096中的相关规定。

6.3.3.3 饮用水质量达到GB 5749中的相关规定。

6.3.3.4 污水排放达到GB 8978中的相关规定。

6.3.3.5 油烟排放达到GB18483中的相关规定。

6.3.3.6 各项设施设备符合国家环境保护的要求，未造成环境污染和其他公害，未破坏自然资源。

6.3.4 服务质量

6.3.4.1 从业人员应符合下列要求：

a) 诚实守信，爱岗敬业，尽职尽责，注重效率，具有服务意识。

b) 讲究仪表仪容，礼貌用语，着装统一，佩戴胸牌标志。

c) 经专业培训合格，持证上岗。

6.3.4.2 建立健全安全管理制度和应急预案。
6.3.4.3 建立健全各项岗位责任制和服务质量标准。
6.3.4.4 各岗位的服务工作按服务操作规范要求，提供规范化服务。

6.3.5 服务项目

应具备 5.3.5 中的 4 项以上。

6.4 四星级

6.4.1 经营服务场地

6.4.1.1 面积 ≥ 6000 平方米。
6.4.1.2 接待设施规模 ≥ 1200 平方米。
6.4.1.3 绿化率（或森林覆盖率）≥ 50%。
6.4.1.4 其他指标

其他指标包括下列内容：

a) 生态环境氛围优良，景观特色突出，植物与环境配置得当，有特色、效果好，具有浓郁的林区风情。
b) 建筑结构良好，布局科学合理，接待服务功能完善、齐备。设备设施舒适、方便、安全，完好率百分之百。
c) 建筑通道、楼道以及游客集中的场所符合消防安全要求，经营服务场所按规定配备必要的消防设施。
d) 接待区域地面全部进行合理化处理。
e) 装饰、装修具有特色。

6.4.2 接待服务设施

6.4.2.1 综合服务设施：设有客服中心或服务台、商店、公用电话。
6.4.2.2 会议设施：有一个容纳 50 人以上的中会议室，至少有一个容纳 10 人以上的小会议室，并有会议服务相关设施。
6.4.2.3 客房应符合下列要求：

a) 客房装饰、装修和家具用品使用性能良好，门锁有暗销防盗设置，安装防蚊虫设施。在显著位置张贴应急疏散图和相关说明，客房装饰、装修材料符合环保要求。

b) 有床、床头柜、座椅、衣架。
c) 有彩色电视机及频道指南。
d) 提供长途电话服务和上网服务，并备有使用说明。
e) 提供饮水服务，配备相应杯具。有必要的文具用品、森林人家简介、价目表、服务指南和报纸。
f) 卫生间有抽水马桶、面盆、梳妆镜和沐浴设施，有必要的客用品和消耗品，地面采用防滑材料，有良好的照明，使用节能灯具，24小时供应冷水，16小时供应热水。
g) 客房中没有卫生间的，所在楼层应有男、女分用的设间隔式公用卫生间和公共沐浴设施。
h) 客房廊道有位置合理、标识清楚的应急照明灯。
i) 卫生间面积大于4平方米。
j) 有写字台、衣橱、行李架、梳妆台、台灯，室内照明充足，床头有总电源开关，各电源开关、插座布置合理，便于使用。
k) 安全提示。
l) 顾客意见表。
m) 有必要的消防设施。
n) 装饰、装修精致典雅，有特色。
o) 有10间以上可以供出租的客房。

6.4.2.4 厨房铺满瓷砖，并符合下列要求：
a) 布局流程合理，使用面积与接待能力相适应。
b) 地面经硬化处理，防滑、有地沟，易于冲洗，有吊顶。
c) 初加工间、烹调间、凉菜间独立分设并符合卫生要求。
d) 凉菜间有足够的冷气设备和必要的设备。
e) 餐（饮）具洗涤池、清洗池、消毒池及蔬菜清洗池、肉类清洗池独立分设并符合卫生要求。
f) 有食品库房和非食品库房。
g) 有消毒专用设备。
h) 有充足的冷藏、冷冻设施。
i) 有合理良好的通风排烟设施，饮食油烟达标排放。

j）有完善的防蝇、防尘、防鼠及污水达标排放设施。

k）有符合卫生要求的密闭废弃物存放容器并保持外部整洁。

l）有必要的消防设施。

m）用具、用品体现地方特色。

6.4.2.5 餐厅：面积≥200平方米，雅间≥4间，并符合下列要求：

a）位置合理，通风采光良好。

b）地面经硬化处理，防滑、易于清洗。

c）桌椅、用具、餐具、酒具、茶具等配套。

d）具有浓郁森林、地方特色的美食。

e）供应品种色香味俱全，符合食品卫生、质量安全要求，具有良好的营养价值。

f）有酒水台、备餐柜。

g）桌椅、用具、餐具、酒具、茶具配套上档次。

h）装饰、装修精致典雅，有特色。

6.4.2.6 公厕：男女厕位各≥2个，并符合下列要求：

a）设计合理，与接待能力及服务功能相适应，与周边环境和建筑风格相协调。

b）男女公厕分开设置。

c）采光、通风、照明条件良好，有除臭设施，无异味。

d）公厕内设施洁净、环境整洁，无蚊蝇滋生。

e）冲洗设施齐全完好，污水达标排放。

f）有供残疾人专用的厕位。

g）具备辅助设施：手纸、手纸框、镜台、挂衣钩、洗手池（配备洗涤用品）、烘手器。

h）粪便处理：有直排污水管道，单独设置的化粪池，防渗、防腐、密封，能有效处理粪便，污水达标排放。

6.4.2.7 停车场：建立车位数量与接待能力相适应的生态停车场。

6.4.2.8 标识符合下列要求：

a）按附录B使用森林人家专用标志。

b）森林人家星级标志置于醒目位置。

c) 按 GB/T 15566 要求设置公共信息图形符号，且符合 GB/T 10001.1 的规定。

6.4.3 环境保护

6.4.3.1 空气质量达到 GB 3095 中的相关规定。

6.4.3.2 噪声质量达到 GB 3096 中的相关规定。

6.4.3.3 饮用水质量达到 GB 5749 中的相关规定。

6.4.3.4 污水排放达到 GB 8978 中的相关规定。

6.4.3.5 油烟排放达到 GB 18483 中的相关规定。

6.4.3.6 各项设施设备符合国家环境保护的要求，未造成环境污染和其他公害，未破坏自然资源。

6.4.4 服务质量

6.4.4.1 从业人员应符合下列要求：

a) 诚实守信，爱岗敬业，尽职尽责，注重效率，具有服务意识。

b) 讲究仪表仪容，礼貌用语，着装统一，佩戴标志（胸牌）。

c) 经专业培训合格，持证上岗。

d) 有经过专业培训的管理人员和技术人员。

e) 服务接待人员会用普通话进行服务。

6.4.4.2 建立健全安全管理制度和应急预案。

6.4.4.3 建立健全各项岗位责任制和服务质量标准。

6.4.4.4 各岗位的服务工作按服务操作规范要求，提供规范化服务。

6.4.5 服务项目

应具备 5.3.5 中的商务、医疗类项目等 6 项以上。

6.5 五星级

6.5.1 经营服务场地

6.5.1.1 面积 ≥ 10000 平方米。

6.5.1.2 接待设施规模 ≥ 2000 平方米。

6.5.1.3 绿化率（或森林覆盖率）≥ 50%。

6.5.1.4 其他指标

其他指标包括下列内容：

a) 生态环境氛围优良，景观特色突出，植物与环境配置得当，有特色、效果好，具有浓郁的林区风情。

b) 建筑结构良好，布局科学合理，接待服务功能完善、齐备。设备设施舒适、方便、安全，完好率百分之百。

c) 建筑通道、楼道以及游客集中的场所符合消防安全要求，经营服务场所按规定配备必要的消防设施。

d) 接待区域地面全部进行合理化处理。

e) 装饰、装修具有特色。

6.5.2 接待服务设施

6.5.2.1 综合服务设施：设有客服中心或服务台、商店、公用电话。

6.5.2.2 会议设施：有一个容纳100人以上的大会议室，至少有一个容纳50人以上的中会议室，至少有一个容纳10人以上的小会议室，并有会议服务相关设施。

6.5.2.3 客房应符合下列要求：

a) 客房装饰、装修和家具用品使用性能良好，门锁有暗销防盗设置，安装防蚊虫设施。在显著位置张贴应急疏散图和相关说明，客房装饰、装修材料符合环保要求。

b) 有床、床头柜、座椅、衣架。

c) 有彩色电视机及频道指南。

d) 提供长途电话服务和上网服务，并备有使用说明。

e) 提供饮水服务，配备相应杯具。有必要的文具用品、森林人家简介、价目表、服务指南和报纸。

f) 卫生间有抽水马桶、面盆、梳妆镜和沐浴设施，有必要的客用品和消耗品，地面采用防滑材料，有良好的照明，使用节能灯具，24小时供应冷水，16小时供应热水。

g) 客房中没有卫生间的，所在楼层应有男、女分用的设间隔式公用卫生间和公共淋浴设施。

h) 客房廊道有位置合理、标识清楚的应急照明灯。

i) 卫生间面积大于4平方米。

j) 有写字台、衣橱、行李架、梳妆台、台灯，室内照明充足，床头有总电源开关，各电源开关、插座布置合理，便于使用。

k) 安全提示。

l) 顾客意见表。

m) 有必要的消防设施。

n) 装饰、装修精致典雅，有特色。

o) 有20间以上可以供出租的客房。

6.5.2.4 厨房铺满瓷砖，并符合下列要求：

a) 布局流程合理，使用面积与接待能力相适应。

b) 地面经硬化处理，防滑、有地沟，易于冲洗，有吊顶。

c) 初加工间、烹调间、凉菜间独立分设并符合卫生要求。

d) 凉菜间有足够的冷气设备和必要的设备。

e) 餐（饮）具洗涤池、清洗池、消毒池及蔬菜清洗池、肉类清洗池独立分设并符合卫生要求。

f) 有食品库房和非食品库房。

g) 有消毒专用设备。

h) 有充足的冷藏、冷冻设施。

i) 有合理良好的通风排烟设施，饮食油烟达标排放。

j) 有完善的防蝇、防尘、防鼠及污水达标排放设施。

k) 有符合卫生要求的密闭废弃物存放容器并保持外部整洁。

l) 有必要的消防设施。

m) 用具、用品体现地方特色。

6.5.2.5 餐厅：面积≥300平方米，雅间≥5间，并符合下列要求：

a) 位置合理，通风采光良好。

b) 地面经硬化处理，防滑、易于清洗。

c) 桌椅、用具、餐具、酒具、茶具等配套。

d) 具有浓郁森林、地方特色的美食。

e) 供应品种色香味俱全，符合食品卫生、质量安全要求，具有良好的营养价值。

f) 有酒水台、备餐柜。

g）桌椅、用具、餐具、酒具、茶具配套上档次。

h）装饰、装修精致典雅，有特色。

i）有中外文印制装帧精美的菜单。

6.5.2.6　公厕：男女厕位各≥2个，并符合下列要求：

a）设计合理，与接待能力及服务功能相适应，与周边环境和建筑风格相协调。

b）男女公厕分开设置。

c）采光、通风、照明条件良好，有除臭设施，无异味。

d）公厕内设施洁净、环境整洁，无蚊蝇滋生。

e）冲洗设施齐全完好，污水达标排放。

f）有供残疾人专用的厕位。

g）具备辅助设施：手纸、手纸框、镜台、挂衣钩、洗手池（配备洗涤品）、烘手器。

h）粪便处理：有直排污水管道，单独设置的化粪池，防渗、防腐、密封，能有效处理粪便，污水达标排放。

6.5.2.7　停车场：建立车位数量与接待能力相适应的生态停车场。

6.5.2.8　标识符合下列要求：

a）按附录B使用森林人家专用标志。

b）森林人家星级标志置于醒目位置。

c）按GB/T 15566要求设置公共信息图形符号，且符合GB/T 10001.1的规定。

6.5.3　环境保护

6.5.3.1　空气质量达到GB 3095中的相关规定。

6.5.3.2　噪声质量达到GB 3096中的相关规定。

6.5.3.3　饮用水质量达到GB 5749中的相关规定。

6.5.3.4　污水排放达到GB 8978中的相关规定。

6.5.3.5　油烟排放达到GB 18483中的相关规定。

6.5.3.6　各项设施设备符合国家环境保护的要求，未造成环境污染和其他公害，未破坏自然资源。

6.5.4 服务质量
6.5.4.1 从业人员应符合下列要求：
　　a）诚实守信，爱岗敬业，尽职尽责，注重效率，具有服务意识。
　　b）讲究仪表仪容，礼貌用语，着装统一，佩戴标志（胸牌）。
　　c）经专业培训合格，持证上岗。
　　d）有经过专业培训的管理人员和技术人员。
　　e）服务接待人员会用普通话进行服务。

6.5.4.2 建立健全安全管理制度和应急预案。
6.5.4.3 建立健全各项岗位责任制和服务质量标准。
6.5.4.4 各岗位的服务工作按服务操作规范要求，提供规范化服务。

6.5.5 服务项目
应具备 5.3.5 中的商务、医疗类项目等 9 项以上。

7 等级评定

7.1 申请

7.1.1 营业 1 年以上的森林人家经营单位或经营者可以申请等级评定。

7.1.2 申请一、二星级森林人家，申请者应向县级林业行政主管部门或受其委托的组织提出申请；申请三星级森林人家，申请者应向地市级林业行政主管部门或受其委托的组织提出申请；申请四星级森林人家，申请者应向省级林业行政主管部门或受其委托的组织提出申请；申请五星级森林人家，申请者应向国家林业局森林公园管理办公室或受其委托的组织提出申请。某些特色突出或极具个性化的森林人家，其条件若与本标准规定的高星级条件有差距，申请者可直接向林业行政主管部门或受其委托的组织提出申请。

7.1.3 申请材料
　　申请者应向林业行政主管部门或受其委托的组织提交森林人

家星级评定申请书和经营单位或经营者基本情况等有关材料，申请材料格式见附录C、附录D。

7.2 受理

相关林业行政主管部门或受其委托的组织对申报材料进行审核。

7.3 评定

7.3.1 对符合条件的申请者，相关林业行政主管部门或受其委托的组织应组织3位以上专家进行现场核查。

7.3.2 现场核查采用逐项评分方法，有分档记分的，对应该档次给分；无分档记分的，有项给分，无项不给分。评分项目和分值见附录E。

7.3.3 评定分值为参评专家的平均分值。

7.3.4 在满足相应星级基本条件的基础上，各星级对应分值如下：
  a）一星级 450~549 分。
  b）二星级 550~649 分。
  c）三星级 650~799 分。
  d）四星级 800~899 分。
  e）五星级 900 分。

7.3.5 评定结果须报省级林业行政主管部门备案。

7.4 授牌

标志牌和证书由国家林业局森林公园管理办公室统一规范，省级林业行政主管部门统一制作。相关林业行政主管部门或受其委托的组织根据所评定的星级授予申请人相应星级标志牌和证书。

附录 A
（规范性附录）
森林人家基本条件

森林人家在从业资格、经营服务场地、接待服务设施、经营管理和从业人员方面应具备以下条件。

A.1 从业资格

森林人家实行持证经营，按经营范围规定办理以下证照：
a）营业执照。
b）税务登记证。
c）机构代码证。
d）卫生许可证。
e）消防许可证。
f）特种行业许可证。

A.2 经营服务场地

经营服务场地应符合以下条件：
a）区域森林环境良好，具有浓郁的林区风情，空气质量达到 GB 3095—2012 规定的 I 级要求负氧离子达到 1000 个/立方厘米以上。接待区域面积与接待能力相适应。无安全隐患，远离处于地质灾害或低洼河边的危险地方，对可能出现危险的地方，设置警示标志。
b）建筑具有特色，建筑材料宜采用木、竹、砖木等乡土材料和环保材料。房屋结构坚固，通风良好，光线充足。
c）环境整洁，无积水、污水、污物和异味，无乱建、乱堆、乱放现象，周围无放养家禽、家畜等。
d）垃圾处理、污水排放、饮食油烟排放符合 GB 8978、GB 18483 等相关规定。

e) 有明显的规范标志。

f) 字号牌匾的文字书写规范、工整、醒目。

A.3 接待服务设施

A.3.1 厨房

厨房应符合以下条件：

a) 使用面积应大于 12 平方米，位置合理，离垃圾临时存放点、公厕等大于 20 米。

b) 地面已作硬化处理，防滑、易于清洗；墙裙瓷砖高于 1.5 米。

c) 顶棚能防尘、光洁、便于清扫。

d) 有清洗、切配、烹调、凉菜制作和餐具、工用具洗涤和消毒的设施和场所，符合国家相关餐饮业管理规定和标准要求；洗涤消毒的洗剂符合 GB 14930.2 的规定。

e) 有良好的通风排烟和冷藏设施。

A.3.2 就餐环境

就餐环境应符合以下条件：

a) 使用面积大于 30 平方米，位置合理，采光通风良好。

b) 餐厅地面已作硬化处理，防滑、清洁。

c) 就餐环境符合卫生要求。

A.3.3 客房

客房应符合以下条件：

a) 有必要的客房家具设备、彩电，灯光照明充足，采光通风良好。

b) 标准客房有独立卫生间，楼层有公共卫生间。

c) 客房设备设施整洁。

A.3.4 公厕

公厕应符合以下条件：
a) 环境整洁，无污垢、无堵塞、无异味。
b) 男女厕所应分设，有醒目的标识。标志符合 GB/T 10001.1 的规定。

A.3.5 通用要求

通用要求包括下列内容：
a) 给排水条件齐备通畅。
b) 饮用水符合 GB 5749 的规定。
c) 有防蝇、防鼠、防虫以及处理垃圾的措施和设施，垃圾桶应密闭加盖。

A.4 经营管理

A.4.1 按照国家有关法律、法规、规章和相关规定开展经营活动。

具体要求如下：
a) 有明确的经营范围和经营方式。
b) 实行岗位责任制及服务规范化。
c) 应明示服务项目并明码标价。
d) 卧具一客一换。

A.4.2 制定食品卫生管理制度，并确保其运行有效。

具体要求如下：
a) 有健全的卫生管理制度并设专人负责卫生工作。
b) 建立食品台账，各种原料、辅料、调料应符合现行有效的产品标准或国家有关规定及要求。
c) 加工食品应当煮熟煮透，隔餐食品必须冷藏存放，生品、熟品要分别加工、存放；不得销售腐败变质、含有毒有害等不符合卫生要求的食品。

d）食（饮）具洗消保洁应符合 GB 14934 的规定，不得使用一次性餐具。

A.4.3 制定消防、安全防范等管理制度，并确保其运行有效。具体要求如下：
a）有必要的消防设施，按消防规范配备灭火器。
b）游乐设施应符合国家有关规定及安全要求。
c）配备蛇药、虫咬、摔伤等常用药品。
d）配照明应急设施。
e）与"110"联动。
f）与"120"建立绿色通道。

A.5 从业人员

从业人员应符合以下条件：
a）身体健康，无传染性疾病和其他有碍食品卫生的疾病，按规定定期进行健康检查，取得健康合格证，并经卫生知识培训合格上岗，能熟练掌握岗位基本卫生知识。
b）遵纪守法，遵守职业道德。
c）诚实守信，尽职尽责，服务热情、周到。
d）上岗人员应统一着装并佩戴标志，注意仪表仪容、礼貌用语，上岗应穿着整洁、不留长指甲、不涂指甲油、不戴首饰等。
e）经培训考核，并掌握必备的急救常识，达到岗位合格的要求。

附录 B
（规范性附录）
森林人家专用标志

森林人家标志 Sign of Forest Home

　　标志说明：由图形与文字组合而成，轻松自然，有良好的亲和力。标志的图形部分是用墨渗化而成的森林背景，并很好地应用树枝和树干组合成"森林"字样；标志的文字部分则是用橙色"人"字屋檐与"家"字篆刻窗户共同组成一个房子形象，融入大森林的怀抱之中，充分体现了中国古代"天人合一"的思想，再加上轻松活泼的英语书法字体"Forest Home"既有浓郁的中国传统文化特色又体现对外开放的时代感。颜色为绿色和橙色组合，给消费者以自然、温暖、亲切和家的感觉。标志整体设计简洁、大方、高雅、自然。

附录 C
（规范性附录）
森林人家星级评定申请书

根据林业行业标准《森林人家等级划分与评定》，本森林人家申请定为 _____ 星级森林人家。

本森林人家经营者承诺：

1. 认真填写申请报告的各项信息，按要求提供相关资料，并对信息资料的真实性负责。

2. 接受相应评审机构的评审结果，如有异议，服从森林人家质量评定委员会的最终裁决。

此处粘贴申请加入森林人家经营单位外观彩色照片

经营单位（经营者）法人代表签字（公章）

年　　月　　日

附录 D
（规范性附录）
森林人家经营单位（经营者）基本情况

经营单位名称：_____

详细地址：_____

邮政编码：_____ 电话：_____

所有人：_____ 经营者：_____

投资总额：_____ 万元

用地面积：_____平方米 建筑面积：_____平方米

床（铺）位：_____个 客房人均居住面积：_____平方米

客房间数：_____间 从业人员：_____人

开业日期：_____

上年接待人数：_____人 上年营业收入：_____万元

主要活动项目：_____

附录 E
（规范性附录）
森林人家星级评定评分标准

森林人家星级评定评分标准见表 E.1

表 E.1 森林人家星级评定评分标准表

序号	检查项目	最高得分	分档记分	自评得分	初评得分	评定得分
1	经营服务场地	300				
1.1	面积、接待建筑面积	50				
1.1.1	面积大于 500 平方米。用于接待设施规模大于 100 平方米，接待区域布局合理，地面全部进行了合理化处理		10			
1.1.2	面积大于 1 500 平方米。用于接待设施规模大于 200 平方米，接待区域布局合理，地面全部进行了合理化处理		20			
1.1.3	面积大于 3 000 平方米。用于接待设施规模大于 600 平方米，接待区域布局合理，地面全部进行了合理化处理		30			
1.1.4	面积大于 6 000 平方米。用于接待设施规模大于 1 200 平方米，接待区域布局合理，地面全部进行了合理化处理		40			
1.1.5	面积大于 10 000 平方米。用于接待设施规模大于 2 000 平方米，接待区域布局合理，地面全部进行了合理化处理		50			
1.2	生态环境	140				
1.2.1	周边生态环境较好，与经营环境协调，绿化率（或森林覆盖率）大于 30%，具有林区风情		20			
1.2.2	周边生态环境较好，与经营环境协调，绿化率（或森林覆盖率）大于 40%，有一定特色，具有林区风情		50			
1.2.3	周边生态环境良好，与经营环境协调，绿化率（或森林覆盖率）大于 50%，具有浓郁的林区风情		80			

（续）

序　号	检查项目	最高得分	分档记分	自评得分	初评得分	评定得分
1.2.4	周边生态环境良好，与经营环境协调，绿化率（或森林覆盖率）大于60%，植物与环境配置得当，有特色、效果好，具有浓郁的林区风情		110			
1.2.5	周边生态环境良好，与经营环境协调，绿化率（或森林覆盖率）大于70%，植物与环境配置得当，有特色、效果好，具有浓郁的林区风情		140			
1.3	建筑结构	80				
1.3.1	房屋结构符合建筑安全要求，布局合理		30			
1.3.2	房屋结构符合建筑安全要求，布局科学，能够满足功能分区要求		40			
1.3.3	房屋结构符合建筑安全要求，建筑风格、装饰装修有特色，布局科学、合理，具有明确的功能划分		60			
1.3.4	房屋结构符合建筑安全要求，建筑风格、装饰装修独具特色，与环境协调，布局科学、合理，具有明确的功能划分		80			
1.4	消防安全	30				
1.4.1	建筑通道、楼道以及游客集中的场所符合消防安全要求，经营服务场所按规定配备必要的消防设施		10			
1.4.2	消防安全制度健全，有安全应急预案和有专（兼）职消防员		10			
1.4.3	开展全员消防知识培训，能够正确使用消防器材		10			
2	接待服务设施	270				
2.1	综合服务设施	20				
2.1.1	游客服务中心（或服务台）：布局合理，有装饰、有标志，有结账功能，提供咨询、旅游信息、宣传品、价目表、小件物品寄存、雨伞、紧急救助室、投诉受理、解说等服务项目		10			
2.1.2	商店：提供土特产品等销售服务		5			

(续)

序　号	检查项目	最高得分	分档记分	自评得分	初评得分	评定得分
2.1.3	设置有公用电话	5				
2.2	会议设施	20				
2.2.1	有一个容纳100人以上的大会议室	7				
2.2.2	有一个容纳50人以上的中会议室	5				
2.2.3	有一个10人以上的小会议室	4				
2.2.4	有必要的会议音响设备	2				
2.2.5	有电脑及投影设备	2				
2.3	客房	40				
2.3.1	房间	5				
2.3.1.1	有10间以上客房		2			
2.3.1.2	有20间以上客房		5			
2.3.2	客房装饰、装修有特色和家具用品使用性能良好。安装防蚊虫设施。门锁有暗锁防盗设置。在显著位置张贴应急疏散图和相关说明，客房装饰、装修材料符合环保要求	5				
2.3.3	客房家具	10				
2.3.3.1	有床、床头柜、衣架、座椅		3			
2.3.3.2	有电视机、写字台、座椅、衣橱及衣架、行李架、梳妆台、台灯、床，室内照明充足，床头有总电源开关，各电源开关、插座布置合理，便于使用		10			
2.3.4	卫生间有抽水马桶、面盆和梳妆镜、沐浴设施，有必要的可用品和消耗品，地面采用防滑材料，有良好的照明，使用节能灯具，24小时供应冷水，16小时供应热水	10				
2.3.5	提供长途电话服务并备有电话使用说明	3				
2.3.6	提供上网服务	5				
2.3.7	客房廊道有位置合理、标识清楚的应急照明灯、安全提示、顾客意见表和必要的消防设施	2				
2.4	厨房	70				

(续)

序号	检查项目	最高得分	分档记分	自评得分	初评得分	评定得分
2.4.1	厨房（含初加工间、烹调间、凉菜间、洗碗间、食品库房等）布局流程合理	5				
2.4.2	厨房的建筑面积大于餐厅（含雅间）建筑面积的50%	5				
2.4.3	厨房地面、墙面、顶面	10				
2.4.3.1	厨房地面经硬化处理，防滑、易于冲洗。墙面瓷砖墙裙高于1.8米，有吊顶		5			
2.4.3.2	厨房地面经硬化处理，防滑、易于冲洗。墙面瓷砖墙裙高于2.0米，有吊顶		8			
2.4.3.3	厨房地面经硬化处理，防滑、易于冲洗。墙面满铺瓷砖，有吊顶		10			
2.4.4	厨房功能分区	15				
2.4.4.1	初加工间、烹调间、凉菜间独立分设并符合卫生要求；凉菜间有足够的冷气设备和必要的设备		5			
2.4.4.2	初加工间、烹调间、凉菜间、洗碗间独立分设并符合卫生要求；凉菜间有足够的冷气设备和必要的设备		10			
2.4.4.3	初加工间、烹调间、面点间、凉菜间、洗碗间独立分设并符合卫生要求；凉菜间及面点间有足够的冷气、冷藏设备和必要的设备		15			
2.4.5	餐（饮）具洗涤池、清洗池、消毒池及蔬菜清洗池、肉类清洗池独立分设并符合卫生要求	5				
2.4.6	有食品库房和非食品库房	5				
2.4.7	外购大宗原辅料、粮油、副食品等有索证资料（进货单、产品质量检验报告等）	5				
2.4.8	有消毒专用设备	5				
2.4.9	冷藏、冷冻设施	5				
2.4.9.1	有充足的冷藏、冷冻设施		3			
2.4.9.2	有充足的冷藏、冷冻和保鲜设备		5			

(续)

序号	检查项目	最高得分	分档记分	自评得分	初评得分	评定得分
2.4.10	有完善的防蝇、防尘、防鼠设施和符合卫生要求的密闭废弃物存放容器并保持外部整洁	10				
2.5	餐厅	70				
2.5.1	餐厅位置、面积	15				
2.5.1.1	餐厅位置合理，通风采光良好，使用面积大于30平方米		5			
2.5.1.2	餐厅位置合理，通风采光良好、整洁，使用面积大于50平方米		8			
2.5.1.3	餐厅位置合理，通风采光良好、整洁，使用面积大于100平方米		10			
2.5.1.4	餐厅位置合理，采光通风良好、整洁，使用面积大于200平方米		12			
2.5.1.5	餐厅位置合理，采光通风良好、整洁，使用面积大于300平方米		15			
2.5.2	餐厅地面经硬化处理，防滑、易于冲洗	5				
2.5.3	桌椅、餐具	10				
2.5.3.1	桌椅、餐具、酒具配套		5			
2.5.3.2	桌椅、用具、餐具、酒具、茶具配套		8			
2.5.3.3	桌椅、用具、餐具、酒具、茶具配套上档次		10			
2.5.4	雅间	5				
2.5.4.1	雅间2间以上		2			
2.5.4.2	有酒水台、备餐柜、雅间4间以上		3			
2.5.4.3	有酒水台、备餐柜、雅间5间以上		5			
2.5.5	提供的食品、菜品符合食品卫生质量要求，具有浓郁的森林美食特色	30				
2.5.6	食品卫生制度健全，餐厅、厨房从业人员有健康证，知晓食品卫生知识	5				
2.6	公厕（水冲式）	30				
2.6.1	设计	5				
2.6.1.1	设计合理，与周边环境和建筑风格协调		2			

(续)

序号	检查项目	最高得分	分档记分	自评得分	初评得分	评定得分
2.6.1.2	设计合理，与接待能力及服务功能相适应，与周边环境和建筑风格协调		5			
2.6.2	男女厕所	5				
2.6.2.1	男女厕所分开设置，具有有效粪便处理措施，污水达标排放		2			
2.6.2.2	男女厕所分开设置，厕位各大于2个，冲洗设备齐全完好。具有有效粪便处理措施，污水达标排放		5			
2.6.3	厕所内设备完好，环境整洁，无蚊蝇滋生	5				
2.6.4	辅助设施	5				
2.6.4.1	具备辅助设施：手纸筐、洗手池、镜台		2			
2.6.4.2	具备辅助设施：手纸筐、挂衣钩、洗手池（配备洗涤品）、烘手器、镜台		5			
2.6.5	通风、采光、照明、气味	5				
2.6.5.1	通风、采光、照明条件良好		2			
2.6.5.2	通风、采光、照明条件良好，无异味		5			
2.6.6	有残疾人使用的卫生设施	5				
2.7	停车场	10				
2.7.1	一般停车场的车位数量与接待能力相适应，场地、道路平整、通畅，并经合理化处理		5			
2.7.2	生态停车场的车位数量与接待能力相适应		10			
2.8	标识	10				
2.8.1	要有森林人家专用标志并将森林人家星级标志置于醒目位置。按GB/T 15566要求设置公共信息图形符号，且符合GB/T 10001.1的规定		5			
2.8.2	要有森林人家专用标志并将森林人家星级标志置于醒目位置。按GB/T 15566要求设置中外文对照的公共信息图形符号，且符合GB/T 10001.1的规定		10			
3	环境保护	100				
3.1	空气质量达到GB 3095中的相关规定	20				

(续)

序 号	检查项目	最高得分	分档记分	自评得分	初评得分	评定得分
3.2	噪声质量达到 GB 3096 中的相关规定	20				
3.3	饮用水质量达到 GB 5749 中的相关规定	20				
3.4	污水排放达到 GB 8978 中的相关规定	20				
3.5	油烟排放达到 GB 18483 中的相关规定	20				
4	服务质量	200				
4.1	建立健全安全管理制度和应急预案	10				
4.2	建立健全各项岗位责任制、服务质量标准和消费者投诉处理制度	15				
4.2.1	有餐厅服务人员和厨师岗位责任制和服务质量标准	5				
4.2.2	有歌舞厅、娱乐厅服务人员岗位责任制和服务质量标准	5				
4.2.3	有前厅、客房服务人员岗位责任制和服务质量标准	5				
4.3	各岗位的服务工作按服务操作规范要求，提供规范化服务	15				
4.3.1	餐厅、厨房服务程序规范、操作标准	5				
4.3.2	歌舞厅、娱乐厅服务程序规范、操作标准	5				
4.3.3	前厅、客房服务程序规范、操作标准	5				
4.4	从业人员诚实守信、爱岗敬业、尽职尽责、注重效率，具有服务意识	60				
4.4.1	餐厅、厨房服务人员态度好、效率高、服务周到、规范化	30				
4.4.2	歌舞厅、娱乐厅服务人员态度好、效率高、服务周到、规范化	15				
4.4.3	前厅、客房服务人员态度好、效率高、服务周到、规范化	15				
4.5	从业人员统一着装，佩戴标志（胸牌）	40				
4.5.1	餐厅、厨房服务人员服装整洁，端庄大方，礼貌周到，着装统一，佩戴标志（胸牌），热情服务	15				

(续)

序号	检查项目	最高得分	分档记分	自评得分	初评得分	评定得分
4.5.2	歌舞厅、娱乐厅服务人员服装整洁，端庄大方，礼貌周到，着装统一，佩戴标志（胸牌），热情服务	10				
4.5.3	前厅、客房服务人员服装整洁，端庄大方，礼貌周到，着装统一，佩标志（胸牌），热情服务	15				
4.6	服务接待人员会用普通话和外语进行服务	20				
4.6.1	服务接待人员会用普通话进行服务		10			
4.6.2	服务接待人员会用普通话和外语进行服务		20			
4.7	从业人员培训	30				
4.7.1	从业人员培训率达80%		10			
4.7.2	从业人员培训率达90%		20			
4.7.3	从业人员培训率达100%		30			
4.8	管理人员和技术人员经过专业培训	10				
5	服务项目	100				
5.1	娱乐类	15				
5.1.1	歌舞厅	4				
5.1.2	娱乐室	4				
5.1.3	有民间歌舞表演或参与性活动	7				
5.2	健身体育类	20				
5.2.1	室内运动室	3				
5.2.2	室外运动场	5				
5.2.3	游泳池	5				
5.2.4	钓鱼	4				
5.2.5	其他健身设施	3				
5.3	科普教育类	30				
5.3.1	阅览室	4				
5.3.2	林事体验	20				
5.3.3	户外教室	6				
5.4	商务类	15				
5.4.1	多功能厅	5				

(续)

序 号	检查项目	最高得分	分档记分	自评得分	初评得分	评定得分
5.4.2	上网服务	5				
5.4.3	文印、传真、复印等商务服务	5				
5.5	医疗类	10				
5.5.1	医务室	10				
5.6	其他服务项目	10				
5.6.1	引导服务	3				
5.6.2	导游讲解服务	5				
5.6.3	其他设施	2				
6	加分项目	30				
6.1	获得各级荣誉称号	15				
6.1.1	获得国家级荣誉称号		15			
6.1.2	获得省级荣誉称号		10			
6.1.3	获得设区市级荣誉称号		5			
6.2	从业人员中当地居民所占比例	15				
6.2.1	从业人员中当地居民占30%		5			
6.2.2	从业人员中当地居民占50%		10			
6.2.3	从业人员中当地居民占70%		15			
合 计 得 分		1000				

附录二

"中国最美森林人家"遴选办法

(2018年中国绿色时报社发起)

中国最美森林人家为中国森林旅游系列榜单之一，是中国森林旅游美景推广计划系列活动的重要组成部分，由中国绿色时报社主办，中国林场协会协办。中国最美森林人家将在全国范围内遴选出具备代表性和示范意义的森林人家，发挥森林的多种功能，提高我国森林旅游配套服务水平，推进森林人家的品牌建设，推进森林旅游更好地满足公众日益增长的休闲和健康需求。遴选对象为全国范围内已命名省级森林人家的个体、集体、村落、旅游地等。

遴选条件

（一）参选单位具备良好的森林生态环境，以森林村庄、古村落、自然生态村落等有较高游憩价值的景观为依托。建筑装饰特色鲜明，风格突出，内外协调，为宾客营造生活美学空间，传递生活美学、自然美学。森林人家所在地区乡村自然景观和特色文化村落受到较好保护。

（二）建设运营坚持绿色设计、清洁生产，倡导绿色消费。运营模式运用新理念、新技术、新渠道，持续创新、提供最佳服务，在业内具有良好的美誉度。

（三）能够结合当地人文特色，提供以休闲、度假、亲子等主题形式的优质体验。体验产品设计追求创新，形成特色，满足特定市场需求。

（四）申报前12个月，出现以下事项不得参与申报。

保护生态旅游资源不力，出现资源严重毁损事件并在全国造成重大影响；发生有全国影响的重大安全责任事故、重大服务质量投诉事件等造成社会影响的恶劣事件。

福建省森林人家管理办法

(2013年福建省森林公园和森林旅游管理办公室发布)

第一章　总则

第一条　为规范福建省森林人家管理，提高森林人家服务质量，促进森林人家健康持续发展，根据有关法律、法规、规定，结合福建省实际，制定本办法。

第二条　本办法所称森林人家，是指以良好的森林环境为背景，以有较高游憩价值的景观为依托，充分利用森林生态资源和乡土特色产品，融森林文化与民俗风情为一体的，为旅游者提供吃、住、娱等服务的健康休闲型品牌旅游产品。

第三条　森林人家实行"统一领导，分级管理"。各级森林公园和森林旅游管理办公室负责本行政区域内的森林人家管理，其主要职责是编制发展规划、制订行业规范、受理和批准森林人家加盟申请、评定森林人家等级和规范市场秩序，并建立森林人家联席会议制度，与相关行政管理部门共同做好森林人家管理工作。

第四条　省、设区市和县（市、区）森林公园和森林旅游管理办公室会同同级相关行政管理部门并邀请有关专家等成立各级森林人家质量评定委员会，分别负责森林人家设立与等级评定的审定、复审和初审工作。

第五条　本办法适用于福建省行政区域内的森林人家经营户和森林人家管理单位（部门）。

第二章　设立

第六条　森林人家用地必须符合乡镇土地利用总体规划，不得改变土地使用性质。森林人家应在可开发建设用地的基础上，选择具有良好森林生态环境和浓郁乡村风情的场地。场地无安全隐患，远离处于地质灾害或低洼、河边的危险地方。

第七条 森林人家建筑布局必须顺应和利用原有的地形环境，服从自然山水景观的整体景观效果，达到人与自然的和谐统一，并有利于设施功能的充分发挥。建筑材料宜采用木、竹、砖等乡土材料和环保材料，建筑层数一般控制在3层以下，装饰、装修具有特色且与环境相协调。

第八条 森林人家的设立应达到《森林人家基本条件》（DB35/T 730）的要求。

第九条 森林人家设立实行自愿申请的原则。

（一）申请

1. 申请时限：分别为每年上半年的5月30日前和下半年11月30日前。

2. 提交材料：申请表及附件。

按经营范围规定提交相关证照，主要包括：

（1）营业执照。

（2）组织机构代码证。

（3）税务登记证。

（4）卫生许可证。

（5）排污许可证。

（6）消防许可证。

（7）特种行业许可证。

（8）近期环保检测报告。

（9）有关职能部门或单位提供的房屋结构安全报告。

（10）厨房工作人员、餐厅服务人员健康证复印件。

（二）受理

受理申报森林人家的县（市、区）和设区市森林公园和森林旅游管理办公室，在各自受理之日起10个工作日内分别完成初审和复审，并将报告报省森林公园和森林旅游管理办公室；省森林公园和森林旅游管理办公室接到报告之日起10个工作日内完成审定工作。

（三）颁牌

（1）省森林公园和森林旅游管理办公室统一负责森林人家管理和标志牌的设计制作。

（2）申请获准后，县（市、区）森林公园和森林旅游管理办公室应及时向上级申领标志牌和证书，并在10个工作日内颁发给申请人。

第三章　管理

第十条　森林人家经营者应按国家和地方的法律、法规、规定，依法取得营业执照，持证经营，并按经营范围规定办理相关证照。

第十一条　森林人家经营者对旅游活动中可能出现危险的区域和项目，应当设置警示标识，并采取必要的防护措施。

第十二条　森林人家设施和安全设施以及就餐环境、垃圾处理、污水和油烟排放应当符合卫生、环保、消防、安全等方面的规定和要求。

第十三条　森林人家从业人员应具备良好的职业道德，必须接受开展经营活动所必需的知识和技能培训，符合从业要求。从事饮食业及其他直接为游客服务的人员，应按国家规定取得有效健康合格证明。

第十四条　森林人家在经营活动中应当依法经营、公平竞争、诚实守信，出售商品和服务收费应当明码标价，货真价实。森林人家旅游经营者不得采取下列手段从事经营活动：

(a) 强行拉客、欺客、宰客。

(b) 强迫游客购买商品或接受有偿服务。

(c) 掺杂、掺假、以假充真、以次充好或生产销售不合格产品。

(d) 欺行霸市，诋毁其他森林人家名誉。

(e) 法律、法规、规章禁止的其他行为。

第十五条　森林人家的经营实行等级管理，等级评定按照

《森林人家等级划分与评定》(DB 35/T 731)标准执行。

第十六条 森林人家等级评定实行自愿申请的原则。

（一）申请

申请森林人家等级评定应提交申请报告和附件。附件包括：

(1) 营业执照复印件。

(2) 卫生许可证复印件。

(3) 排污许可证复印件。

(4) 近期环保检测报告。

(5) 有关职能部门或单位提供的房屋结构安全报告。

(6) 厨房工作人员、餐厅服务人员健康证复印件。

（二）受理

受理森林人家等级评定的县（市、区）和设区市森林公园和森林旅游管理办公室，在各自收到等级评定申请报告之日起20个工作日内分别完成初评和复评，并将报告报省森林公园和森林旅游管理办公室；省森林公园和森林旅游管理办公室接到报告之日起20个工作日内完成评定工作。

（三）颁牌

(1) 省森林公园和森林旅游管理办公室统一负责森林人家等级评定管理和等级标志牌的设计制作。

(2) 完成森林人家等级评定后，县（市、区）森林公园和森林旅游管理办公室应及时向上级申领等级标志牌和证书，并在10个工作日内颁发给申请人。

第十七条 森林公园和森林旅游管理办公室定期开展全省森林人家创优评选活动，对表现突出者，给予表彰奖励。

第四章 监督

第十八条 森林公园和森林旅游管理办公室负责森林人家服务质量监督，建立森林人家经营户和森林人家经营活动档案，每年进行检查，对不符合标准的，限期整改，整改后仍达不到标准的，吊销相关证照。

第十九条　复核

森林人家等级实行动态管理，由省森林公园和森林旅游管理办公室每年组织有关部门和专家对已评定等级的业主进行复核。

第二十条　整改

（1）对服务质量达不到等级标准的，应当帮助经营者采取措施，限期整改。

（2）对获得森林人家等级的森林人家经营户，在经营过程中有消费者投诉，经查实后，由设区市和县（市、区）森林公园和森林旅游管理办公室责令其限期整改。

第二十一条　处罚

（1）被责令限期整改的，逾期仍不能达到等级标准的和在经营过程中有消费者投诉，情节严重的，应降低或取消等级。

（2）森林人家经营户在经营过程中一旦发生安全、消防、食品卫生等重大责任事故或造成环境严重污染，直接取消其等级。

（3）被取消等级的森林人家经营户，自取消等级之日起一年后方可申请重新评定等级。

（4）对违法、违规的森林人家，由相关行政管理部门依法对其进行处罚。

第二十二条　公告

省森林公园和森林旅游管理办公室通过媒体定期向社会公告森林人家等级评定以及晋级、降级情况，受理投诉和处理情况等。

第二十三条　其他

（1）被降低等级的森林人家经营户由设区市和县（市、区）森林公园和森林旅游管理办公室收回原等级标志牌和证书，并报省森林公园和森林旅游管理办公室换发降低后的等级标志牌和证书。

（2）设区市和县（市、区）森林公园和森林旅游管理办公室收回原等级标志牌和证书后5个工作日内，上交省森林公园和森林旅游管理办公室。

第二十四条　各级森林公园和森林旅游管理办公室应当健

全森林人家旅游服务质量投诉制度，设立并公开投诉电话，受理游客的投诉。

各级森林公园和森林旅游管理办公室对游客的投诉应调查核实，并将处理情况告知投诉者。对不属于本部门职责范围内的投诉，应在2日内移交有关部门，并积极跟踪，将处理情况及时反馈投诉者。

第五章　附则

第二十五条　本办法由福建省森林公园和森林旅游管理办公室负责解释。

第二十六条　本办法自发布之日起执行。

广西壮族自治区星级森林人家评定办法（试行）

（广西森林旅游资源开发利用与服务质量评定专家委员会2018年发布）

第一章　总则

第一条　为规范星级森林人家评定工作，推动广西森林人家建设，促进森林旅游业快速发展，特制定本办法。

第二条　本办法所称森林人家，是指以良好的森林环境与游憩景观为依托，能够为游客提供有森林特色的吃、住、娱等服务的场所。

第三条　星级森林人家分为一星、二星、三星、四星、五星级。星级评定执行《中华人民共和国林业行业标准——森林人家等级划分与评定》（LY/T 2086—2013）标准。

第四条　星级森林人家评定坚持自愿、公开、公平、公正的原则，充分发挥行业协会和专家作用，不干预申请者自主合法经营。

第五条　星级森林人家由各级林业行政主管部门或其委托的机构负责评定。其中，一、二星级由县级林业行政主管部门或其委托的机构组织评定；三星级由市级林业行政主管部门或其委托的机构组织评定；四星级及以上由自治区林业厅委托广西森林旅游资源开发利用与服务质量评定专家委员会（以下简称"专家委员会"）组织评定（以下统称"评定机构"）。

第二章　申请条件

第六条　申请星级森林人家，应符合《中华人民共和国林业行业标准——森林人家等级划分与评定》（LY/T 2086—2013）规定的基本条件。

第七条　星级森林人家申请者应对照星级评分标准进行自

评，达到相应星级分值后可向评定机构申请星级评定。

第八条 对贫困地区申请的星级森林人家，或特色突出、具有创新性、创意性发展的森林人家，可适当放宽申请条件。

第三章 申请材料和程序

第九条 申请星级森林人家应提供以下材料：
（一）星级森林人家申请书。
（二）相关材料，主要包括：
1. 营业执照。
2. 卫生许可证、消防许可证等证件复印件。
3. 厨房工作人员、餐厅服务人员健康证复印件。
（三）体现森林人家室内外环境概貌的照片5~6张。

第十条 申请程序：
（一）四星、五星级由申请者向所在地县级评定机构提出申请，县级评定机构对申请材料的真实性进行审核、签署意见后，报送市级评定机构；市级评定机构对申请材料的真实性进行复核、签署意见后，向专家委员会推荐。自治区直属林业单位可直接向专家委员会申请。
（二）其他星级森林人家向所在地相应的评定机构申请。

第十一条 四星、五星级森林人家每年评定两次，受理申请材料截止时间为每年6月30日和10月30日。

第四章 评定

第十二条 评定机构对申请材料进行审核，并采取专家实地考察或专家集体审查方式，按《中华人民共和国林业行业标准——森林人家等级划分与评定》（LY/T 2086—2013）评分标准进行评分。

第十三条 得分达到相应星级森林人家分值的，由评定机构在相关林业公众网公示。公示无异议的，经林业主管部门审定后

由评定机构对星级森林人家给予确认,并在林业公众网或大众媒体公布。

第十四条　评为星级森林人家的,由相应评定机构颁发标志牌。标志牌由各评定机构根据《中华人民共和国林业行业标准——森林人家等级划分与评定》(LY/T 2086—2013)中规定的样式统一制作。

第五章　监督管理

第十五条　建立星级森林人家运行监测评价制度和淘汰机制,每3年对星级森林人家进行一次运行监测评价,实行动态管理。运行监测评价程序:

(一)星级森林人家经营者在运行监测评价年份向评定机构报送《星级森林人家运行监测评价表》。

(二)评定机构按照星级森林人家评定评分标准进行评价。

第十六条　经运行监测评价,达到相应星级的森林人家,继续保留星级称号。达不到原评定星级的,责令限期整改,拒绝整改或整改后仍达不到要求的,取消星级称号。

第十七条　星级森林人家经营者在经营活动中应依法经营、公平竞争、诚实守信。如出现下列情形之一的,取消星级森林人家称号,收回标志牌,由原评定机构在林业公众网或大众媒体公布,情节严重的3年内不得再申请星级森林人家。

(一)在申请和监测过程中弄虚作假的。

(二)发生重大食品、环保、消防、安全等责任事故的。

(三)被吊销营业执照的。

(四)星级森林人家条件已不存在的。

(五)其他应取消称号的。

第六章　附则

第十八条　森林人家星级评定和运行监测评价不收取费用。

评定机构不得在申请、评定、公示、公告等环节以工本费、专家费、公告费等名义向申请者收取任何费用。

第十九条　本办法由广西森林旅游资源开发利用与服务质量评定专家委员会负责解释。

第二十条　本办法自印发之日起试行。

广西森林人家旅游品牌建设指导意见

(广西壮族自治区 2012 年发布)

一、经营服务场地选择

(一) 场地环境

森林人家选址应在可开发建设用地的基础上,选择具有良好森林生态环境和浓郁林区、乡村风情的场地。场地无安全隐患;对可能出现危险的地方,应设置警示标志;远离处于地质灾害或低洼、河边的危险地方。

(二) 场地建筑

(1) 森林人家经营服务场地建筑设置必须顺应和利用原有的地形环境,服从自然山水景观的整体景观效果,达到人与自然的和谐统一。建筑设计符合消防规范要求。

(2) 建筑布局:科学、合理,有利于设施功能的充分发挥。场地建筑尽可能利用旧宅基地。新建建筑应随形就势地营造出错落有致的空间氛围,应尽量减少对环境的破坏。

(3) 建筑风格:应在充分考虑森林人家所在地的环境氛围、文脉、气候、生活习俗、场地条件的基础上,通过建筑材质、色彩、表面肌理和细部处理等来营造适宜游客休憩的环境氛围。要求建筑造型简洁大方,古朴实用,建筑材料宜采用木、竹、砖等乡土材料和环保材料。所装饰、装修的工艺具有当地特色,与环境相协调。

(4) 建筑规模:应根据森林人家的不同星级要求,形成适合的体量和比例,其规模与环境相协调,建筑层数宜低不宜高,一般控制在 3 层以下。

(5) 建筑结构:所构建房屋结构应符合建筑安全要求,建筑结构良好,布局合理、适用,建筑平面尺度、体量应相协调。

所利用的旧宅房屋结构应坚固，通风良好，光线充足。

场地面积一般不低于 500 平方米，用于接待的区域面积应与接待能力相适应，接待区域地面应全部硬化处理，绿化面积占场地面积的 30% 以上。

二、接待服务设施

（一）综合服务设施

（1）总服务台：设于醒目位置，且设置合理、大气，装饰独特雅致，有标识，能为游客提供咨询、宣传品、价目表、小件物品寄存、雨伞和紧急救助室等服务项目。

（2）小商场：为游客提供旅行日常用品、旅游纪念品、土特产品等的销售服务。

（3）会议室：森林人家的会议室包括会议厅（配有衣帽间）及音响、电脑、投影仪等设备，有条件的还可设展览厅。

（二）客房

（1）客房数量：森林人家原则上应设 5 间以上可供出租的客房。

（2）安全措施：门锁有暗销防盗设置，并在显著位置张贴应急疏散图和相关说明。客房廊道应有位置合理，标识清楚的应急照明灯。

（3）客房配备：客房装饰、装修和家具用品使用性能良好，客房内需配有座椅、床头柜、衣架、软垫床、彩色电视机及频道指南等。有条件的还应配有写字台、衣橱、行李架、梳妆台、台灯、国内国际的长途电话服务、必要的文具用品、森林人家简介、价目表、服务指南和报纸等。同时，室内照明充足，床头有总电源开关，各电源开关布置合理，便于使用。

（4）卫生间：应配有抽水马桶、面盆、梳妆台和淋浴或浴缸，以及有必要的旅客用品和消耗品等。卫生间单间面积不少于 4 平方米，地面采用防滑材料，有良好的照明，24 小时供应

冷水，16小时供应热水。

（5）部分客房中没有卫生间的楼层应设有男女分设间隔式公用卫生间和男女分设的公共浴室。

（三）餐厅

1. 卫生要求

（1）餐厅内外应保持干净、整齐，清洁时应采用湿式作业。

（2）餐厅内必须设洗手间，食(餐)具应执行 GB 14934 规定。

（3）供应的饮水应符合 GB 5749 规定。二次供水蓄水池应有卫生防护措施，蓄水池容器内壁涂料应符合输水管材卫生要求，做到定期清洗消毒。

（4）餐厅内部装饰不得使用对人体产生危害的材料。

（5）根据餐厅席位数，在隐蔽地带设置相应数量的男女厕所，厕所采用水冲洗式，禁止设座式便桶，厕所内应有单独排风系统。

（6）餐厅应有防虫、防蝇、防蟑螂和防鼠害的措施，应严格执行全国爱卫会除四害的考核规定。

2. 设施规划

森林人家的餐厅应具有良好的通风采光条件，使用面积不低于30平方米。餐厅地面应做硬化处理，防滑、易于清洗，统一配置桌椅、用具、餐具、酒具、茶具等。有条件的餐厅应设酒水台、备餐柜、雅间等和有中英文印制装帧精美的菜单。供应食品品种应有良好的感官性，味道纯正，符合卫生、质量标准要求，具有良好的营养价值。

（四）厨房

（1）厨房场地：厨房设置的位置应距离暴露垃圾堆（场）、公厕、牲畜棚圈等不少于25米，其使用面积应与接待能力相适应，不低于12平方米。厨房地面应做硬化处理，且防滑、易于清洗。墙面瓷砖，墙裙高于1.8米，并设有吊顶。

（2）厨房用地：包括厨房、主食库、副食库、备餐厅等用地。用地面积应与接待能力相适应，厨房用地与餐厅用地比例原则上为1∶1，厨房用地不能低于餐厅建筑面积的50%。

（3）厨房布局：厨房布局合理，所设的初加工间、烹调间、面点间、凉菜间、洗碗间应独立分设并符合卫生要求。凉菜间及蛋糕裱花间有足够的冷气冷藏设备，有空气消毒装置和专用清洗消毒设施。面点间、凉菜间应有能开合的食品输送窗口。

（4）厨房设施配置：厨房要设食品库房和非食品库房、消毒专用设施、充足的冷藏、冷冻设施等，要有符合卫生要求的密闭废弃物存放容器，并保持外部整洁。同时，还需有完善的防蝇、防鼠及污水达标排放设施和必要的消防设施等。

（5）厨房卫生：餐（饮）具洗涤池、清洗池、消毒池及蔬菜清洗池、肉类清洗池应独立分设，且符合卫生要求。洗涤消毒的洗涤剂应符合GB 14930.2的规定。

（五）公厕

森林人家的公厕设计应符合旅游公厕建设的有关标准，与接待能力及服务功能相适应，与周边环境和建筑相协调。根据有关规范要求以及森林人家所处地理位置、接待能力等，规划森林人家所设公厕建筑面积不低于20平方米/座，男女公厕应分开设置，男、女蹲（坐）位设置比例以1∶1或3∶2为宜。公厕冲洗设备应齐全完好且具备相应的辅助设施，有条件的森林人家应设置供残疾人专用的厕位。公厕应布设于地形较隐蔽处，并设有指示牌。

（六）标识

按GB/T 15566要求设置中文公共信息图形符号，有条件的森林人家应设置中英文对照的公共信息图形符号，且符合GB/T 10001.1的规定。

三、服务项目

服务项目包括歌舞厅、卡拉 OK 厅或 KTV 房、多功能厅、上网服务、棋牌室、游戏室、桌球室、乒乓球室、室外运动场、游泳池、健身设施、钓鱼、庭院花园、阅览室、婴儿看护及儿童娱乐室、定期歌舞表演、文印、传真、复印等商务服务、林事体验等。森林人家应根据自身所处地理位置、场地环境等条件选设相应的服务设施，以满足游人娱乐需求。

四、给排水

符合《建筑给水排水规范》《室外给水设计规范》《室外排水设计规范》《建筑设计防火规范》要求。

（1）给水利用山涧溪水、地表泉水或打机井取水，经必要的处理，使之符合国家饮用水标准后，以经济合理的输配方式输送到各用水点。

（2）在水源周边设卫生防护带，禁止在水源范围内堆放废渣等污染物，不得于水源及保护范围内从事放牧等可能污染水质的活动。同时，应加强水源周边的水土保护。

（3）排水采用雨污分流制，山地雨水自流排散，建筑物附近应设雨水截流沟。生活污水经过一至二级处理达标后，就近排入水体。

（4）厕所污水要经过处理后慎重排放，以免污染环境。

五、供电

符合《民用建筑电气设计规范》要求。

六、邮政、通讯、电视系统

(一) 邮政

应利用地方现有邮政设施和业务量设邮电局（所），各森林人家可设置邮筒。邮政网点的设置应方便职工生活，满足游客要求，便于邮递传送。

(二) 通讯

通讯工程应以有线为主，有线与无线相结合。电信系统必须与外部联网。

(三) 电视系统

森林人家电视系统必须与当地的有线电视系统联网，并于各森林人家的中心区域设置有线电视前端箱。在当地电视覆盖不到或不能满意收看电视广播的地方，可考虑建立电视差转台。

七、环境保护措施

（1）在实施森林人家旅游开发和经营过程中，防止走传统旅游产业"先污染，后治理"的老路，必须采取行之有效的环境保护措施，使森林人家按照生态旅游的模式健康、良性发展，切实发挥森林人家旅游带动林区经济发展的作用，实现经济效益、社会效益和环境效益的统一。

（2）森林人家的生活污水采用人工湿地污水处理系统进行处理。在进行森林人家基础设施建设时，可结合水景设施建设将人工湿地布置于水景内，使人工湿地和森林人家的水景融为一体。湿地类型可选择投资少、操作简单、运行费用较低的表面流类型。各森林人家的湿地规模视污水产生量而定，可以根据其所能容纳的最大游客数估算。

（3）开展水上娱乐项目的森林人家要加强安全管理，水上游乐船只应以非机动船为主。各种水上游乐项目的开展应以不污染水体为前提。

（4）在开展生态旅游活动过程中，要注意森林资源的保护，禁止在林区乱砍滥伐。野餐、烧烤等旅游活动应在指定地点进行，并配备消防器材、设施，防止森林火灾的发生。

（5）保持水、山体、植被等景观的自然风貌，严禁破坏性改造，森林人家必须建设的旅游设施，其格调与外观要尽可能与周围的自然景色相协调，体现自然、古朴和野趣，使游客真正能从旅游中感受到回归自然、返璞归真的妙趣。

（6）在关键地段设置一定数量的垃圾桶，生活垃圾应安排专人定期收集转运。

（7）森林人家禁止燃煤烧柴，推广使用沼气或液化气等清洁能源，提倡使用节能锅炉、厨具，烹调间应安装油烟净化设施。

广西森林人家旅游品牌建设试点实施方案

(广西壮族自治区 2012 年发布)

森林人家建设是以促进农民增收为目的，以良好的森林环境为背景，以有较高游憩价值的景观为依托，充分利用森林生态资源和乡土特色产品，融森林文化与民俗风情为一体的，为游客提供吃、住、娱等服务的健康休闲型旅游产品。为了保证森林人家旅游品牌建设的稳步推进，打造广西森林旅游特色品牌，加快全区森林旅游的发展步伐，特制定本实施方案。

一、指导思想

以科学发展观为指导，以促进农民就业增收为目标，以弘扬森林文化为主导，遵循"政府引导、市场推动、政策扶持、规范发展"的原则，以林农和森林旅游经营户为主体，坚持森林人家建设与全区旅游产业发展相结合，与社会主义新农村建设相结合，与林下经济发展相结合，注重森林资源保护与利用并举，打造生态型的休闲健康旅游产品。通过试点建设，示范与创建相结合，促进森林人家健康持续发展，促进林农增收致富。

二、目标任务

围绕广西建设生态文明示范区和打造林业强区、旅游强区的目标和任务，通过宣传发动、加强引导、定点实施、规范管理等举措，扎实推进森林人家建设。2012—2013 年，选择旅游发展基础好、森林旅游特色明显的森林公园、小型森林景区和林区"农家乐"作为试点，建设 20 处森林人家示范点，通过以点带面，逐步推进，打造广西森林人家旅游品牌。到"十二五"期末，全区建成森林人家 50 处以上。

三、试点条件

以森林景观为依托，利用森林生态资源和乡土特色产品开展森林旅游服务，具备为游客提供吃、住、游、娱、购等旅游服务条件的场所，包括森林公园、森林旅游景区，以及农户、林场职工私人经营的休闲场所。

（1）具有良好的森林生态环境。区域内森林覆盖率达到65%以上，山清水秀、景色优美，有明显的森林小气候条件。

（2）具有一定的发展基础。已经开展森林旅游业务两年以上，水、电等基础设施具备，道路交通能与二级公路相连接。

（3）具有一定的市场条件。有较为稳定的客源市场，年接待游客在1万人次以上。

（4）具有良好的区位条件。位于主要旅游线路上，与城镇距离50千米以内，周边地区旅游业发展有一定基础。

（5）具有一定的行业带动性。通过试点建设，能起到示范带动效应，吸引周边林农投入森林旅游业，促进林农就业增收。

四、实施步骤

（一）试点准备阶段（2012年5~6月）

由自治区林业厅、旅游局联合成立"全区森林旅游工作领导小组"，负责全区森林人家的组织、协调和管理；在调查研究的基础上，制定具有可操作性的森林人家旅游品牌建设指导意见。

（二）试点启动阶段（2012年7~12月）

在试点单位自愿的基础上，经各市林业局、旅游局推荐，通过工作领导小组筛选、实地考察，并邀请专家评审，确定2012年第一批5个试点单位。试点单位按照森林人家旅游品牌建设指导意见，完善各项旅游服务设施，经自治区林业厅、自治区旅游局组织专家验收合格后，授予森林人家牌匾，获准以森林人家旅游品牌开展旅游服务。

（三）扩大试点阶段（2013 年）

在总结第一批试点经验的基础上，制定森林人家准入条件及森林人家旅游品牌建设管理办法，按照申请—推荐—考察—评审程序，确定第二批 15 个试点单位。

（四）全面推进阶段（2014 年）

通过宣传发动，结合市、县推荐，对申请森林人家的经营户进行资格审核、准入许可、授权经营，并按照统一规划、统一标准、统一标志、统一促销的原则，全面推广森林人家旅游品牌。

（五）巩固提升阶段（2015 年）

根据经营业主、旅行社、游客提出的意见和建议及监督检查中发现的问题，进行整改提升，重点改善森林人家服务设施建设和经营环境，提高服务水平，提升森林人家旅游品牌。

五、保障措施

（一）健全组织领导

由自治区林业厅、旅游局共同设立的"全区森林旅游工作领导小组"具体负责全区森林人家的组织、协调和管理工作，工作领导小组定期召开工作协调会。各地林业、旅游行政主管部门要加强合作，建立联合推动森林人家发展的有效机制。同时，积极争取其他部门的支持，汇集各方力量，调动一切资源，合力推进森林人家的发展。

（二）加大扶持力度

在自治区层面对每个森林人家试点单位给予适当的经费补助，主要用于完善森林人家厨房、餐厅、公厕、旅游标志、安全保卫等服务设施；将森林人家从业人员培训纳入旅游从业人员培训计划；协调有关部门在道路交通、水电等基础设施建设以及

金融服务、工商管理、税收等方面予以优惠。

（三）加强规范化管理

根据森林人家建设特点，完善相关行业标准和运行规则，从经营场地、接待设施、安全管理、食品卫生、环境保护等方面，加强和改善对森林人家的管理，实行授权经营，推进森林人家标准化、规范化建设。加强检查督促，做到治安、消防、食品、卫生等安全管理制度健全，确保责任措施落实到位。

（四）强化市场监管

以游客满意度为基准，深入持久地开展旅游服务质量提升活动，努力实现人性化、亲情化、精细化服务。加大旅游执法和市场监管力度，加强部门和区域联合执法，建立健全旅游监管体系、旅游诚信体系和旅游投诉体系，加强旅游执法队伍建设和装备配置，提高执法能力和执法效率。

（五）大力宣传推介

加强对森林人家的宣传和对林农参与森林人家建设的推动与引导，运用广播、电视报道、宣传标语等各种形式进行广泛宣传，在政府网站、电视等媒体上发布信息，组织参会推介。通过与媒体的合作，召开新闻发布会和现场会，邀请媒体记者宣传报道，推出走进森林人家系列专题，扩大影响，带动投资，引导消费，吸引社会各界和广大消费者对森林人家的关注和支持。

（六）纳入旅游网络体系

森林人家作为新型旅游产品，是实现人与自然深度融合的森林旅游新形式，必须坚持森林人家建设与全区旅游产业发展相结合，将森林人家旅游发展统筹纳入当地旅游发展规划，打造一批有吸引力的森林人家精品线路，实现互利共赢，做大做强森林人家旅游品牌。

(DB 52/T 1458—2019)

贵州省森林人家建设标准

(贵州省市场监督管理局 2019 年发布)

1 范围

本标准规定了森林人家的术语和定义、总则、评定与认定及指标要求。

本标准适用于全省范围内的森林人家评定、认定和建设。

2 术语与定义

下列术语与定义适用于本文件。

2.1 森林人家 Forest Home

以优良的森林环境与憩息景观为依托，能够为游客提供有森林特色的吃、住、娱等服务的场所。(LY/T 2086—2013，定义 3.1)

3 总则

立足良好环境资源，发挥自身森林特色，以居所地绿化和环境改善为基础，提供森林休闲与住宿服务，建设自然与人文、民俗文化与新时代文化融为一体的森林人家，以期为社会提供更多更好的生态产品。

4 评定与认定

4.1 森林人家认定

具有民营苗圃、家庭林场、林业专业户、林业艺术家庭、乡村客栈及个人承包 10 公顷以上林地的家庭、田园综合体、合作

社，能为游客提供森林人家服务的经营单元，可以向林业主管部门申报直接认定为森林人家。

4.2 森林人家评定

不具有5.1所列条件，则需要经打分评定后决定是否授予森林人家称号。

5 指标

5.1 基础要求
5.1.1 森林人家绿化
居所地及其周边能够绿化的土地全部绿化。
5.1.2 森林人家环境
5.1.2.1 居所地及其周边无污水、污物和异味，无乱建、乱堆、乱放等脏乱现象，生活垃圾能分类收集，集中收集，无环境污染。

5.1.2.2 距森林人家步行半小时范围内，具有森林、湿地等，能够为游客提供森林游憩的场地。

5.2 服务要求
5.2.1 主要服务人员
5.2.1.1 主要服务人员具有初中以上文化水平，身体健康。

5.2.1.2 遵纪守法，诚实守信，尽职尽责，文明礼貌，着装整洁，服务热情、周到。

5.2.1.3 了解当地旅游景点、民俗风情及乡土特产。

5.2.2 森林休闲服务
5.2.2.1 能够提供林区多种乡土特色菜肴、餐饮服务，禁止非法经营野生动物活动。

5.2.2.2 能够提供地方特色产品或林农特色产品购买服务。

5.2.2.3 能够提供具有地域特色的文化享受和体验服务。

5.2.2.4 能够提供森林康养、湿地休闲、森林游憩等室内外娱乐活动服务。

5.2.3 住宿服务

5.2.3.1 居住建筑与周边森林环境相融合、相协调。

5.2.3.2 房屋结构坚固，通风良好，光线充足，具有污水排放、垃圾处理、消防等公共设施。

5.2.3.3 网络通讯畅通。

附录 A
（规范性附录）
贵州省森林人家建设标准评分表

A.1 贵州省森林人家建设标准评分

贵州省森林人家建设标准评分表见表 A.1。

表 A.1 贵州省森林人家建设标准评分表

序 号	指标体系	建设指标标准	标准分	核查得分
总 分			100	
一、基础要求	小 计		60	
	1. 绿化	居住地及其周边能够绿化的土地全部绿化	30	
	2. 环境	居住地及其周边无污水、污物和异味，无乱建、乱堆、乱放等脏乱现象，生活垃圾能分类收集，集中收集，无环境污染；距庭院步行半小时范围内，具有森林、湿地等能够为游客提供森林游憩场地	30	
二、服务要求	小 计		40	
	1. 主要服务人员	主要服务人员具有初中以上文化水平，身体健康	4	
	2. 森林休闲服务	能够提供林区多种乡土特色菜肴、餐饮服务，禁止非法经营野生动植物活动	5	
		能够提供购买地方特色产品或林农特产服务	5	
		能够提供具有地域特色的文化享受和体验	5	
		能够提供森林康养、湿地休闲、森林游憩等室内外娱乐活动	5	
	3. 住宿服务	居住建筑与周边森林环境相融合、相协调	4	
		房屋结构坚固，通风良好，光线充足，具有污水排放、垃圾处理、消防等公共设施	4	
		网络通讯畅通	2	

注：贵州省森林人家总分应达到 80 分以上。

附录八

(DB 52/T 1457—2019)

贵州省森林村寨建设标准

(贵州省市场监督管理局 2019 年发布)

1　范围

本标准规定了森林村寨的术语和定义、总则以及指标。
本标准适用于辖区内森林村寨的创建与考核评价。

2　术语和定义

下列术语和定义适用于本文件。

2.1　森林人家 Forest Home

以优良的森林环境与游憩景观为依托，能够为游客提供有森林特色的吃、住、娱等服务的场所。(LY/T 2086—2013，定义 3.1)

2.2　森林步道 Forest Walk

通过森林、湿地、乡村自然区域，为人们提供自然体验的步行道。

2.3　古树 Old Tree

指树龄在 100 年以上树木。(LY/T 2738—2016，定义 3.1)

2.4　名木 Notable Tree

具有重要历史、文化、观赏与科学价值或具有重要纪念意义的树木。

2.5　大树 Big Trees

虽未达到古树名木标准，但胸径大于 1 米的树木。

2.6 森林村寨 Forest Village

生态良好、环境优美、村容整洁、山清水秀、人与自然和谐相处，文化特色突出的村寨。

2.7 风水林 Geomantic Forest

对村寨周边天然或人工栽植的成片或散生的林木的统称。

3 总则

立足林区良好环境资源和森林特色，以村寨森林绿化为基础，提供森林休闲与文化服务，建设村容整洁、环境优美、生态良好、人与自然和谐相处，文化特色突出的村寨；以推进村寨绿化、美化及森林乡村建设。

4 指标

4.1 村寨森林绿化

4.1.1 林木覆盖率

村寨林木覆盖率达50%以上，村旁、路旁、水旁、宅旁全部绿化美化，计算方法见附录B。

4.1.2 森林人家

全村有30个以上的森林人家，或者20%以上的农户为森林人家。

4.1.3 庭院绿化

60%以上村寨内住户房前屋后基本实现绿化。

4.1.4 水岸绿化

注重村寨内水体沿岸生态保护和修复，适宜绿化的水岸绿化率达85%以上，计算方法见附录B。

4.1.5 道路绿化

村寨内适宜绿化的道路绿化率达85%以上，计算方法见附录B。

4.2　村寨森林休闲服务

4.2.1　森林步道
建有森林步道1千米以上。

4.2.2　休闲场所
建有至少1处500平方米以上的森林休闲场所。

4.2.3　科普宣教
设有专门的科普小标牌、科普宣传栏等生态文化知识教育设施。

4.2.4　古树名木及大树
古树名木及大树都已挂牌(含立碑、立牌)并落实管护责任。

附录 A
（规范性附录）
贵州省森林村寨建设标准评分表

A.1 贵州省森林村寨建设标准评分

贵州省森林村寨建设标准评分表见表 A.1。

表 A.1 贵州省森林村寨建设标准评分表

类别	指标体系	指标标准值	标准分	核查得分	备注
总分			100		
一、村寨森林绿化	1. 林木覆盖率	村寨林木覆盖率达 50% 以上，村旁、路旁、水旁、宅旁全部绿化美化	12		
	2. 森林人家	全村有 30 个以上的森林人家，或者 20% 以上的农户为森林人家	12		
	3. 庭院绿化	60% 以上村寨内住户房前屋后基本实现绿化	12		
	4. 水岸绿化	注重村寨内水体沿岸生态保护和修复，适宜绿化水岸的绿化率达 85% 以上	12		
	5. 道路绿化	村寨内道路适宜绿化的绿化率达 85% 以上	12		
二、村寨森林服务	1. 森林步道	建有森林小径 1 千米以上	10		
	2. 休闲场所	建有至少 1 处 500 平方米以上的森林休闲场所	10		
	3. 科普宣教	设有专门的科普小标牌、科普宣传栏等生态文化知识教育设施	10		
	4. 古树名木及大树	古树名木及大树都已挂牌(含立碑、立牌)并落实管护责任	10		

注 1：若村寨内无大树古树名木，指标考核表中古树名木一栏得满分。
注 2：以上 10 项指标核查结果如未达到指标标准值，但达到指标标准值的 60% 以上，那么此指标评分值计算公式为：核查得分＝（指标核查现状值 / 指标标准值）* 指标标准分。
注 3：核查结果如未达到指标标准值 60% 以上，则此指标记零分。
注 4：贵州省森林村寨总分达到 90 分以上。

附录 B
（规范性附录）
指标说明与计算方法

B.1 林木覆盖率

行政区域内林木面积与土地总面积的百分比。林木面积包括郁闭度 0.2 以上的乔木林面积和竹林面积、灌木林面积、农田林网面积、"四旁"植树面积、城区乔木、灌木面积。

B.2 水岸绿化率

水岸绿化率是已绿化水岸长度占适宜绿化水岸总长度的百分比。

B.3 道路绿化率

道路绿化率是已绿化道路长度占适宜绿化道路总长度的百分比。

重庆市森林人家申报管理办法

(重庆市林业局 2022 年发布)

发展森林人家是创新森林资源利用方式，把保护与利用有机结合，让人民群众共享生态福祉，促进林农增收和林区经济发展的具体实践，是推动"两山转化"，助力乡村振兴的有益途径。

第一条 为规范重庆市森林人家申报管理，提高森林人家服务质量，促进森林人家健康可持续发展，根据中共中央 国务院《关于实施乡村振兴的意见》《中共重庆市委、重庆市人民政府关于巩固拓展脱贫攻坚成果同乡村振兴有效衔接的实施意见》(渝委发〔2021〕6号)，制定本办法。

第二条 本办法所称森林人家，是指依托良好的森林景观，融森林文化与当地民俗风情于一体，利用合法合规场所，从事森林康养、森林旅游接待服务，并由林业主管部门认定的经营主体。

第三条 森林人家坚持"统筹规划、属地管理"的原则。市、区县(自治县)两级林业主管部门为森林人家行业指导部门，市级林业主管部门其主要职责是编制发展规划、制定行业规范；区县(自治县)林业主管部门受理和认定森林人家，督促乡镇人民政府(街道办事处)对森林人家进行属地管理。

第四条 本办法适用于重庆市行政区域内从事森林人家经营活动的单位和个人。

第五条 森林人家申报采取自愿原则，申报应满足以下条件：

(1) 经营场所面积不低于200平方米，经营场所建筑布局与周边自然环境相协调，装饰、装修有特色，民俗风情浓郁。

(2) 经营场所周边森林生态环境优良，绿化面积20亩以上。

(3) 有必要的旅游接待服务设施，环境卫生整洁，经营场地无安全隐患。

（4）管理规范，服务态度良好，近两年无不良投诉事项。

（5）具有工商、税务、食品、卫生、消防等国家相关部门认可的运营条件。

（6）经营场所无违法违规占用土地、林地行为。

（7）认真落实森林防火经营主体责任，及时清理森林火险隐患，做好森林防火宣传，配备必要防灭火设备，未出现因责任落实不到位而发生森林火灾的情形。

第六条　森林人家的申报和认定由区县（自治县）林业主管部门组织开展，按以下程序进行：

（1）申请人向所在区县（自治县）林业主管部门申报。申报需提交以下材料：书面申请、森林人家申报表、营业执照复印件、反映森林人家室内外环境的照片5~8张；申请人对所提供申报材料的真实性负责。

（2）区县（自治县）林业主管部门对申报材料进行审核认定。

第七条　森林人家的认定按以下程序进行：

（1）区县（自治县）林业主管部门对申报主体的硬件设施、经营环境、管理服务水平等条件，可组织相关人员进行现场综合审查核定。

（2）对核定通过的森林人家，在区县（自治县）林业主管部门网站（公示栏）或所在地村（居）委会公示7个工作日无异议后，由区县（自治县）林业主管部门授予森林人家称号。

第八条　经认定的森林人家，区县（自治县）林业主管部门可根据经营主体硬件设施及森林景观提档升级改造投资等，按不低于5万元/户标准予以奖补。同时，可优先享受以下扶持政策：

（1）符合条件的森林人家优先享受涉林补助资金。

（2）乡村振兴有关资金其他扶持政策。

第九条　森林人家的监督管理：

（1）区县（自治县）林业主管部门负责森林人家的服务质量监督，建立森林人家经营户规范经营活动档案。

（2）森林人家经营者应悬挂统一的森林人家标志。

（3）森林人家经营者在经营活动中应当依法经营、公平竞争、诚实守信。

（4）森林人家经营者应如实向相关管理部门报告经营情况。

第十条　出现下列情形之一的，取消森林人家称号，自取消之日起两年内不得再申报：

（1）弄虚作假，骗取森林人家称号的。

（2）发生重大卫生、环保、消防、安全等责任事故的。

（3）被吊销营业执照的。

（4）本办法规定的森林人家条件已不存在的。

（5）其他应当取消称号的情形。

第十一条　本办法由市级林业主管部门负责解释。

第十二条　本办法自发布之日起施行。渝林政法〔2015〕10号同时废止。

附件：重庆市森林人家申报表

附件

重庆市森林人家申报表

森林人家名称（盖章）				
负责人		职务	电话	
联系人		电话	手机	
通信地址			邮编	
固定资产（万元）			年营业收入（万元）	
周边绿化面积（亩）			年接待游客数（人次）	
餐位数（人）			床位数（张）	
从业人员（人）				
森林人家情况摘要（包括基础设施建设、经营情况、发展规划等，字数1000字以内）	（可附另页）			
项目总体经费预算及建设内容				
申请财政补助资金金额及拟建设内容				
区县（自治县）林业主管部门审核意见	负责人（签字）			单位（盖章） 年 月 日

国家林业局　国家旅游局
关于推进森林旅游发展的合作框架协议

(国家林业局、国家旅游局 2011 年发布)

森林是陆地生态系统的主体，也是重要的旅游资源。加快森林旅游的发展，是转变经济发展方式的必然要求，是推进现代林业建设的强劲动力，是实现兴林富民的重要途径，是加快旅游业发展的重要方式，是弘扬生态文明的有效渠道。为贯彻落实《中共中央 国务院关于全面推进集体林权制度改革的意见》（中发〔2008〕10号）和《国务院关于加快发展旅游业的意见》（国发〔2009〕41号）文件精神，经国家林业局与国家旅游局友好协商，就双方合作推进森林旅游发展达成如下协议：

一、双方把发展森林旅游作为两部门合作推进的长期共同任务。双方共同把发展森林旅游上升为国家战略，作为建设生态文明的重要任务，实现"兴林富民"的战略支撑点，推动绿色低碳发展的重点领域，促进旅游业发展新的增长极。双方鼓励和支持各地林业、旅游主管部门加强合作，建立联合推动森林旅游发展的有效机制。将森林旅游统筹纳入全国旅游发展规划，共同把推进森林旅游发展作为"十二五"期间乃至今后更长时期的工作重点。积极争取有关部门的支持，会集各方力量，调动一切资源，合力推进森林旅游发展。

二、建立领导机构和定期磋商机制。双方共同设立"全国森林旅游工作领导小组"及其办公室，指导全国森林旅游发展的相关工作。领导小组组长由国家林业局分管副局长和国家旅游局分管副局长担任；副组长由国家林业局国有林场和林木种苗工作总站（森林公园管理办公室）总站长（主任）、国家旅游局规划财务司司长担任。领导小组办公室主任由国家林业局国有林场和林木种苗工作总站（森林公园管理办公室）分管副总站长、国家旅游局规划财务司分管副司长担任。具体成员由两局推荐组成。

领导小组的职责是：协调和制定两局关于推进森林旅游发展的相关政策；争取相关项目资金支持；研究部署重大活动和工作措施。具体工作由办公室提出，经双方领导确认后施行。

领导小组每年至少召开一次协调会；办公室每半年至少召开一次协调会。根据工作需要，不定期就相关工作进行研究和磋商。

三、出台促进森林旅游发展的指导性意见和全国性规划。双方共同组织调研，尽快出台加快发展森林旅游的指导性意见，同时抓紧编制并印发《全国森林旅游发展规划》，明确工作思路和方向，明确发展目标和任务，提出更为有效的推进政策和保障措施。

四、推动全国森林旅游示范建设。双方联合启动全国森林旅游示范建设的创建工作，把示范县、示范村（镇）、示范景区的创建作为引导和带动全国森林旅游持续、快速发展的重要手段。适时推出一批全国森林旅游示范县、示范村（镇）和示范景区，为消费者提供高品质的森林旅游场所和森林旅游服务。

五、规范和提升森林人家旅游品牌。在全国范围内大力推广森林人家旅游品牌，引导林农和林区职工兴办森林旅游产业。给予服务设施、人员培训、宣传促销等方面的政策与资金支持，培育和发展一批森林人家专业村（基地）。双方及各级林业、旅游主管部门依照不同层级，共同开展森林人家的等级评定工作，推动森林人家的规范化建设，提升森林人家的品牌价值。

六、加大宣传推介力度。从2011年开始，双方不定期联合主办"中国森林旅游节"及系列节庆活动，定期主办中国森林旅游博览会。鼓励和支持各地林业、旅游主管部门联合举办主题节庆和专题活动，加强宣传，扩大影响，带动投资，引导消费，吸引社会各界和广大消费者对森林旅游的关注和支持。共同设立有关森林旅游专项研究课题，发布《中国森林旅游发展报告》，为森林旅游发展搭建学术和经验交流平台，强化国内外交流与合作。

七、争取项目资金支持。努力争取各级政府财政资金支持，把示范县、示范村（镇）、示范景区作为重点支持对象。对国家级森林公园、国家级自然保护区的基础设施、服务设施、安全设施、环保设施建设和从业人员培训给予导向性的资金支持。同时，双方积极鼓励和引导社会资本进行森林旅游开发。

八、探索生态旅游发展模式。双方共同组织调研，总结森林旅游发展经验，推广生态旅游发展理念，积极探索并推行符合国情的生态旅游发展模式，逐步实现森林旅游资源保护与利用的协调发展，引领社会逐步形成绿色低碳的消费意识和行为习惯，培育和壮大生态旅游新业态，促进生态文明建设。

九、加强标准化体系和服务体系建设。双方共同组织调研，加快森林旅游标准化体系建设，提升森林旅游规范化管理、建设和服务。鼓励各地组建森林旅游协会或森林旅游协作组织，加强森林旅游景区与旅行社、旅游企业等的相互协作，建立和完善森林旅游服务体系。积极开展并指导森林旅游一线从业人员的培训，加强森林旅游景区中高级管理人员的岗位职务培训和导游员的资格认定、培训，联合开展森林旅游讲解员的资格认定和培训，不断提高森林旅游的管理和服务水平。